LES RETOURS D'EDGAR CAYCE

Édition
Mortagne Poche
250, boul. Industriel, bureau 100
Boucherville (Québec)
J4B 2X4

Diffusion
Tél.: (514) 641-2387
Téléc.: (514) 655-6092

Titre original: *Many Happy Returns: The Lives of Edgar Cayce*
Published by arrangement
with Harper & Row, Publishers Inc.,
New York, N.Y., U.S.A.

Dépôt légal
Bibliothèque nationale du Canada
Bibliothèque nationale du Québec
Bibliothèque nationale - Paris
2e trimestre 1994

ISBN: 2-89074-541-4

1 2 3 4 5 - 94 - 98 97 96 95 94

Imprimé au Canada

W.H. Church

LES RETOURS D'EDGAR CAYCE

L'histoire de ses réincarnations

traduit de l'américain
par
Placide Gaboury

Mortagne Poche

Pour protéger l'identité des individus, vivants ou morts, qui ont obtenu des lectures médiumniques d'Edgar Cayce et qui apparaissent dans les pages de ce récit, des numéros ont été attribués aux cas individuels et mis à la place des noms réels d'aujourd'hui. Les extraits des lectures d'Edgar Cayce sont identifiés tout le long de l'ouvrage par un numéro de dossier. Ce numéro apparaît habituellement dans les notes à la fin du livre mais il est parfois inséré dans le texte lui-même. (Le numéro à gauche du trait d'union identifie l'individu ou le sujet spécifique, alors que le numéro suivant le trait d'union renvoie à la séquence où de multiples lectures ont été données pour cet individu ou ce sujet particulier.)

Dans les citations de lectures (en italique et en retrait par rapport au texte normal) les mots accentués l'ont été par l'auteur pour appuyer son propos.

Les chapitres 8, 13 et 14 ont été publiés antérieurement en version abrégée dans le *A.E.R. Journal,* sous les titres respectifs d'*Edgar Cayce and the Siege of Troy, The Two Lives of John Bainbridge,* et *A Child of Love,* (les numéros de publication sont dans l'ordre: Vol. XVIII, N° 5, sept. 1983; Vol. XIX, N° 1, janv. 1984; et Vol. XVI, N° 6, nov. 1981).

TABLE DES MATIÈRES

À Gladys, celle qui l'a le mieux connu

PRÉFACE

Edgar Cayce, le célèbre médium américain, a probablement fait plus qu'aucun autre contemporain pour réhabiliter l'ancienne doctrine de la réincarnation que la civilisation occidentale a arbitrairement rejetée quand elle a décidé d'adopter le christianisme.

Cependant, l'idée que le christianisme et la réincarnation sont en quelque sorte incompatibles est un tragique malentendu. Cette idée a créé un schisme là où il n'aurait jamais dû exister. Pour quelqu'un qui veut se donner la peine d'être attentif, il y a certains passages, autant de l'Ancien que du Nouveau Testament, qui sont assez évidents pour permettre de conclure que non seulement la réincarnation était une doctrine respectée et communément acceptée au temps des anciens prophètes, mais qu'elle peut bien avoir été une doctrine acceptée et enseignée par Jésus lui-même. Il est certain que l'apôtre Paul semble avoir assez ouvertement embrassé cette croyance, comme l'attestent certaines de ses paroles touchant la similitude d'Adam et de Jésus – et en termes plus mystiques – de Melchisédec et de Jésus comme Christ ressuscité.

Peut-il y avoir une autre doctrine que la réincarnation et son corollaire, la loi du karma, pour si bien expliquer ou justifier les apparentes inégalités de la condition humaine dans laquelle nous nous trouvons? Le karma, qui est simplement la loi de cause à effet reportée d'une incarnation à une autre, s'accorde totalement avec deux préceptes bibliques très connus:

«On récolte ce que l'on sème» et «L'arbre tombe du côté où il penche.»

Comme Edgar Cayce le disait succinctement: «L'entité va toujours à la rencontre du soi.» C'est là le thème récurrent des deux mille cinq cents lectures de vie, ou plus, qu'il a faites, sans oublier celles de ses propres vies passées. Il ne peut sûrement y avoir de meilleure introduction à la réincarnation et au karma qu'un récit véridique comme celui que vous tenez et qui retrace le long voyage cyclique d'une âme en quête de son *Je*. Et quand cette entité est Edgar Cayce, nous y trouvons forcément des perspectives uniques: non seulement était-il un maître en la matière – il suffit de considérer les très nombreuses consultations en état de transe accordées à des centaines de personnes au cours de plusieurs décennies – mais ses propres vies antérieures semblent avoir couvert une gamme complète d'expériences allant du saint prêtre au pécheur abject, ce qui nous permet d'étudier et d'approfondir une grande diversité d'exemples de développements et de régressions de l'âme.

Cette histoire est celle d'une entité exceptionnelle à plusieurs égards – peut-être plus vieille que la plupart et probablement plus sage. Le lecteur découvrira, entre autres choses, qu'Edgar Cayce avait, dès le début, bénéficié d'une relation spéciale avec le Maître des hommes. C'était une relation qui, inévitablement, façonnait et colorait son caractère et qui, souvent, le ramenait au plan terrestre avec une intensité de motivation et un dévouement gratuit que peu d'entre nous peuvent égaler ou même comprendre. Il n'est pas trop surprenant que l'un des thèmes constamment souligné dans les lectures d'Edgar Cayce soit le besoin de s'écarter du chemin pour regarder passer le Soi. Cayce, craignant toujours le culte de la personnalité, met en garde à plusieurs reprises contre la création d'un «culte» autour de son œuvre terrestre; selon lui, celle-ci n'avait pas besoin d'aide et parlait d'elle-même. Avant tout, il fuyait toute tentative de la part d'individus bien intentionnés qui voulaient l'élever au-dessus de ses frères mortels. Il savait trop bien quelle sorte de pécheur il avait été dans certaines de ses vies antérieures et quel pécheur il était encore à bien des égards. Il ne voulait certainement pas ajouter à sa charge karmique le péché d'auto-glorification!

C'est pourquoi, Edgar Cayce était probablement un des hommes les plus sincèrement humbles et effacés qui aient jamais vécu. Bien qu'il puisse être difficile de maintenir cette image de lui à la lumière de certaines révélations contenues dans ce récit, rappelons-nous que seules les âmes ayant connu la grandeur peuvent arriver à apprécier la véritable humilité. De ses nombreuses vies, de leurs multitudes de leçons, Cayce avait finalement appris que la voie vers Dieu passait par l'auto-immolation. Il n'y a pas d'autre chemin pour atteindre le Soi supérieur ni nourrir la semence divine en nous.

Enfin, bien que la philosophie qui sous-tend les lectures d'Edgar Cayce soit liée inévitablement et étroitement à la religion chrétienne dans laquelle Edgar lui-même avait grandi et qu'il avait toujours pratiquée de façon exemplaire, il est intéressant de mentionner que la tolérance vis-à-vis des autres religions et systèmes de croyance demeurait souveraine dans ses lectures médiumniques ainsi que dans sa vie personnelle. Il demeurait en effet respectueux de ce principe qui est la base de la plupart des grandes religions du monde, «Le seigneur ton Dieu est Un!» L'esprit de cet enseignement a été illustré de façon éloquente dans la métaphore du texte suivant, tiré de la lecture 254-87: «N'y a-t-il pas parmi les arbres des chênes, des ormes, des pins, de la vigne? Certains ont besoin de vivre telle ou telle expérience... Ensuite, tous trouveront leur place. Ne critique *aucun* arbre, mais montre plutôt comme tu es bon en tant que pin, orme, chêne ou *vigne*.»

Note de l'auteur: Ici et là, à travers le récit qui suit, il arrive inévitablement que l'information offerte par les lectures d'Edgar Cayce ait été trop incomplète et trop ténue pour permettre une conclusion définitive. Dans de tels cas, j'ai essayé de trouver le dénouement le plus probable et le plus logique possible. Je reconnais cependant que d'autres, étudiant les mêmes sources avec une perspective différente, pourraient arriver à d'autres conclusions, en ayant autant de chances qu'elles soient justes.

1. Le vol du héron

C'était le 3 janvier 1945.

Comme un présage au-dessus de la résidence des Cayce, un héron argenté, solitaire, perché au bord du Lac Holly à Virginia Beach en Virginie, battit soudain de ses belles ailes roses et enneigées. Lentement, il fit le tour de la maison aux bardeaux bruns, pour disparaître vers l'est – un point blanc s'effaçant dans la brume grise de l'hiver, blottie frileusement dans l'immense vague de l'océan Atlantique.

Provenant d'un des coins de la maison, les bruits étouffés du chagrin de Gertrude Cayce qui pleurait toute seule, doucement, pouvaient à peine être entendus de la chambre à coucher où son mari, Edgar, était assis en silence dans son fauteuil roulant, surveillant de la fenêtre l'envol du héron enneigé. Il voyait dans ce vol rapide et majestueux un symbole du départ de l'âme libérée et, dans son cœur, il sentait une grande montée de joie.

Le fameux médium américain Edgard Cayce approchait de sa soixante-septième année; il était physiquement épuisé, «brûlé» – c'est le mot – par l'excessive dépense d'énergies psychiques au service des autres. Sa haute stature décharnée, voûtée dans le fauteuil roulant paraissait soudain plus petite qu'elle n'était en réalité, et extrêmement frêle. La tête un peu inclinée, la bouche petite et solennelle comme une aile penchée, le visage naguère mobile semblait maintenant tiré et sans expression. Seuls, ses yeux extraordinaires, toujours aussi bleus et pénétrants, laissaient encore deviner l'image vivante de l'ancien Edgar Cayce.

Durant les dernières années, les demandes urgentes de *lectures médiumniques,* comme on les appelait, s'étaient multipliées à mesure que sa réputation augmentait et que la guerre apportait de nouvelles inquiétudes pour lesquelles certains cherchaient des solutions psychiques. Monsieur Cayce ne se sentait ni capable de renvoyer quiconque sollicitait son aide, ni de prendre les périodes de repos nécessaires au rétablissement et à la restauration de ses propres énergies qui s'épuisaient dangereusement. Il avait fini par subir une attaque qui l'avait laissé partiellement paralysé et, dans cet état de faiblesse, sa fin semblait maintenant imminente – à moins d'un miracle.

Le *miracle* que ceux de son entourage espéraient et demandaient était un rajeunissement physique. Les lectures indiquaient qu'Edgar Cayce avait, une fois déjà, connu semblable régénération corporelle grâce à l'élévation de ses énergies spirituelles, lors d'un cycle terrestre beaucoup plus ancien. C'était dans l'antique Égypte, durant la seconde dynastie, il s'était réincarné en la personne du grand prêtre Ra Ta. En ce temps-là, le guide spirituel vieillissant ainsi qu'un groupe de ses fidèles disciples étaient revenus d'une période d'exil pour entreprendre une nouvelle œuvre. (Plusieurs d'entre eux, si on se fie à la lecture de leurs vies individuelles, s'étaient réincarnés en même temps qu'Edgar Cayce, pour être encore avec lui afin de poursuivre leur travail commun: aider l'humanité à trouver le chemin du retour vers la source divine.) Le prêtre ranimé n'avait pas seulement retrouvé la vigueur de sa jeunesse dans cette incarnation égyptienne d'autrefois mais avait continué de vivre une autre centaine d'années. Durant cette période de grâce, il avait dirigé les travaux, en tant que grand prêtre, de la Grande Pyramide de Gizeh, avec, comme maître architecte, Hermès – une incarnation du Christ en évolution. (En fait, la fameuse pyramide ne fut jamais destinée à servir de tombe, comme on le suppose communément, mais de temple initiatique, tout en transmettant gravées dans la pierre, des archives annonçant les événements terrestres à venir jusqu'à nos jours.

Toute cette information révélatrice, et plus encore, avait été présentée dans une série étonnante de lectures traitant de l'incarnation égyptienne de Cayce.)

L'idée d'avoir vécu précédemment sur terre ou d'avoir joué un rôle important dans le cours de l'histoire durant au moins une et, peut-être, plusieurs de ses vies antérieures, avait tout d'abord complètement déconcerté M. Cayce. En homme authentiquement humble, il fuyait de tels honneurs. De plus, il ne savait que faire d'une doctrine aussi étrange que la réincarnation. Ses racines religieuses s'étaient nourries au sol typiquement protestant du Sud, reconnu pour son orthodoxie rigide. Même le caractère exceptionnel de ses dons psychiques qui, depuis l'enfance, avaient habitué son esprit à un ensemble de réalités complètement nouveau, n'avait pas tout à fait préparé Edgar Cayce à accepter, dès l'abord, ce que la plupart des chrétiens bien pensants de son entourage, une fois interrogés sur le sujet, auraient rejeté avec une réelle horreur comme un système de croyances païennes. Il aurait d'ailleurs accepté directement que l'idée de la récurrence terrestre, ou réincarnation, semblât en effet être en complet désaccord avec les doctrines de la foi chrétienne telles qu'il les avait apprises.

Mais Edgar Cayce commençait à se demander si, par exemple, certaines de ces doctrines ne reflétaient pas une fausse interprétation des enseignements originaux du Christ. La réincarnation n'aurait-elle pas pu être un enseignement accepté des premiers Pères de l'Église, comme le revendiquaient certaines sources savantes? Étant donné la prolifération des «ismes», des «schismes», des traductions discordantes de textes bibliques, et autres, depuis le premier siècle, il semblait du moins y avoir une base logique permettant de remplacer un rejet complet de la réincarnation par une forme de scepticisme plus tolérant vis-à-vis de cette très ancienne doctrine. De toutes façons, Edgar avait appris à faire confiance à l'information qui lui venait en état de transe à travers ses propres lectures psychiques et dont l'exactitude avait été prouvée au cours des ans. De plus, elle semblait également répondre aux plus hautes exigences spirituelles.

L'origine des révélations fournies par ses lectures – à distinguer des énoncés moins fiables d'un médium «inspiré» qui soumet sa volonté pour devenir le canal passif d'un «contrôle» du monde de l'esprit – avait été identifiée comme un processus unique de «plongée intérieure» qu'il réalisait grâce à ses propres énergies éthériques et en contact direct avec les Forces Universelles, sans aucun intermédiaire. Par conséquent, lorsqu'il fut mis en face de son premier vrai conflit idéologique, il n'était pas très surprenant que Cayce ait opté en faveur des lectures et de la réincarnation. D'ailleurs, en tant qu'homme habitué à lire la Bible du début à la fin une fois par an durant toute sa vie, Edgar se rappelait qu'elle contenait plusieurs allusions voilées à la réincarnation, allusions que les plus orthodoxes avaient choisi d'ignorer. Il réfléchissait, en particulier, à la question bouleversante de Job: «Si un homme meurt, vivra-t-il à nouveau?» Et il y avait cet autre passage de Job où le prophète semblait se répondre à lui-même: «Nu je suis sorti du sein de ma mère et nu j'y retournerai.» De plus, le Maître Lui-même n'avait-Il pas, plus d'une fois, fait allusion à cette même doctrine si ancienne? Tout d'abord, il y avait son étonnante affirmation, «Avant qu'Abraham fût, je *suis*» – l'âme toujours existante! Et n'avait-il pas parlé assez clairement en identifiant Jean le Baptiste comme la réapparition sur terre d'Élie le prophète? Il savait aussi qu'il y avait eu, chez les gens, des rumeurs à propos de son identité d'ancien prophète réincarné bien qu'il n'ait ni confirmé ni nié de telles allégations. Mais il y avait chez Paul, une forte allusion dans *Corinthiens* au «premier» et au «dernier» Adam. Dans cette allusion, de même que dans *Romains* 5:14, l'apôtre paraissait employer plus que des symboles. Il semblait reconnaître en Jésus une parfaite incarnation de l'Adam originel – interprétation que les lectures de Cayce allaient confirmer par la suite. Finalement toutefois, c'était une vieille prophétie de l'Ancien Testament, trouvée dans *Michée* 5:2, qui semblait présenter l'évidence la plus convaincante de la confirmation biblique de la doctrine de récurrence terrestre ou réincarnation. Dans une allusion à la venue du Messie, qui serait né dans l'invraisemblable ville de

Bethléem, le prophète présenta son message venu de Dieu: «Mais toi, Bethléem,... de toi sortira en ma présence celui qui doit régner sur Israël et *dont les venues sur terre durent depuis longtemps, depuis toujours.*»

À mesure que le nombre de lectures de vie données par Edgar Cayce commençait à augmenter, il voyait de plus en plus que des modèles karmiques précis émergeaient dans à peu près tous les cas. Il semblait que rien n'arrivait par hasard. Chaque entité sur terre se retrouvait toujours et récoltait les fruits de ses actions précédentes. De plus, ces modèles karmiques étaient en parfait accord avec la loi spirituelle telle qu'elle est présentée dans la Bible. La «loi du karma», en fait, n'était ni plus ni moins que la familière loi de cause à effet, reportée d'une vie à une autre. Elle était soutenue par deux préceptes bibliques souvent cités: tout d'abord, «on récolte ce que l'on sème» et ensuite, son corollaire inévitable, «l'arbre tombe du côté où il penche». Ainsi, les doctrines de la réincarnation et du karma pouvaient expliquer en termes proprement bibliques et rationnels ce qui avait toujours semblé échapper aux théologiens: les troublantes inégalités de la condition humaine. Si les bons semblent parfois souffrir pour rien et les méchants demeurer impunis, ce n'est qu'à cause de notre perspective limitée.

Si nous pouvions voir dans les vies antérieures du pécheur et du saint, ainsi que dans les vies futures, nous comprendrions les desseins de la justice divine. Les jugements de Dieu ne sont pas hâtifs. Quand Il l'a décidé, Il exige de chaque débiteur le dernier sou et comble chaque retour de l'enfant prodigue de sa suprême bénédiction. Ainsi que le chante le psalmiste: «Celui qui s'en va en pleurant, portant une précieuse semence, reviendra sans doute tout réjoui, en rapportant avec lui sa moisson.»

Chaque *rentrée* dans la conscience terrestre, comme les lectures le disaient clairement, est marquée par une nouvelle occasion de rencontrer et de dépasser toute faute commise, toute omission passée. Cette rencontre de soi peut s'accomplir par la loi de la grâce qui se trouve en Lui, le Rédempteur, ou à travers la loi du karma et de la souffrance, qui se trouvent dans le moi inférieur et ses désirs incontrôlés. Tout dépend de la volonté de l'entité et des choix qu'elle fait à chaque retour, jusqu'à ce qu'elle puisse se libérer de la roue de la mort et de la renaissance au niveau de la conscience matérielle. Si elle se trompe durant une incarnation, elle doit réparer l'erreur pendant une autre et ainsi de suite jusqu'à ce que ses fautes soient effacées. Car la Loi du Seigneur est parfaite et Il n'a pas voulu qu'une seule âme périsse.

La chair, font remarquer les lectures, devient la dimension test de la vibration universelle et les âmes attirées par la terre doivent continuer ici jusqu'à ce que la vibration humaine s'accorde avec la divine, comme au commencement. Dans le cas du Christ en évolution, qui devint notre Modèle sur terre, les lectures indiquent qu'il a fallu quelque trente incarnations entre Sa première apparition comme Adam et sa dernière comme Jésus, pour atteindre l'état d'harmonisation complète et d'union avec la Cause Première. Sa *résurrection* fut une montée de la vibration charnelle qui permit à Son corps de reprendre sa forme céleste, ou condition divine, en tant que vrai Fils de Dieu. (Ce que nous sommes aussi: des dieux en devenir!)

Nous pouvons nous attendre cependant à ce que cela prenne à chacun d'entre nous un nombre semblable de vies, peut-être davantage encore, pour répéter l'exemple de notre Frère Aîné le Christ dans l'évolution cyclique qui nous libère de la longue incarcération charnelle. Edgar Cayce, à travers ses rêves et ses lectures, a évoqué plus d'une douzaine de vies antérieures, de même qu'il a prévu au moins deux autres venues sur terre – une en 1998, lui a-t-on dit, quand il reviendrait en «libérateur» de l'humanité oppressée et une autre, au siècle suivant, dans le Nebraska alors qu'il serait doté de nombreux dons psychiques. Dans cette dernière, son expérience onirique indiquait qu'il étonnerait ses aînés en rappelant des détails intimes de sa présente incarnation: celle du célèbre «prophète endormi» de Virginia Beach.

Selon les lectures, entre les séjours terrestres, une entité expérimente d'autres dimensions de conscience. Celles-ci équivalent à ce que notre conscience tri-dimensionnelle terrestre perçoit comme les sphères planétaires de notre système solaire. Des corps célestes tels que Vénus, Mars et d'autres encore existent, bien entendu, en tant que réalités stellaires mais, après la mort, elles manifestent apparemment pour une entité du monde spirituel un niveau de réalité et un taux de vibration bien différents de ce qu'un terrien tri-dimensionnel peut saisir. Ainsi, pour des questions aussi profondément métaphysiques, il est peut-être suffisant de nous rappeler, comme le fait une des lectures, que nous vivons dans un monde relatif, un univers relatif. Ici nous sommes comme des enfants qui doivent avancer pas à pas. Chaque fois que nous faisons un pas, le suivant nous est révélé...

Pour Edgar Cayce assis à la fenêtre de sa chambre et surveillant le vol du héron qui disparaissait rapidement dans le ciel de l'est, le prochain pas était maintenant imminent. Son rajeunissement longuement attendu allait commencer, mais pas tout à fait de la façon prévue par son entourage. En fait, Edgar avait pris conscience depuis quelque temps que le rajeunissement de son ancienne incarnation égyptienne avait un but défini qui n'avait pas d'équivalent aujourd'hui. Son travail sur terre cette fois-ci était essentiellement terminé: plus de quatorze mille lectures médiumniques formeraient un noyau de recherche inépuisable pour les générations à venir. De plus, — en soignant le corps, le mental et l'esprit comme un tout — il avait été un pionnier de la guérison holistique comme moyen légitime et parfois quasi miraculeux de traiter virtuellement toute forme de maladie, y compris celles qu'on appelait souvent incurables. En somme, il avait été toute sa vie, de manière constante et désintéressée, au service des autres. Mais la phase suivante du travail, qui consistait surtout à entreprendre des recherches intensives dans les lectures et à en répandre les résultats à travers le monde, n'exigerait pas sa présence. Du reste, les lectures avaient déjà indiqué à Edgar Cayce que ses activités psychiques et thaumaturgiques sur terre étaient vraiment l'œuvre du Seigneur qui lui avait donné la grâce de servir de canal. Par conséquent, Edgar avait la certitude que d'autres canaux, aussi valables que lui-même, seraient choisis pour continuer après son départ. Il pensait en particulier à son fils aîné, Hugh Lynn, actuellement sur le front en Europe, qui pouvait en toute confiance jouer le rôle de *cheville ouvrière* dans les prochaines décennies, de même qu'à Gladys Davis, secrétaire et amie de longue date. Ces deux-là et d'autres encore, avaient été avec lui dès le début des temps, émanant tous ensemble de l'Un et se manifestant ensemble sur le plan terrestre. Quant à sa femme, Gertrude, qui était aussi parmi ceux du début, Edgar savait déjà que son âme choisirait de le suivre de près dans l'Au-delà.

La mort ne lui faisait aucunement peur, bien sûr. Il savait que la vie est un ruisseau continuel d'expériences. Ainsi, mourir au plan physique, comme les lectures l'avaient une fois indiqué, n'était, en fait, qu'une nouvelle naissance dans le monde spirituel. De plus, ce passage à travers «l'autre porte de Dieu», comme on appelait l'expérience de la mort, ressemblait au voyage qu'Edgar Cayce avait fait des milliers de fois auparavant dans ses voyages hors de son enveloppe charnelle lors des lectures médiumniques. La seule différence cette fois, c'est qu'il ne reviendrait pas. Le fil d'argent doit être coupé, à la fin, et la forme charnelle écartée, dans un processus de renouveau spirituel. Ceci pouvait être considéré comme le *vrai* rajeunissement et c'était celui qu'Edgar avait évoqué quelques jours auparavant quand il avait fait à plusieurs de ses proches la remarque qu'ils pouvaient s'attendre à être témoins de son rajeunissement total le quinze janvier — une date qui approchait à grands pas.

Le médecin arriva au moment où Edgar donnait des signes accrus d'affaiblissement; on le transporta de son fauteuil roulant à son lit; on lui appliqua un masque à oxygène. Plus tard, cependant, Edgar allait le repousser dans un geste d'impatience. Ainsi rejetait-il tout effort pour prolonger sa vie.

À sept heures du soir, Gladys était de garde à son chevet. Annie, la sœur d'Edgar, entra dans la chambre avec un bol de potage aux huîtres. Edgar en prit quelques gorgées, puis il fit signe qu'il avait terminé. Il se reposa brièvement. Quelques instants plus tard, il était mort.

L'âme sortit vers l'est, suivant le vol du héron qui l'avait précédée. Elle passa, sans être vue, à travers l'*autre porte de Dieu* et alla se reposer dans le monde spirituel, au-delà des limites du temps et de l'espace.

Le processus de rajeunissement pouvait enfin vraiment commencer. Et le troisième jour – le 5 janvier 1945 – la transformation de l'entité était complète.

Ce ne fut pas par hasard que cette date marqua le service funèbre tenu dans la salle de séjour de la résidence Cayce sur l'Artic Crescent à Virginia Beach. Peu après, le corps serait expédié à Hopkinsville, Kentucky, pour être enterré où Cayce était né. Mais maintenant l'enveloppe sans vie était exposée dans son cercueil. Des amis en pleurs passaient en offrant leurs derniers hommages. Cependant, ceux qui se rappelaient l'ultime promesse mystérieuse du médium de Virginia Beach, faite peu avant sa mort, se rendaient compte que le prophète «rajeuni» qu'on leur avait dit d'attendre à cette date ne se trouvait pas dans le cercueil étroit où leur regard triste tombait sur une figure cireuse et froide. C'est plutôt au milieu d'eux qu'il était – présence chaude, rieuse et tangible. Ils pouvaient sentir sa proximité dans leur cœur. Et dans leur esprit, il n'y avait à ce sujet aucun doute: Edgar Cayce était encore bien en vie.

2. Le nœud gordien dénoué

Par une manœuvre rusée, Alexandre le Grand coupa de son épée le légendaire nœud gordien. Ainsi, d'un seul coup habile, il put facilement dénouer le lien.

Le chercheur s'aventurant dans la chronologie embrouillée et souvent confuse des événements qui se sont déroulés dans les vies antérieures d'Edgar Cayce, tels qu'ils ont été notés dans les lectures, souhaiterait certainement une solution aussi facile à son dilemme. Cependant, aucune habileté verbale, aucun raccourci ne pourra convenir. Il sait dès le départ qu'il devra utiliser les techniques de la recherche assidue et de la logique rigoureuse, s'il espère présenter au lecteur une *corde sans nœud* sur laquelle enfiler son histoire. Pour rendre crédible la succession des événements, leur chronologie doit se dérouler de façon ordonnée, ce qui semble souvent impossible. Mais voyons si nous pouvons offrir quelques explications qui résoudront plusieurs contradictions apparentes parmi une poignée de dates contestées (dont certaines sont évidentes et d'autres implicites), tout en reconnaissant avec la franchise qui convient l'existence de quelques erreurs manifestes dans la datation des lectures. Ces erreurs n'ont pas une grande importance lorsqu'on mesure la précision globale de cet extraordinaire *sage*. Il y a aussi une logique dans leur *raison d'être.** Si nous en explorons les causes probables, nous pouvons supprimer adéquatement ces contradictions.

(*) En français dans le texte.

Cependant, laissez-nous tout d'abord faire quelques observations préliminaires. Elles concernent la nature des lectures mêmes, en particulier leurs caractéristiques uniques et leur exactitude relative.

Quand Edgar Cayce voulait présenter une lecture médiumnique, il commençait par desserrer ses vêtements: sa ceinture, sa cravate, ses poignets de chemise et ses lacets de chaussures, afin d'assurer une parfaite circulation sanguine. Ensuite, si la lecture devait être physique – si elle touchait par exemple le diagnostic médiumnique et le traitement recommandé d'un malaise physique – il s'étendait sur le divan de son bureau, la tête vers le nord et les pieds au sud. Mais si c'était une lecture de vie – qui sondait les souvenirs d'une entité depuis le début des temps – il se plaçait en sens inverse. Ce changement de position avait été recommandé dans une de ses lectures, bien que personne n'en ait connu le bien-fondé. Cela pouvait être relié à la direction des forces ondulatoires de l'atmosphère, comme nous allons essayer de l'expliquer. Ces ondes d'énergie, qui sont parfois appelées en occultisme *prâna* ou *akasha,* traversent apparemment l'univers entier et sont décrites dans une des lectures d'Edgar Cayce comme étant de nature *mentale*. Ainsi, Cayce a pu utiliser ces mêmes courants d'énergie, un peu comme on se branche sur certaines ondes radiophoniques, pour capter l'information transmise par des sources terrestres ou cosmiques. Mais pourquoi inverser sa polarisation – sud-nord plutôt que nord-sud – pendant une lecture de vie? Est-il possible que les courants d'ondes de nature cosmique prennent une direction en entrant dans l'atmosphère terrestre, alors que ceux d'origine terrestre aillent dans une autre? Les deux types de lectures utiliseraient-ils des courants d'énergie contraires? C'est l'hypothèse qui semble la plus plausible.

Cela rappelle beaucoup une théorie quasi identique exposée par André Bovis, un Français remarquable du début du siècle qui impressionna autant les cercles scientifiques que les groupes occultes par ses travaux sur les courants géomagnétiques et les étranges champs d'énergie associés aux structures pyramidales. Bovis croyait que les courants magnétiques positifs de la terre allaient vers le sud et il attribua un mouvement d'est en ouest aux courants négatifs. Mais ce qui nous intéresse particulièrement, c'est qu'il affirma que «*tout* corps placé dans une position nord-sud sera plus ou moins polarisé»,[1] ce qui s'accorde bien avec l'orientation prise par Cayce, peu importe à quelle extrémité se trouvait sa tête. De plus, un peu plus loin, la théorie de Bovis parle de ce qui se passe vraisemblablement dans un corps humain placé dans l'axe nord-sud et nous permet d'éclaircir un mystère. Il y est dit que, dans cette position, «les courants telluriques, à la fois positifs et négatifs, entrent par une jambe et sortent par la main opposée. En même temps, des courants cosmiques venant de l'au-delà entrent par l'autre main et sortent par l'autre pied. Les courants sortent aussi par les yeux ouverts.»[2] Si on peut admettre, et on le peut pensons-nous, quelque relation symbiotique ou peut-être même une synonymie ésotérique entre les courants *magnétiques* contraires d'origine cosmique et terrestre de Bovis et les *ondes mentales* de Cayce, non seulement nous aurons peut-être découvert pourquoi Cayce devait renverser sa polarisation nord-sud selon le type de lecture médiumnique qu'il faisait, mais nous aurons aussi probablement établi une base permettant de mieux comprendre le fonctionnement des phénomènes médiumniques en général. De toute façon, il semble pour l'instant raisonnable de supposer que les courants telluriques offrent un *canal* idéal à la transmission de connaissances médiumniques de nature terrestre ou physique, alors qu'il faudrait sans doute se brancher sur certains courants cosmiques pour capter la transmission des *archives akashiques* (de l'âme) d'une entité. Si l'image est parfois embrouillée ou le son dénaturé, il est possible que ce soit dû à des parasites locaux comme la fatigue physique du médium, une préparation spirituelle insuffisante pour la lecture ou encore l'interférence mentale d'autres personnes. (De telles explications, de toute façon, faisaient partie de celles que proposait Cayce endormi quand il était question de renseignements inexacts dans les lectures — un sujet sur lequel nous reviendrons en temps et lieu et qui jouera un rôle important tout au long de notre saga médiumnique des vies d'Edgar Cayce, chaque fois qu'il faudra faire un choix entre certaines dates contradictoires.)

Maintenant que la question de polarisation est réglée, il est temps de revenir au divan du bureau de M. Cayce. Nous l'avions laissé là, allongé, décontracté et prêt pour une séance médiumnique.

En fait, le soi-disant état de sommeil dans lequel Edgar entrait volontairement pour donner une lecture et qui faisait suite à la suggestion d'un guide (habituellement sa femme, Gertrude) a été improprement appelé état hypnotique. Une autorité indienne en la matière, le Dr I.C. Charma, rectifie le malentendu: «Cet état de sommeil, écrit-il, est en réalité ce que les mystiques appellent *turiya avastha,* ou, état de sommeil conscient transcendental. Dans cet état, auquel on arrive d'habitude volontairement par la méditation et la discipline spirituelle, la psyché humaine entre en contact avec la Conscience Cosmique et obtient une connaissance qui n'est limitée ni par le temps ni par l'espace.» Se référant à Edgar Cayce, Sharma ajoute que «son habileté mystique spontanée était le résultat de tendances accumulées dans des incarnations précédentes» et qu'il est donc «plus approprié de le considérer comme un mystique pragmatique plutôt que comme un prophète médiumnique, hypnotisé ou endormi.» [3]

Une tout autre perspective sur le pouvoir médiumnique unique de Cayce a été donnée en 1934, lors d'une séance du célèbre médium anglais Eileen Garrett «contrôlé» par une entité identifiée comme étant un Arabe appelé Uvani, qui demeurait dans la «cinquième dimension».

Uvani, parlant à travers Mme Garrett, expliquait qu'Edgar Cayce «utilisait son plein pouvoir éthérique», qu'en fait, pendant une lecture, il passait dans l'état éthérique, de sorte qu'il était, semble-t-il, «hors de son corps». Il «puisait dans la lumière spirituelle» pour aider autrui, «donnant quelque chose de sa propre vie. Voilà ce qui se passait.» [4]

Uvani reconnaissait que les pouvoirs psychiques exceptionnels de Cayce dépendaient aussi en grande partie du haut niveau d'évolution atteint dans ses incarnations précédentes. «En effet, s'il n'avait pas compris par le passé les lois de la passivité, du repliement et la loi intérieure de la connaissance – expliquait Uvani – il n'aurait pu entendre cette réflexion qui passait à travers lui», car «il se sert de la réflexion de son esprit pour voir, entendre et comprendre.»[5]

Cependant, en évoquant l'épuisement des énergies éthériques d'Edgar Cayce, Uvani proposa que Cayce lui permette (ou permette à d'autres *contrôleurs* de son niveau d'évolution) de l'utiliser comme canal d'expression pour qu'il n'ait pas à chercher lui-même dans le plan éthérique les renseignements nécessaires à ses lectures. Pour l'inciter à agir ainsi, Uvani avança que le langage des lectures serait plus clair s'il utilisait une aide du monde de l'esprit. Mais plus tard, durant une lecture-vérification suggérée par Uvani, non seulement on conseillait de ne pas demander d'aide à ceux qui étaient dans les autres plans, mais on disait clairement que la méthode éprouvée de Cayce, qui consistait à «rentrer à l'intérieur» pour recevoir des conseils devait demeurer inchangée. En fait, le jour même de la lecture-vérification (le 6 février 1934), la Lecture de Travail 254-71 mit fin à tout ce débat. À cette occasion, on demanda au médium endormi s'il était préférable pour lui de rechercher le type d'aide, venue du monde de l'esprit dont «Uvani prétendait qu'elle accroîtrait la cohérence et la puissance des lectures». La réponse prit la forme d'une interrogation moqueuse: «Uvani prétend-il en savoir plus que le Maître qui l'a fait?»

Aucun autre commentaire n'était plus nécessaire.

De plus, durant cette même lecture, le travail d'Edgar Cayce fut défini comme «le travail du *Maître* des maîtres». Ceux qui étaient dans l'entourage de Cayce avaient suffisamment été remis à leur place pour délaisser désormais tout conseil émanant de médiums. Si sa façon d'approcher directement les Forces Universelles avait pour conséquence des phrases nébuleuses ou une syntaxe incohérente, quelle qu'en soit la raison, cet inconvénient occasionnel aurait sûrement des suites moins graves que les plus articulées des remarques d'un médium sous contrôle dont les sources et la motivation ne pouvaient être vérifiées ou encore dont le niveau de développement spirituel était, selon toute probabilité, inférieur à celui de Cayce.

Dans une lecture publiée plus tard, Edgar allait expliquer comment il entrait dans l'éthérique pour transmettre ses connaissances. Il y dira comment il se préparait spirituellement par la prière, pour ensuite attendre d'être guidé par une étincelle de lumière intérieure:

> *Une fois confortablement étendu, je place mes mains sur le front, à l'endroit où des observateurs m'ont dit que se trouvait le troisième œil, et je prie. Il est assez intéressant de savoir que dès le début, inconsciemment et instinctivement, j'ai adopté les pratiques utilisées par les initiés en méditation. Placer ainsi ses mains instinctivement entre les yeux est un exemple de ce que je veux dire. Ensuite, j'attends quelques minutes, jusqu'à ce que je reçoive ce qu'on pourrait appeler le «signal de départ» — un éclair de lumière blanche brillante qui tend parfois à devenir dorée. Cette lumière est pour moi le signe que le contact est établi. Quand je ne le vois pas, je sais que je ne peux faire de lecture.*
>
> *Après avoir vu la lumière, je descends les mains vers le plexus solaire et — me dit-on — ma respiration devient alors très profonde et rythmée et elle part du diaphragme. Ceci se poursuit pendant quelques minutes. Quand mes paupières commencent à battre et à vouloir se fermer (jusqu'ici mes yeux étaient ouverts, mais fixes) le guide sait que je suis prêt à recevoir la suggestion (pour la lecture).*[6]

Abordons maintenant la question de l'exactitude relative des lectures.

Celui qui entreprend des recherches dans le volumineux ensemble de transcriptions réunies dans les dossiers de la Fondation Edgar Cayce et de son organisation affiliée, l'Association pour la Recherche et l'Éclaircissement à Virginia Beach, ensemble qui recouvre plus de quatorze mille lectures psychiques d'Edgar Cayce, sera fortement impressionné par un aspect particulier: le perpétuel processus de validation. Nous faisons allusion aux innombrables témoignages écrits et à d'autres documents de soutien, de même qu'à de nouvelles coupures de presse pertinentes et à des notes de recherche remises à jour et attachées aux diverses lectures. Ces ajouts semblent confirmer le haut degré de justesse atteint par Cayce dans tous les domaines où la vérification de ses pouvoirs psychiques a été possible jusqu'ici. Mais cela s'applique avant tout aux lectures médiumniques où son diagnostic psychique et le traitement recommandé pour toutes sortes de malaises physiologiques allaient souvent à l'encontre des opinions dominantes de la science médicale de l'époque ou du conseil spécifique du médecin traitant. Cependant, si on pouvait convaincre le médecin et le patient d'accepter le diagnostic et de suivre le traitement proposé, traitement qui suivait les tendances holistiques propres à Cayce, les résultats étaient presque toujours positifs et parfois même assez saisissants. L'excellente performance de Cayce, comme prophète éminent du Nouvel Âge se poursuit, alors que nombre de succès continuent de s'accumuler. On s'attend à ce qu'il en soit ainsi jusqu'à la fin de ce siècle si les changements terrestres majeurs et les autres événements d'importance ont lieu suivant les prédictions du voyant de Virginia Beach. De plus, le travail de Cayce sur l'interprétation des rêves a reçu plus d'une confirmation durant sa vie. Cependant, la vérification des lectures de vie, chacune avec son dossier de réincarnations multiples s'est avérée plus difficile. Dans des cas isolés seulement, certaines bribes d'évidence ont pu être mises à jour – une pierre tombale ou un document historique par exemple – validant, pour une entité, une ou plusieurs incarnations antérieures. Cependant, en suggérant la façon dont les réalisations d'une vie antérieure peuvent être employées au mieux dans la vocation présente, Cayce a souvent frappé avec une incroyable justesse. Les confirmations en ce domaine continuent d'affluer, à mesure qu'augmente la correspondance avec de plus jeunes récipiendaires de lectures de vie.

Mais, pour la plupart de ceux qui avaient reçu des lectures de vie, il s'agissait d'accepter les renseignements « comme un *acte de foi*» ou encore de les accepter à cause de la trame de cohérence qui semblait sous-tendre les différentes vies antérieures en question. Il y avait aussi la logique convaincante reliant les développements ou les faillites antérieures aux ouvertures ou restrictions de l'incarnation actuelle. (Assurément, aucun charlatan ne pourrait posséder assez d'imagination et de créativité à l'état pur pour tisser des toiles de vie aussi emmêlées que celles révélées par les lectures de vie de Cayce, avec leur jeu complexe de forces karmiques reliant une incarnation à une autre!)

Il faut du même coup reconnaître que le voyant endormi avait des *bons* et des *mauvais* jours: par moments, la clarté et le détail d'une lecture étaient vraiment remarquables et à d'autres, l'expression était désespérément indistincte et ambiguë, parfois même contradictoire à certains endroits. Les dates et les noms même semblaient mal cités et à l'occasion certaines parties du renseignement semblaient hors de leur séquence chronologique.

Pourquoi?

Les meilleures explications nous ont été fournies par Cayce lui-même; elles sont apparues au cours des années, habituellement en réponse à des questions posées lorsqu'il était en état de transe.

Dans une lecture donnée en 1919 par exemple, on lui demanda: «Ces renseignements sont-ils toujours exacts?» Il répondit qu'ils étaient corrects dans la mesure où la suggestion passait par le canal approprié. Cela voulait dire que, pour obtenir le renseignement désiré, le chercheur devait non seulement fournir au guide de la lecture des données correctes et étayées, mais il devait aussi être motivé d'une manière appropriée. Une motivation *appropriée* pour une lecture de vie pourrait se définir comme le désir d'obtenir une meilleure connaissance de soi dans le but d'acquérir un plus grand développement intérieur. Comme le faisait remarquer avec à-propos une autre lecture, la simple curiosité ne suffisait pas.[8] Ainsi, toute forme de valorisation personnelle de la part du chercheur donnait immanquablement des résultats insatisfaisants. Un but spirituel par contre (tel qu'il apparaît par exemple dans la série de lectures intitulée *Recherche de Dieu*) semblait toujours produire des lectures très claires en général et d'une qualité exceptionnelle. En fait, lorsqu'apparaissaient des dates contradictoires, les lectures de ce type sont devenues les piliers sur lesquels repose la structure chronologique de ce récit.

La lecture 294-197, abordant d'un autre point de vue la question de l'exactitude des lectures, avertissait que «l'on ne devait pas tenter de suggérer ou de donner des renseignements aux autres lorsque surgissaient des empêchements physiques». Cela signifiait que les périodes de mauvaise santé ou de fatigue physique chez Edgar Cayce auraient une influence défavorable sur ses forces psychiques, affectant la clarté ou l'exactitude de la lecture faite dans ces conditions.

Cependant, l'explication la plus complète des erreurs ou des défaillances psychiques est contenue dans une lecture détaillée sur le sujet, donnée en 1933.[9] La lecture énumérait en résumé, plusieurs causes, l'une étant que la conscience physique d'Edgar Cayce ou du bénéficiaire de la lecture n'était, à ce moment-là, pas suffisamment réceptive. Une autre faisait référence à la mauvaise santé, cause dont nous avons déjà parlé. Une troisième était due à l'attitude mentale de ceux qui entouraient Edgar Cayce au moment où le renseignement était demandé ainsi que les «influences combatives» rattachées à l'expérience du chercheur. À cet égard, une référence spécifique fut faite à la «guerre continuelle» qui s'effectue entre la chair et l'esprit. Apparemment, la conscience charnelle du chercheur, dans une circonstance semblable, serait portée à vouloir tout contrôler «pendant la période où le renseignement passe d'un plan à un autre». Les *archives akashiques* de l'entité, disait la lecture, sont ou bien positives ou bien négatives — le négatif signifiant *erreur,* le positif étant *bon.* Mais en réglant les forces au niveau psychique pour transmettre ce qui a été enregistré, comment l'information nous parvient-elle? Cayce répondit avec une autre question: «Dans quel but cherche-t-on un renseignement?» Sur cette note philosophique, le débat tourna court.

Toutefois une tout autre facette apparut dans la lecture 1100-26, où Cayce interrompit son récit de l'incarnation égyptienne de l'entité au temps de Ra Ta, pour faire une *digression* révélatrice. Comme pour expliquer à son auditoire, qui était à l'état conscient, les frustrations qu'il subissait alors, à l'état inconscient, il raconta que l'interprétation des archives ne se faisait pas à partir de l'anglais ou de l'égyptien mais à partir de la langue que parlait la race de l'entité en terre d'Égypte. Langue, expliquait-il, qui n'était «ni le sanskrit, ni l'ancien persan», mais apparemment le dialecte *carpatique*. (À une époque reculée de l'antique histoire humaine où il n'y avait qu'une seule langue, comme le confirment à la fois la Genèse et les lectures de Cayce. Les différences linguistiques n'étaient sans doute que celles apportées par les dialectes locaux.)

De toute façon, nous pouvons facilement imaginer à quelle tâche monumentale a été astreint Cayce qui a produit quelque deux mille cinq cents lectures de vie tout au long de sa carrière de voyant. Faisant seulement appel à ses propres moyens, sans l'aide d'un *contrôleur* du monde de l'esprit qui aurait pu faire pour lui les traductions, il était obligé de se projeter dans le plan éthérique et de *lire* lui-même les souvenirs akashiques des vies antérieures de l'entité, quels que soient sa langue et le cycle terrestre — des lointaines périodes lémuriennes ou atlantéennes jusqu'à nos jours. (Cependant le gardien des archives lui cachait habituellement toutes les vies qui ne touchaient pas à la phase actuelle de développement spirituel de l'entité sur terre. Ce qui fait ressortir encore une fois le but constructif d'une lecture de vie d'essence spirituelle, par rapport à une recherche de vies simplement guidée par la curiosité.)

Lorsque nous considérons simplement l'immense obstacle du langage, il semble clair qu'il a dû avoir une certaine influence dans l'expression confuse et les renseignements psychiques erronés qui perçaient de temps à autre dans les traductions littérales des souvenirs akashiques. On peut supposer que les dates ou autres chiffres devaient être, en particulier, sujets à une mauvaise interprétation. Et, en dernière analyse, on ne peut que s'émerveiller, malgré l'importance des obstacles, de la clarté et de la consistance générales de ces quelque deux mille cinq cents lectures de vie.

Ceci nous amène à la question de la chronologie contestée. Ce n'est pas simple à résoudre. On doit replacer cela dans un contexte plus vaste: celui de l'ensemble des lectures de vie, et ne pas seulement considérer celles qui concernent Cayce lui-même.

Expliquons-nous.

La façon dont, comme par hasard, des centaines de personnes ont été littéralement poussées vers le voyant de Virginia Beach au cours des années et comment elles ont fini par recevoir ses lectures de vie, (ceci sans tenir compte des milliers d'individus qui venaient seulement pour des lectures médiumniques) représente un aspect particulier des lectures d'Edgar Cayce. Dans leurs lectures de vie, ces gens découvrirent presque tous l'existence de liens karmiques – certains très anciens, d'autres d'une origine plus récente – qui les reliaient à Edgar Cayce, pour le meilleur ou pour le pire. Certains avaient été avec lui dans son ancienne incarnation en grand prêtre Ra (ou Ra Ta), dans un cycle qui, disait-on à Cayce, était de bien des façons repris dans le présent, et qui devait avoir une influence particulière sur son rôle terrestre actuel de précurseur d'un *ordre nouveau* prêt à émerger et qui entraînerait la venue d'un nouvel âge et d'une nouvelle race au tournant de ce siècle. D'autres, qui faisaient partie du même groupe particulier de l'époque de Ra, s'étaient aussi réincarnés avec lui dans un cycle plus tardif en Perse, lorsque Cayce avait été un chef enseignant et un guérisseur nomade du nom de Uhjltd. Cet homme aurait marqué l'humanité en engendrant un fils nommé Zend dont le descendant fut Zoroastre. Zend lui-même, selon les lectures, était une ancienne incarnation de Jésus. Les entités qui avaient été avec Cayce à la fois dans les cycles égyptien et persan, avaient aujourd'hui tendance, du moins pour la plupart, à former autour de lui un noyau naturel et serré. C'était comme si elles étaient venues sur Terre avec une conscience naturelle de leurs possibilités uniques de servir davantage l'humanité, associées à la même entité qui les avait guidées par le passé.

D'autres entités encore avaient été avec Cayce à Troie, en Grèce, ou en Terre Sainte, en France, en Angleterre, ou en Amérique, dans des cycles de vie plus éloignés. Certaines d'entre elles avaient partagé les périodes qui avaient amené l'âme de Cayce à régresser plutôt qu'à croître ou encore des périodes de tergiversation entre deux extrêmes, comme dans son incarnation de Lucius au temps des premiers chrétiens.

À travers ces diverses expressions de vie, cependant, les fils du karma – bons ou mauvais – avaient tissé une tapisserie commune de vies et de destins entrecroisés, une vaste mosaïque d'actions et d'interactions humaine déployée en cycles récurrents sur le théâtre de la vie. Aujourd'hui, l'antique drame atteignait son point culminant: tous les acteurs étaient encore une fois ramenés sur scène, certains individuellement, d'autres en groupe, pour récolter ce qui avait été semé par le passé. Le temps de la moisson approchait et tous étaient appelés, mais certains seulement semblaient prêts.

Cet ensemble d'entités attirées par Edgar Cayce au cours des années et qui en avaient reçu des lectures de vie, pouvait être assez justement perçu, en un sens, comme une seule entité, un agrégat, un indissociable «groupe-âme» fait de cellules reliées entre elles mais disparates. Comme les diverses cellules d'un corps, elles avaient chacune un rôle unique à remplir, en harmonie ou pas avec leurs «cellules-sœurs», selon leur choix. À mesure que notre histoire se déroulera à travers les éons, nous verrons certaines d'entre elles reparaître de fois en fois, comme si elles se préparaient joyeusement pour l'incarnation présente, répondant toujours aux possibilités qui leur étaient offertes de croître spirituellement et de rendre service aux autres. Mais il y a aussi des «cellules rebelles» dans le groupe. Quelques-unes, comme Cayce lui-même dans plusieurs de ses incarnations, ont erré momentanément pour apprendre une leçon nécessaire çà et là. Elles reviendront, purifiées et plus fortes. D'autres tombent plus souvent, trébuchant sur les rochers pointus de leur intérêt égoïste, présentant toujours, pour elles-mêmes et pour les autres, un aspect dangereux. Ce n'est pas à nous de les juger. Elles entrent en scène de façon plus ou moins éclatante et échappent à notre regard aussi rapidement qu'elles sont apparues.

Tout au long de cette histoire, on nous présente une reprise fréquente de différents cycles de vie d'Edgar Cayce, perçus brièvement à travers la vie et les actions d'autres entités qui, dans la plupart des cas, étaient également présentes dans certains de ces cycles. Les événements prennent souvent une nuance ou une coloration différente à mesure que chacun de ces nombreux acteurs traverse la scène de l'histoire au son de son propre tambour. Il nous faut définir, sélectionner et choisir parmi les miettes d'information qui tombent le long du chemin jusqu'à ce que nous ayons rassemblé les fils de la tapisserie en un histoire cohérente qui approche le plus possible de l'originale. Devant l'énormité de la tâche et ses limites évidentes, nous nous sentons souvent frustrés. Mais nous sommes aussi maintes fois aidés, sans le savoir et sans nous y attendre, par ce qui, à première vue, semble un obstacle, des fils apparemment disparates ont parfois une façon étrange de se raccorder ou de se fondre avec l'ensemble. Pour éclairer notre propos, prenons l'exemple suivant (bien qu'il ne soit pas directement relié à notre histoire): deux individus distincts furent identifiés au même personnage biblique, Gamaliel, qui, on s'en souvient, était le chef du sanhédrin, au temps de Jésus. Un de ces deux-là, M. (1188), s'était fait dire qu'il avait vécu «aux temps où le Maître vivait en Israël», et l'autre, M. (933), que son existence s'était déroulée «lorsque le Maître était sur terre». Tous les faits indiquaient une répétition embarrassante. Mais, finalement, qui était le *vrai* Gamaliel? Comme on s'en aperçut par la suite, *tous les deux* avaient droit au même nom, ayant été père et fils, ce que l'histoire a presque totalement ignoré. Il a fallu une recherche méticuleuse pour arriver à localiser les archives sur Gamaliel le Second, né durant la vie du Maître. Non seulement Cayce avait eu raison, mais son analyse du caractère de chacun des Gamaliel, dans leur lecture individuelle, les avait bel et bien différenciés.

Cependant, le chercheur n'a pas toujours autant de chance et l'exactitude méticuleuse, comme nous l'avons dit dans les pages précédentes, n'est pas toujours la caractéristique principale des lectures. Il est important de reconnaître les fautes, quelle qu'en soit la cause, mais il faut s'assurer que ce sont bien des fautes et non simplement de mauvaises interprétations de notre part. C'est ce que nous voulions faire ressortir en racontant l'histoire de Gamaliel. L'analyse superficielle peut parfois suggérer qu'il s'agit d'une erreur du voyant, alors que la recherche qui suit ou les développements historiques peuvent renverser le jugement précédent. Pour cette raison tout chercheur doit aborder le matériel de Cayce avec un esprit ouvert et beaucoup de respect et de prudence. S'il ne fait pas attention, il pourrait essuyer une cuisante humiliation...

Pendant l'incarnation de Cayce en grand prêtre Ra, au cours de son cycle égyptien, certaines dates contradictoires posent d'assez sérieux problèmes. Quelques-unes sont nettement erronées. Lesquelles? En passant au crible et en mettant en ordre un ensemble extrêmement vaste de lectures concernant les nombreux participants de cette époque importante, le présent chercheur a trouvé approprié d'établir une ou deux dates particulières comme étant les plus fiables et de les prendre comme références. Par la suite, toutes les lectures qui entreraient en conflit avec les dates *maîtresses* établies pour l'ensemble de la période devront simplement s'y conformer. Heureusement, comme pour l'an 11 016 av. J.-C., date de naissance du jeune Araaraart, roi durant la seconde dynastie, il était possible de démontrer l'inexactitude de cette donnée en la recoupant avec quelques points de référence. Il y avait, premièrement, une de nos dates *maîtresses*, le laps de cent ans recouvrant la construction de la Grande Pyramide, de 10 490 à 10 390 av. J.-C., décrite dans l'une des lectures les plus claires et fiables sur l'époque. La construction de la pyramide a commencé, nous le savons, pendant qu'Araaraart était encore vivant. Deuxièmement, comme la vie d'Araaraart ne couvrait que 114 ans, il était évident qu'il ne pouvait pas être né en 11 106 av. J.-C. – 526 ans avant que ne débute la construction de la pyramide et, logiquement, on n'aurait pas pu l'appeler «le jeune roi» à l'époque de l'exil de Ra au mont libyen, quelque neuf ans plus tôt. Enfin, nous avons trouvé une demi-douzaine de références datées de 10 500 av. J.-C., pouvant servir de cadre *général* à la période de Ra Ta, ce qui était conforme à la datation de la pyramide dans la lecture 5748-6.

Ainsi, grâce à un effort soutenu, les fils encombrés de notre histoire des nombreuses vies d'Edgar Cayce ont commencé à se défaire lentement, laissant seulement ici et là un nœud qui résistait dans le toron final.

La plus épineuse peut-être des énigmes rencontrées le long du parcours fut d'établir un cadre temporel probable au cycle persan de Cayce en tant qu'Uhjltd, le chef nomade. Aucune date spécifique n'avait été donnée nulle part, à notre connaissance, bien qu'il y ait eu quelques sérieuses allusions quant à sa proximité relative avec le cycle égyptien qui l'avait précédé. La principale touche une déclaration affirmant qu'Uhjltd était le rejeton de l'une des filles de Ra (Ra Ta) et d'un fils de Zu. (Mais *Zu* et *Ra*, dans ce contexte, pourraient être tous deux une simple désignation tribale. De toute façon, la mère de Ra avait été identifiée comme la fille de Zu dans une des lectures touchant la mémorable période égyptienne de Cayce.) De plus, on ne doit pas négliger la possibilité qu'Uhjltd ait pu ne pas être un rejeton *direct* de l'union mentionnée précédemment mais simplement un descendant de la même lignée. Malgré cela, selon toute vraisemblance, on pourrait s'attendre à ce que l'avènement d'Uhjltd ait été placé très loin du temps de Ra. À quelque mille ans, disons? Peut-être, mais guère plus, car d'autres lectures suggéraient un *retour rapide* au plan terrestre entre le cycle égyptien et le cycle persan. Dans le contexte de l'époque, où une vie pouvait durer plusieurs centaines d'années, on pourrait raisonnablement considérer le laps de temps d'environ un millénaire entre la fin d'un cycle terrestre et la naissance dans un autre cycle, comme un retour relativement *rapide*. Une période beaucoup plus étendue rendrait la crédibilité plus difficile et nous placerait dans une position délicate.

Toutefois, un point de vue presque contraire sur la position historique de l'ère d'Uhjltd a fait quelques adhérents parmi les étudiants des lectures de Cayce. Cette interprétation dissidente a, du reste, sa propre logique. Notre tâche était de savoir comment l'aborder. Les lectures sur la vie de Cayce, alors qu'il était Uhjltd, avaient démontré, comme on l'a indiqué plus haut dans ce chapitre, qu'il était le père de Zend, une incarnation du Maître, et que Zend avait été reconnu comme le père de Zoroastre. Maintenant, la période exacte où le prophète Zoroastre a vécu, demeure, jusqu'à ce jour, une énigme historique. La plupart des personnes faisant autorité situent son avènement entre les septième et sixième siècles av. J.-C. Ceci ne signifie pas qu'ils aient raison, bien sûr. Manley Palmer Hall, qui fait autorité en la matière, affirme qu'aucune information fiable n'est disponible: l'arrivée sur terre de Zoroastre «serait placée, de façon, variable entre le dixième et le premier millénaire avant Jésus-Christ»; il ajoute que «cette incertitude résultait, en partie du moins, de la destruction des bibliothèques des philosophes Magoushs par les armées d'Alexandre le Grand.»[11] Entre-temps, dans une lecture[12] d'Eileen Garrett, Uvani fait une allusion intrigante au «*premier* Zoroastre», laissant clairement supposer qu'il y en avait eu deux – le dernier étant vraisemblablement une personne qui aurait ravivé les enseignements du Zoroastre originel ou, tout simplement, la même entité dans une incarnation beaucoup plus tardive. (L'histoire a ainsi tendance à se répéter, progressant en une sorte de spirale à travers les âges; nous le verrons abondamment dans les chapitres suivants.)

Toutefois, notre structure chronologique est bouleversée par une sorte de bolide provenant d'une source assez inattendue: les lectures elles-mêmes. Dans deux des lectures de Cayce (1097-2 et 3356-1) on trouve, d'une part, une incarnation durant la période persane qui semble se situer *après* une incarnation à l'époque de Moïse (env. 1 300 av. J.-C.) et d'autre part, si l'on en juge d'après sa place dans la lecture, une autre apparaissant plus tard que l'exil babylonien des Israélites (env. 600 av. J.-C.). Notre conclusion cependant, basée sur les certitudes frappantes données par les lectures qui suggèrent, elles, un cadre beaucoup plus reculé pour la période Uhjltd, est que ces deux incarnations conflictuelles de 1097-2 et 3356-1 ont simplement été sorties de leur séquence chronologique. Aucune date n'apparaît dans l'une ou l'autre lecture et seul l'ordre séquentiel a conduit à situer l'incarnation d'Uhjltd ailleurs que dans le cadre temporel des 8 000 ou 9 000 ans av. J.-C. Ce raisonnement est plus convaincant.

En fait, en ce qui a trait à notre sujet particulier, la lecture 288-29 nous renseigne davantage sur les origines reculées de l'époque d'Uhjltd, bien antérieure à Moïse, si ce n'est même à celle d'Abraham. Quant à l'incarnation du Maître en Zend, un fils d'Uhjltd, il est dit simplement: «À cette époque, pas de Juifs! Cela eut lieu beaucoup plus tard!» Combien d'années plus tard? il est difficile de le savoir. Abraham était l'ancêtre du peuple juif et il a pu être le contemporain d'Uhjltd. Il a vécu à Ur, «de l'autre côté du déluge» et cela, dix générations seulement après Noé. Et Noé alors? Il était l'arrière-petit-fils d'Énoch, dont nous explorerons au chapitre 5, lorsque nous traiterons de la période Ra Ta en Égypte, la similitude avec le légendaire Hermès, maître architecte de la Grande Pyramide.

L'autre difficulté, qui surgit dans l'ordre chronologique des vies d'Edgar Cayce, est la double incarnation de Bainbridge. Il semble avoir voulu s'incarner non pas une mais *deux* fois sous le même nom. La seconde incarnation eut lieu cent ans après la première, mais avec le même type d'environnement et de vie dissipée qui le conduisirent de la vieille Angleterre, où il vécut jeune homme, aux aventures qu'il eut dans l'Amérique nouvelle. Cependant, la deuxième fois, selon les lectures, il était venu sur terre sous l'influence de Saturne. Ce qui en dit long, car selon les lectures toujours, Saturne est cette sphère de conscience où toute mémoire du passé immédiat est annulée – effacée – de sorte qu'une entité peut recommencer à neuf; comme si elle avait traversé le légendaire Léthé, le fleuve de l'oubli. L'entité ne traîne rien derrière elle, pouvant ainsi se racheter à la prochaine étape si elle choisit de le faire. Ceci explique la deuxième apparition de John Bainbridge.

Dans les chapitres qui suivent, le lecteur trouvera bien d'autres exemples de chronologie ou d'histoire douteuses que nous avons dû démêler. Mais avec l'aide de la logique, soutenue par la chance, nous pensons bien y être arrivé dans l'ensemble. Si le lecteur n'est pas d'accord avec certaines de nos déductions ou conclusions, nous ne pouvons l'en empêcher; mais il apparaît clairement, du moins l'espérons-nous, que nous avons tenté de présenter tous les faits sans les fausser. Aucune date, aucun nom, aucun événement qui iraient à l'encontre de notre version des faits n'ont été sciemment cachés au lecteur. S'ils ont été omis, alors que leur diffusion rectifierait l'interprétation des faits, cela ne peut être dû qu'à l'inadvertance.

Nous devons dire aussi que cette version ne représente pas une épopée grandiose. Ce n'est en soi qu'une charpente, un canevas. Son objectif modeste, à l'intérieur de cette charpente, est de présenter les vérités essentielles sur les nombreuses vies d'Edgar Cayce et non d'écraser le lecteur sous une pléthore de détails qu'une épopée traditionnelle demanderait. Si certains en sont déçus, nous le regrettons; d'autres, par contre, en seront contents: nous leur avons épargné mille pages de prose laborieuse.

Enfin, il faut dire que ce récit, même lorsqu'il est divertissant, demeure toujours véridique. Et la vérité, comme nous le savons, cache toujours une morale. La morale au cœur de cette histoire est simple: vivre dans la joie! Alors que le long périple de l'âme sur terre est souvent difficile, comme le démontrent les nombreuses incarnations (passées et futures) de Cayce, son but est de nous libérer du moi inférieur et de nous permettre de retrouver notre divinité perdue. Voilà certainement une occasion de grandes réjouissances; c'est pourquoi nous exprimons le souhait suivant: *Nombreux et joyeux retours parmi nous.*

L'humour a toujours été sous-jacent aux lectures d'Edgar Cayce. Il encourageait souvent les gens à rire davantage, à se prendre moins au sérieux. «Même le Maître, disait-il, plaisantait sur le chemin du Calvaire.» Réjouissons-nous donc! Vivons chaque instant dans la joie. La joie est contagieuse. L'homme l'a reçue initialement des anges. Or, les anges sont toujours joyeux. Et l'ange dans l'homme est la joie qu'il conserve et répand sur les autres. La joie éveille le Grand Soi en nous, et lorsque le Grand Soi s'éveille, nous sommes libres.

3. Au commencement

En suivant le point lumineux qui le guidait toujours dans ses transes, Edgar Cayce se sentit vivement projetté vers le haut. Ne regardant ni à gauche ni à droite, il traversa sans encombre les plans inférieurs où régnait une obscurité relative et où des foules d'entités perdues, désespérées cherchaient à le retenir de leurs bruyantes lamentations. Il monta rapidement dans la lumière et la beauté croissantes des niveaux supérieurs de l'esprit. Là, des êtres lumineux lui portèrent secours comme pour l'aider dans son ascension. Enfin, il atteignit son but – la salle familière des archives akashiques.

Le gardien sans âge des archives le reconnut et le salua comme un vieil ami.

«Vous voilà enfin, dit-il avec un sourire, je vous attendais.»

D'un signe de tête, Edgar salua le personnage enturbanné et vêtu de blanc et lui rendit son sourire. Mais avant qu'il ait pu dire que cette fois-ci c'était pour consulter ses propres archives, son ami avait disparu.

Il réapparut tout aussi vite, comme un rayon de lumière céleste. Dans ses mains, il tenait un volume exceptionnellement épais. Cela devait signifier qu'il contenait les archives d'une très vieille âme – une dont les voyages sur terre pouvaient remonter au début des temps. La couverture du livre portait en blason de curieux signes qu'il reconnut intuitivement comme son propre chiffre (car chaque entité sur terre est ainsi identifiée).

En feuilletant le livre, Edgar remarqua que certains passages étaient, pour lui, indéchiffrables. Il savait que cela voulait dire qu'il ne recevrait pas encore la connaissance complète de ses vies antérieures. En fait, c'est son Grand Soi qui avait décrété ces limites. Seules les pages utiles à la phase actuelle de son développement lui seraient révélées. C'était en accord avec les lois universelles.

Utilisant son œil intérieur, Edgar lut tout ce qui lui était permis. Ensuite il répéta tout haut les passages, les accompagnant parfois de ses propres commentaires et les traduisant de la forme akashique en un anglais archaïque qui rappelait la traduction King James de la Bible, un livre dont les paroles avaient toujours été sacrées à ses yeux et qui faisait partie de son être le plus profond. Cette technique de verbalisation était nécessaire pour que ceux d'en bas, sur la terre, qui attendaient près de son corps physique, puissent saisir le message des archives akashiques que transmettait son moi inconscient — ou surconscient.

Enfin, il atteignit la première entrée (car il avait lu les archives depuis la dernière entrée jusqu'à la première, selon son habitude). Ceux qui écoutaient maintenant, à l'endroit où gisait son corps, étaient cloués sur place par ce qu'ils entendaient, alors que les lèvres et la bouche de cette forme étendue prononçaient ces mots révélateurs, traduction poétique de l'akashique:

> *Nous trouvons (l'entité) au commencement, quand furent donnés les premiers éléments et les puissances qui ont graduellement engendré la sphère appelée Terre, et que les étoiles du matin chantaient en chacun, et que les murmures du vent annonçaient la nouvelle de la venue en l'homme du Créateur, et que l'homme, lui, devint une âme vivante.* (294-8)

Une âme vivante, oui. Mais pas encore un mortel, avec les limites d'un mortel.

Ceux qui choisirent d'arriver sur terre lors de cette premiere migration d'âmes étaient des êtres célestes. Ils étaient (avant leur chute) les fils et les filles de Dieu, Cause Première et Créateur. Au début, ils ressemblaient plus à des formes-pensées qui pouvaient, selon leur désir, être projetées ou cristallisées dans une manifestation corporelle. Ce n'était qu'une question de visualisation. Étant co-créateurs eux-mêmes, ils pouvaient puiser aux Forces Créatrices pour traduire des images mentales en formes et en substances matérielles, par un changement ou un abaissement du taux vibratoire de la matrice mentale. Ils étaient pleinement conscients de l'Esprit Universel comme constructeur. Non seulement cette application de la loi spirituelle gouvernait-elle leurs propres projections physiques, mais elle rencontrait tous leurs besoins et désirs terrestres. (Car, en vérité, les pensées sont des *choses.*)

Ces androgynes divins étaient capables de se séparer comme l'amibe et de créer un «double» à volonté. C'est ainsi qu'ils maintenaient, au début, leur pureté spirituelle, perpétuant leur forme céleste sous un état visible, transformé, conformément aux besoins de la terre et de son bas taux de vibration. Ils n'avaient pas encore choisi de s'adonner aux attrayantes délices des amours charnelles, comme ils le voyaient faire tout autour d'eux dans les activités sexuelles des créatures variées du règne animal, dont la venue sur terre avait précédé la leur.

Bien que séparés en partie de leur Source divine, ils maintenaient un contact physique étroit et continuaient de manifester la puissance divine. Leurs actions sur terre allaient devenir une source de légendes pour ceux qui viendraient plus tard. Alors qu'ils engendreraient eux-mêmes l'homme adamique qui devait les suivre dans une époque ultérieure, lors de la deuxième migration d'âmes (cette vague incluant plusieurs des leurs), l'humble état de l'homme futur n'était pas encore dans le quotidien de ces anciens extra-terrestres semblables à des dieux. Leur forme originelle était encore essentiellement éthérique, mais ils pouvaient se matérialiser ou se dématérialiser à volonté. L'innocence, une noblesse innée, rayonnait sur leur front. Ils n'étaient pas encore enchâssés dans des formes matérielles tangibles, comme ce serait leur lot plus tard. Les tentations de la chair ne les avaient pas encore corrompus et ils ne s'étaient pas encore égarés dans les voies de l'égoïsme. Ils ne connaissaient pas le péché. Du moins, pas encore...

Edgar Cayce était au nombre de ceux-là.

Toutes les âmes émanent de l'Un et retournent à lui. Le but de l'âme sur terre est donc de retrouver son chemin de retour en utilisant le don divin de la liberté pour progresser vers le ciel – ou pour se séparer davantage de son Créateur.

Et qui est son Créateur?

Le premier-né de Dieu est identifié dans l'antique tradition comme l'Adam Supérieur, ou l'homme archétypal qui a précédé l'Adam terrestre et la création matérielle. En fait, c'était Lui, en tant que dieu en Soi (car n'était-Il pas devenu un compagnon à part entière et un héritier de l'Ineffable?), qui devint plus tard le Créateur de l'univers manifesté. Il est également identifié comme Esprit, Lumière et Parole. Les lectures L'appellent Amilius, du nom qu'Il portait au début, lors de sa première migration sur terre en tant que forme mentale; et c'est à travers lui que toutes les autres âmes ont été projetées à la première et à la deuxième venues. Cependant, si au premier cycle elles vinrent en tant que dieux ou êtres célestes, au deuxième, elles arrivèrent en homme terrestre – en tant qu'âmes ayant une forme charnelle.

Il paraît surprenant que les lectures indiquent que ce même Amilius ait été détourné, de sorte qu'Il ait dû finalement travailler à Son propre salut sur terre et préparer le chemin pour le nôtre. Car «ce premier-né du Père, comme on l'explique dans la Lecture 364-8, s'est permis de se laisser aller dans la voie de l'égoïsme». Alors qu'au début, l'intention pure de l'âme était, comme l'indique la Lecture 341-8, «de rendre manifestes le Ciel et les forces célestes» dans la création matérielle, en réalité l'univers entier et l'entrée dans cet univers apparaissaient comme un acte de désobéissance.

C'est un sujet difficile à comprendre. En fait, Cayce endormi admettait facilement que cela pourrait impliquer «trop de connaissance pour certains». Cependant, je cite cette série de questions et de réponses de l'une des Lectures de la Quête de

Dieu pour ceux qui veulent absolument une interprétation logique. Après tout, c'est une question qui résume le dilemme humain et sa réponse explique clairement ce que sont enfin la réincarnation et le développement de l'âme.

Q-2. Expliquez, s'il vous plaît l'extrait suivant de la Lecture 262-96, 24 mai 1936: «Car l'âme comprenait avant de revêtir la chair dans laquelle le choix allait être fait.» Pourquoi (si l'âme comprenait) la nécessité de revêtir la chair en vue de faire le choix?

R-2. Pensez-vous que l'Esprit ait des manifestations ou qu'il utilise des manifestations pour son activité? L'Esprit de Dieu est conscient à travers l'activité et nous le voyons dans les choses célestes, terrestres, aériennes de *toutes* formes. Mais toutes ces choses ne sont que simples manifestations. La connaissance, l'entendement, le fait de comprendre, *nécessitaient* ensuite l'incarnation parce que l'Esprit alors participait à ce qui était manifesté. Ainsi le corps *parfait,* le corps céleste, devint un corps terrestre et revêtit la chair. (Pour certains, cette explication devient pire que la précédente! Entendez alors ceci: cela n'a rien à voir avec la Connaissance, ou représente trop de connaissance pour certains d'entre vous, et vous y trébucherez; mais vous l'avez demandé, alors voilà!)

Quand la terre devint une demeure pour la matière, quand les gaz prirent la forme des choses que l'homme voit dans la nature et dans l'activité qui l'entoure, alors la matière commença son ascension à travers diverses formes d'évolution physique... dans l'*esprit* (et l'Esprit, souvenez-vous, est synonyme du Premier-né) de Dieu! L'esprit (comme Amilius, le Fils) choisit de s'incarner [il était d'essence divine et non un esprit terrestre – lui (Adam) n'était pas encore arrivé sur terre!], il

> choisit de revêtir la chair, de devenir partie de ce qui, selon les commandements, n'aurait *pas* dû être.
>
> Ceux qui sont entrés ainsi doivent continuer sur la terre jusqu'à ce que l'esprit-corps soit de nouveau redevenu parfait pour l'âme ou le corps céleste. (262-99)

Il est difficile d'imaginer un résumé plus explicite, plus beau, plus instructif des origines de la condition humaine actuelle et de sa solution ultime, que celui que recèlent ces quelques paragraphes. Ils contiennent une philosophie que certains pourraient chercher durant toute une vie sans la trouver. Car ici nous apprenons un merveilleux secret: nous apprenons d'où nous sommes venus et où nous devons aller. À la suite de paroles comme celles-là, on se rend compte de la contribution remarquable qu'Edgar Cayce a apportée à l'humanité, bien que cette contribution soit encore peu reconnue. Son seul but dans la vie était de servir l'homme et Dieu. Il y en a peu qui ont fait un tel don de soi.

Mais revenons à notre histoire...

Malheureusement, dans les lectures, si l'on se réfère aux antiques annales des temps préhistoriques, il y a peu d'indices substantiels permettant de donner une approximation fiable du moment exact où a eu lieu la première migration d'âmes. Cependant, il y en a au moins un – et il est, heureusement, plutôt bon. On le trouve dans la Lecture 2665-2. Dans cette lecture de vie, il est question d'une très ancienne incarnation, qui précède l'apparition atlantéenne de (2665) pendant la première des éruptions qui détruisirent finalement le continent fabuleux. On nous dit que les Atlantes étaient parmi les premiers peuples qui se séparèrent en groupes ou en familles. La lecture parle d'une caverne sur le plateau de la région aride de l'Amérique du sud-ouest qui, selon la légende, a déjà fait partie du continent, aujourd'hui enfoui, de Lémurie et qui fut un des rares paysages antiques de la planète qui aient quelque peu survécu à d'innombrables cataclysmes à travers les temps immémoriaux. Dans cette caverne, disait la lecture, les dessins produits par l'entité peuvent encore être vus. Et elle ajoutait de façon surprenante: «Il y a quelque dix millions d'années!»

À ma connaissance, on ne trouve pas dans les lectures de date antérieure sur laquelle asseoir nos lointaines origines.[1] De plus, on pourrait être tenté de conclure qu'une entité habitant les cavernes ne pouvait pas pu être une des projections mentales des âmes du cycle initial mais plutôt un descendant des «filles d'hommes», fruit de liaisons ultérieures entre les fils et filles de Dieu embourbés dans la chair, mais la Lecture 364-12 réfute ces doutes compréhensibles. On y affirme que les âmes du premier groupe «ont commencé à habiter dans le roc et les cavernes» ou encore qu'ils firent leurs demeures «ou leurs nids, pour ainsi dire, dans les arbres.»

Mais poursuivons.

Notre prochain indice temporel renvoie à une entité mentale ancienne, maintenant connue comme M. (877) qui s'était fait dire que ses premières relations avec son ami Edgar Cayce avaient eu lieu durant un séjour terrestre qui «était plus près de cinquante ou cinq cent mille ans avant que la Loi ne se soit initialement manifestée *en tant que* Loi de l'Un (en Atlantide)!» (877-26).

Ce qui ne nous ramène pas assez loin, en réalité, malgré la marge immense entre les deux dates données. Mais *pas assez loin*, à quoi cela correspond-il? Nous ne savons pas, de manière absolue, quand l'enseignement de la Loi de l'Un commença en Atlantide. Cela a sans doute eu lieu durant le règne d'Amilius. Et puis, il y a dans une autre lecture, cette référence lumineuse à ce règne:

> *Quant à l'apogée de la civilisation, il faudra le déterminer selon le critère qui lui convient — soit l'on considère que l'apogée eut lieu lorsque Amilius régna selon ces entendements, en être qui comprenait les changements ou lorsque ces entendements sont devenus l'œuvre de l'homme, tout dépend du point de vue où l'on se place: point de vue spirituel,*

> *purement matériel ou commercial. Car on découvre que les changements recouvrent une période de plus de cent mille ans. (364-4)*

La lecture ajoute que ceci se réfère aux *années lumière*, ce qui est expliqué ailleurs comme ne devant pas être confondu avec le terme astronomique courant qui s'applique à la vitesse de la lumière voyageant à travers l'univers, mais aux années selon le «coucher et le lever du soleil» – une expression qui est synonyme de notre mesure actuelle de l'année solaire. Nous devons cependant considérer la possibilité – que dis-je, la probabilité – que le passage infini des ans ait considérablement ralenti les rotations axiale et orbitale de la Terre.

Enfin, d'un point de vue plus ésotérique, je pense qu'on peut affirmer que, même si la Terre a ralenti, allongeant ainsi notre année moderne par rapport aux temps préhistoriques, l'homme lui-même a expérimenté exactement le phénomène contraire: en fait, sa longévité a diminué par rapport aux mille ans d'Adam et de ses premiers descendants, dont parle la Genèse. De la même façon, la longévité des premiers Atlantéens et de ceux qui leur ont donné naissance a pu être comparativement qualifiée de *sans âge*. Nous le voyons, le temps est relatif: un million d'années, au début de la terre, a pu équivaloir d'un certain point de vue à un simple millénaire actuel.

Le règne atlantéen d'Amilius, tout comme la décision beaucoup plus tardive des premiers Israélites d'abandonner leurs droits divins d'auto-gouvernement en faveur d'un roi, peuvent avoir surgi de la même faiblesse tribale et du même manque d'auto-discipline, à mesure que les projections mentales se sont trouvées progressivement coupées de leurs origines spirituelles et de plus en plus emmêlées dans les liaisons charnelles et les attitudes égoïstes de la terre.

La distinction entre les sexes était d'ores et déjà commencée, et cela, en soi, n'était pas nécessairement considéré comme un péché aussi longtemps que les êtres divins androgynes, séparés en couples (comme Amilius et Lilith) gardaient leur pureté essentielle et ne tombaient pas dans la luxure après avoir reçu une forme charnelle terrestre. (Car, comme le dit la Lecture 275-36, bien que formes mentales, *«ils avaient un corps»*. Cependant, ce corps était soit céleste, soit en voie de matérialisation, enserrant ainsi l'entité dans la châsse matérielle et l'attirant vers la terre par le poids des désirs.)

Ceci amena éventuellement le besoin de rappeler aux âmes égarées leur héritage spirituel, maintenant à demi oublié. Amilius, en tant que Frère Aîné de toutes les autres âmes et initialement responsable de leur état, décida apparemment de prendre personnellement en main la situation qui se détériorait. Ainsi commença Son long règne et, sous cette domination, la Loi de l'Un dût être établie. Ceux qui suivaient cette Loi basée sur les enseignements d'Amilius, furent nommés les enfants de la Lumière et, dans leurs temples ils essayaient d'arracher les faibles fils et filles de Dieu à la séparation totale et aux ténèbres. Cependant ceux qui succombèrent à la tentation de l'égoïsme et de l'éloignement de la Lumière furent identifiés comme fils de Bélial – c'est-à-dire les sans-loi. Leur chef rebelle était le Prince des Ténèbres, qui régnait sur la terre. Les puissances des Ténèbres engagèrent désormais avec le règne de la Lumière, de l'Esprit, de la Parole, incarnés dans Amilius une lutte constante.

Nous entrons ici dans la phase troublée de l'histoire atlantéenne, ce qui montre la perception croissante qu'Amilius avait du problème:

> *Dans cette période, alors – quelque quatre-vingt-dix-huit ou cent mille ans avant l'entrée de Ram en Inde – il vivait sur cette terre d'Atlantide un certain Amilius, qui fut le premier à détecter... la séparation des êtres qui habitaient cette partie de la sphère terrestre. Quant à leurs formes physiques, c'étaient plutôt des formes-pensées, capables de sortir d'elles-mêmes dans la direction développée par la pensée – à peu près comme le ferait aujourd'hui l'amibe dans une baie stagnante ou dans un lac. À mesure que ces pensées prenaient forme, en satisfaisant leurs pro-*

pres désirs de ce qui était matériel ou de ce qui s'ajoutait à la condition matérielle, elles se durcirent, se fixèrent en une forme corporelle assez semblable à celle qui existe actuellement qui tirait sa couleur de l'environnement, comme le fait le caméléon d'aujourd'hui. Ainsi apparut la forme des peuples qu'on appelle rouges. (364-3)

Toutefois, pour comprendre le mal croissant parmi eux, il nous faut examiner certains autres passages révélant jusqu'où certaines entités plus délinquantes sont allées et ont abusé de leur capacité d'invocation des Forces Créatrices pour réaliser leurs désirs dans n'importe quelle direction:

Voici donc la façon dont ces entités, ces âmes, se sont développées. Certaines produisirent des monstruosités, comme celles dues à leur projection sur des bêtes de caractère divers avec lesquelles elles s'associèrent. Ainsi naquirent les formes du Styx, du Satyre et autres du même genre comme les sirènes de la mer, des licornes et d'autres de formes variées. (364-10)

Sur la terre d'Atlantide au temps où se divisèrent les gens soumis à la Loi de l'Un et les fils de Bélial, c'est-à-dire les rejetons de ce qui était la race pure et ceux qui se projetèrent dans les créatures qui devinrent fils de l'homme *(comme le veut la terminologie) plutôt que créatures de Dieu.* (1416-1)

L'autre groupe – ceux qui suivirent la Loi de l'Un – avait une référence. Les fils de Bélial n'en avaient pas, sauf le moi, la glorification du moi.

Ces entités (appelées «choses») qui étaient alors des producteurs (comme on les appellerait aujourd'hui), travailleurs, fermiers ou artisans, ou encore celles qui étaient dans les positions tenues aujour-

d'hui par de simples machines, étaient les projections de l'activité individuelle du groupe (connues sous le nom de fils de Bélial).

Et ce fut parmi ceux-ci alors, et en relation avec ceux qui détenaient l'autorité, que surgirent les différends. (877-26)

Des différends, certes! Différends dont nos propriétaires d'esclaves furent peut-être un écho karmique lorsque, constituant une classe privilégiée, ils cherchèrent à supprimer les droits humains des autres pour réaliser des gains matériels. Ils y ont perdu.

Mais revenons un peu en arrière, à cette référence à «l'entrée de Ram en Inde». Cela peut nous fournir encore une autre clé de l'énigme des temps passés.

Ram ou Rama était un des premiers grands initiés. Il avait fondé les enseignements védiques. (Littéralement, *ram* veut dire «le guide du troupeau paisible».) La période de Rama est historiquement imprécise: certains ont parlé de 5000 av. J.-C., d'autres de dates beaucoup plus anciennes. Mais prenons la date qui nous est fournie. La Lecture 364-3 nous dit que le règne d'Amilius en Atlantide commença à peu près cent mille ans, ou plus précisément, «quelque quatre-vingt-dix-huit mille ans» avant la présence de Rama en Inde. Nous voici donc avec la date de 103 000 av. J.-C. Croyez-le ou non, c'est selon vos convictions.

Mais poursuivons.

Malgré les efforts des enfants de la Loi de l'Un, la race et la culture atlantéennes semblaient vouées à une auto-extinction inéluctable, à cause des activités de plus en plus destructrices des fils de Bélial. De grands progrès technologiques, qui avaient graduellement supplanté la spiritualité déclinante de la race, ne menèrent qu'à de plus grands abus. Tout d'abord, il y avait ce redoutable cristal, dont les prismes pouvaient rassembler et maîtriser d'incroyables énergies venues des rayons de la lointaine Arcturus ou du Soleil. Ce contrôle, originellement aux mains des prêtres et prêtresses de la Loi de l'Un, fut graduellement subtilisé par les fils de Bélial, conduisant à la première des nombreuses grandes éruptions qui allaient détruire l'Atlantide. On perdit aussi le contrôle des lasers et autres forces destructrices. Comme le dit la Lecture 195-29, «Ce qui est rejeté sera retourné» – pas forcément sous la même forme mais avec une semblable puissance destructrice, car telle est la loi spirituelle. Cependant, les Atlantes délinquants ne s'occupèrent d'*aucune* loi. La première éruption, qui divisa le fier continent en une série d'îles, ne détourna pas ceux qui ne reconnaissaient d'autre puissance que la leur. Le second cataclysme non plus ne réussit pas à les corriger.

Ainsi Amilius se rendit compte qu'une «seconde création» serait nécessaire, qui amènerait sur terre un homme fait de chair, mais aux origines pures, qui surgirait des ruines prochaines de l'Atlantide et qui donnerait naissance à sa propre race, repeuplant et occupant la planète ravagée par l'eau et le feu, sur laquelle il étendrait sa domination. Son nom serait Adam, ou *adama*, ce qui veut dire «terre rouge».

En prévision de l'apparition de l'homme adamique des précurseurs devaient venir pour préparer la voie. Des «préparatifs furent faits», dit-on en vue de cette période future dans la Lecture 3579-1, «afin de mettre les âmes humaines en relation avec Dieu». (Si Cayce a dit vrai, un semblable cycle de préparation existe aujourd'hui, alors que nous attendons la venue d'un nouvel âge et d'une nouvelle race sur terre; d'autre part, la Lecture 5749-5 indique qu'Edgar Cayce lui-même vint comme «précurseur» du nouvel ordre qui s'annonçait. Nous verrons bientôt qu'apparemment il répétait son ancien rôle.)

Continuons...

La deuxième migration d'âmes, sous la direction d'Amilius, commença avec ceux qui avaient été choisis pour être des précurseurs. Ces entités androgynes, tout comme celles de la première migration, se différenciaient de leur anciens prédécesseurs (dont quelques-uns revenaient aussi), par leur forme charnelle. Parmi eux, les filles les plus pures seraient sélectionnées, le temps venu, pour canaliser la première projection qu'Amilius ferait des cinq groupements raciaux de l'homme adamique, des cinq couleurs, des cinq proto-nations qui seraient ultérieurement connus comme les précurseurs de l'homme moderne – de nous-mêmes, en somme.

Cependant, l'un de ces précurseurs de la seconde création, allait jouer un rôle spécial. Maintenant qu'Amilius, le Concepteur, ne serait plus en mesure de communiquer directement avec les êtres charnels qu'il avait projetés (car, à mesure que les entités prenaient chair, son taux vibratoire supérieur le séparait automatiquement de leur perception tri-dimensionnelle). Il sentit à cette époque-là le besoin d'une représentation terrestre. Un tel représentant, bien que charnel lui aussi, adhérerait à la Loi, conseillant partout aux gens de suivre les voies de la paix et de la fraternité, plutôt que de chercher des solutions plus subversives et violentes aux problèmes éventuels. Tout cela faisait partie du Plan Divin qui émergeait, de sorte que l'Âge Adamique qui approchait puisse être inauguré en toute sécurité.

Ainsi vint Asapha. Nous le rencontrerons au chapitre suivant.

Entre-temps, Amilius prévoyait un autre besoin dans le déroulement de Son plan pour le salut éventuel de l'humanité, un besoin qui impliquait un acte d'auto-sacrifice énorme devant lequel, cependant, il ne recula pas.

Il se rendait maintenant compte qu'Il devrait passer Lui-même par un des cinq prototypes de la nouvelle race charnelle, et Il choisit de venir comme Adam, le Fils de l'homme, entrant une deuxième fois dans Sa propre création mais cette fois-ci comme une projection *charnelle* de Lui-même: Amilius, l'«Adam Supérieur». Bien qu'androgyne et sans père ni mère terrestres, Il serait un mortel et, comme tel, sujet aux limites des mortels. De cette manière, Lui – Esprit, Lumière, Parole – deviendrait un Modèle charnel pour toutes les âmes prisonnières sur Terre, au fur et à mesure qu'Il les conduirait lentement et avec soin à travers un cycle d'incarnations multiples, hors de la prison des vibrations terrestres qu'ils s'étaient imposées jusqu'au retour à l'état originel, d'avant la chute, celui de leur Union avec Lui, dans le corps divin et le royaume céleste.

Il a été dit que nous étions Ses frères, *Ses mois individuels* – hommes de la terre, mais dieux en devenir. Et où va l'âme en évolution quand elle est pleinement développée? Elle retourne à son Créateur, comme une cellule née de nouveau dans le Corps de Dieu:

> *Et vous devez être un – un avec chacun, un avec Lui – si vous voulez être, comme vous l'êtes en fait – des corpuscules dans le* flot de vie *de votre Rédempteur! (1391-1)*

4. Quand les deux étaient un

Au commencement, se présentèrent ceux qui devinrent comme les Fils de Dieu, en ce que mâle et femelle faisaient un
(Lectures d'Edgar Cayce 364-7)

Jésus dit: Le jour où vous étiez un, vous êtes devenus deux.
(L'Évangile selon Thomas, Logion 11)

LE CONSEIL DES QUARANTE-QUATRE
(Asapha et Affa; Égypte, 50 772 av. J.-C.)

En février 1925, Edgar Cayce obtint pour lui-même une lecture qui faisait suite à ses autres lectures de vie.

Comme cela arrivait souvent dans de telles lectures, que ce soit pour lui ou pour les autres, il y eut de nouvelles révélations étonnantes. C'était comme si la progression spirituelle d'une entité qui utilise les renseignements d'une lecture antérieure dans le but de poursuivre son développement intérieur, déterminait son seuil d'accessibilité à la connaissance de ses vies passées. En en sachant plus sur son passé et la façon d'utiliser ces renseignements, le chercheur désireux de connaître la vérité est d'autant mieux préparé pour diriger le cours de sa vie. Notre passé est une image collective de ce que nous sommes aujourd'hui. Le présent vivant et ses possibilités sont comme le ciseau aiguisé du sculpteur qui permet de changer la forme de l'image et modifie ainsi l'ombre qu'elle projettera sur nos lendemains. Le bien dans notre passé devrait nous inciter à de nouvelles réussites; alors que les imperfections, si elles sont reconnues et acceptées, peuvent être effacées et le marbre refaçonné afin de mieux ressembler à notre idéal.

Dans le cas d'Edgar et de cette lecture particulière, les nouvelles révélations étaient de nature contradictoire. Il en apprit davantage au sujet d'un cycle terrestre régressif qui eut lieu pendant la guerre de Troie, et qui affecta de façon négative sa capacité actuelle de contrôler sa colère ou le déplaisir en certaines situations. Mais il fut grandement encouragé de savoir qu'une très ancienne incarnation avait été omise lors d'une lecture du début. Cette incarnation s'insérait bien entre sa première venue avec Amilius, comme l'un des fils de Dieu de la première migration d'âmes, et son cycle égyptien, si mémorable, où, sous l'aspect du prêtre Ra Ta et dans le but de remplir un destin exceptionnel il avait voyagé sous contrainte psychique pour aboutir à cette région ensoleillée du monde loin de sa patrie adoptive aux flancs du mont Ararat.

Maintenant, il découvrait qu'il était venu en tant que précurseur dans la *seconde* migration d'âmes, «quand les forces charnelles vinrent demeurer au niveau terrestre». La lecture continuait:

> *L'entité fut* parmi les premières *à habiter la terre* sous cette forme *et elle était dès le début parmi les forces terrestres. C'est ici que l'entité se développa le plus, car l'âme était alors capable de contenir l'ensemble des forces données aux fils de l'homme pour réaliser la Paternité du Créateur.*
>
> *Dans la vie présente, nous trouvons aussi ce désir ardent et continuel de côtoyer de plus près les éléments spirituels de chaque force. Dans le but de s'en servir et de les faire progresser, l'entité accroît toujours les forces spirituelles par l'action et la vérité. Car au niveau terrestre, chaque élément de nature physique, mentale ou spirituelle est jugé selon sa relation avec la force spirituelle.* (294-19)

On en restait là. La lecture n'incluait aucun développement touchant l'identité ou le but d'Edgar dans cette première descente dans la chair. Cependant, en se référant à l'entité qui «se développera davantage» dans sa capacité «de contenir l'ensemble des forces données aux fils de l'Homme pour réaliser la Paternité du Créateur», il y avait une sorte d'indice: on pouvait comprendre, à partir de cette référence élogieuse, que l'incarnation avait été remarquable, affectant probablement un grand nombre de vies. En fait, les leçons spirituelles reçues et appliquées ont dû être d'importance puisque leur influence sur Cayce, dans la vie actuelle, se présentait comme «ce désir ardent et continuel de côtoyer de plus près les éléments spirituels de chaque force.»

Quelques mois plus tard, une série de lectures apparemment sans lien fut donnée pendant que Cayce demeurait encore à Dayton, Ohio, avant le déménagement, si souvent recommandé, à Virginia Beach. Ces lectures, aujourd'hui connues comme étant la série «5748», touchaient tout d'abord un ancien groupe de quarante-quatre leaders mondiaux parmi les fils de l'Homme, réunis pour discuter de la façon et des moyens de libérer la planète des bêtes terrifiantes qui habitaient alors certaines régions.

En se référant à la date très précise de 50 722 av. J.-C., fournie quelques années plus tard par une des lectures de la Recherche de Dieu (262-39, donnée en février 1933 à Virginia Beach), cette réunion urgente avait dû avoir lieu après le départ d'Amilius de la scène atlantéenne, car les cinq pays de la présente humanité étaient alors dans leur étape de formation et déjà habités et conduits par les fils de l'Homme. De plus, selon notre calcul, c'était une période de quelque trente-neuf mille ans avant la venue d'Adam, pendant l'attente du prochain retour de l'Ère de la Vierge qui marquait le commencement de notre présent Grand Cycle des Ères. Enfin, cette période précédait l'incarnation égyptienne de Cayce en Ra Ta d'à peu près quatre mille ans. (En fait, une datation très peu sûre et très improbable de la grande assemblée avait été fournie dans une des lectures originelles de Dayton, 5748-2, suggérant une époque d'environ dix millions et demi d'années auparavant! Mais Hugh Lynn avait probablement senti que cette date était fausse, qu'elle reflétait un soudain dérèglement de la calculatrice psychique de Cayce, et c'est lui qui fit l'enquête qui mena à la datation correcte de 50 722 av. J.-C., fournie huit ans plus tard. Car il était évident pour lui, comme ce devait l'être pour tout chercheur astucieux, que la période couverte par les lectures en question concernait la *seconde* migration d'âmes et non la première.)

S'il y a une certitude qui émerge des lectures d'Edgar Cayce, c'est le fait irrécusable que les grands événements apparaissant sur la scène de l'histoire, comme dans le domaine des phénomènes soi-disant naturels, ont tendance à apparaître sous forme cyclique. Des savants ont aussi, en quelque sorte, observé le même fait, sans pouvoir l'expliquer. Ainsi, quand je parcourais les détails de la série 5748 et que je commençais à analyser les enseignements et les activités de cet ancien chef égyptien qui avait rassemblé les quarante-quatre représentants du monde de son temps, en cherchant une solution pacifique du dilemme auquel l'humanité d'alors était confrontée, les parallèles avec le cycle suivant de Ra Ta – qui se produisait essentiellement dans le même contexte – étaient étonnants. Tout d'abord, tous deux étaient actifs, principalement dans le «second règne» de leurs époques respectives, bien que l'un d'eux – Asapha – vînt comme le chef, alors que l'autre – Ra Ta – apparût comme un guide spirituel, avec, cependant, la suprême autorité d'un chef durant ses dernières années. Leurs enseignements étaient basés sur les mêmes préceptes que ceux sur lesquels étaient établies les lois universelles. Tous deux étaient des faiseurs de paix. Et finalement, les deux apparurent sur la scène mondiale aux mêmes moments de crise, utilisant leur puissance spirituelle de persuasion pour rallier tous les autres leaders du monde sous une bannière commune, rétablissant l'unicité d'intention par la loi de l'Un: «Le Seigneur notre Dieu est Un!»

Ce qui était implicite dans ces parallèles, bien sûr, c'était l'évidente possibilité que l'ère de Ra Ta en Égypte fût simplement la «reproduction» d'un cycle, avec les variations appropriées, des grands accomplissements spirituels de cette époque plus éloignée où un chef-prêtre nommé Asapha avait réuni l'assemblée des Quarante-Quatre. Ainsi, étant donné les implications du karma à l'échelle planétaire, quelle déduction plus logique que de conclure qu'il s'agissait de la même entité conduisant les deux cycles? Celui qui ayant régné durant le cycle égyptien le plus ancien était revenu dans un décor familier, poussé par les mêmes forces spirituelles mises en branle les deux fois par Amilius, pour prendre un rôle décisif dans les affaires spirituelles de la planète durant ce qui devait être l'étape finale de l'époque atlantéenne et une phase infantile critique de l'Âge Adamique qui commençait sous Ra Ta.

Le fait que le prêtre Ra Ta avait, semble-t-il, reçu dès le début une direction psychique qui le poussait à mener le Roi Ararat et son peuple hors de leur village de montagne pour entrer en Égypte est encore un autre aspect étrange du cycle de Ra Ta qui le rattachait spirituellement au cycle antérieur d'Asapha. Pourquoi l'Égypte? Pour plusieurs raisons, comme on le verra plus tard. L'une d'elles, si nos suppositions sont fondées, était sans doute un écho intérieur, répondant à ce cycle antérieur. De plus, Ra Ta, poussé par on ne sait quel atavisme, avait entrepris une recherche archéologique dans une section du Sahara où il avait probablement régné quelque quarante mille ans plus tôt comme Asapha. Dans les fouilles de Ra Ta, le site d'une nombreuse colonie d'êtres munis de protubérances ressemblant à des queues, fut découvert. Les recherches de Ra Ta ont établi qu'ils avaient été des adorateurs du soleil, tout comme les indigènes de son temps, et qu'ils avaient apparemment émigré dans la région saharienne plusieurs milliers d'années auparavant pour fuir la persécution des fils de Bélial qui les avaient traités comme s'ils étaient des automates. C'était sans doute dans leur nouveau pays, assujettis au doux règne d'Asapha, qu'ils devinrent adorateurs du soleil, considérant leur nouveau roi, ou pharaon, comme le dieu-soleil incarné. (Les parallèles historiques sont étonnamment clairs..., comme une mélodie rejouée à une autre octave.)

Enfin, en confirmant le modèle cyclique de l'histoire, il y a un parallèle beaucoup plus récent, que j'hésite à mettre par écrit, bien que son temps soit certainement arrivé. C'est une histoire, me dit-on, qu'aucun document ne soutient. Toutefois, elle me fut transmise par Gladys Davis Turner, depuis longtemps la secrétaire d'Edgar Cayce et qui faisait, en quelque sorte, partie de la famille Cayce, depuis sa date d'embauche en 1923. Cette histoire se rattache à un incident de la carrière psychique d'Edgar avant l'arrivée de Gladys, bien sûr, puisqu'elle concerne la vision que Woodrow Wilson avait de la Ligue des Nations et de son impact profond sur la conférence de paix à Paris en 1919. Les autres lectures disent, en parlant des efforts malheureux de Wilson, que le Christ lui-même était assis à la table de paix, en la présence de ce très humble et sincère président des États-Unis. Ce qui n'est mentionné dans aucune des lectures, cependant, c'est l'histoire que cachent les événements que je vais vous raconter.

Pendant la première guerre mondiale, disait Gladys, David Kahn – un proche ami de Cayce et son porte-parole durant toute sa vie – s'associa avec deux cousins germains de Woodrow Wilson. Dans le cadre de cette association, on arrangea pour Edgar Cayce une visite à Washington, dans le but d'y donner une lecture «très privée» au Président Wilson concernant les propositions de paix. Toute l'affaire fut gardée dans le secret le plus total et M. Cayce ne put même pas être accompagné d'une secrétaire. Mais on croit que les fameux Quatorze Points de Wilson ont dû être mentionnés – peut-être même textuellement – dans cette lecture. Le refus des Alliés d'accepter les propositions idéalistes de Wilson, et l'opposition sénatoriale qui suivit, semblent avoir brisé le cœur de Wilson, qui mérita quand même le Prix Nobel de la Paix en 1920. Si notre interprétation est juste, le concept de la Ligue des Nations prit son origine chez Cayce qui, beaucoup plus tôt, comme représentant d'Amilius, avait par deux fois essayé de relier les nations du monde dans une coopération paisible pendant ses deux cycles égyptiens – en tant qu'Uhjltd, le chef persan nomade qui apparut après les incarnations égyptiennes de Cayce et dont les activités furent très semblables. (L'histoire semble en effet se répéter, mais plus particulièrement s'il est permis à la même entité de se réincarner en manifestant une variante de son rôle précédent avec des circonstances nouvelles favorisant ses efforts.)

Comme conclusion à la faillite de Wilson, j'ai été étrangement touché par ces paroles de Haynes Johnson, dans le *Washington Post* du 26 juin 1983: «On dit que lorsque Woodrow Wilson partit pour la France à la fin de la Première Grande Guerre, exprimant à tous son rêve d'une Ligue des Nations mettant fin à toute guerre, les millions de personnes qui vinrent le saluer montrèrent une ferveur d'une intensité et d'une spontanéité telles qu'elles faisaient peur. Les journalistes qui l'accompagnaient se demandaient si un César ou un Napoléon (Ou même un *Christ?...*) avaient jamais ému les masses de cette façon.»

Si notre récit semble s'être égaré quelque peu en poursuivant des parallèles, le but de cette diversion va maintenant se préciser. En fait, cette recherche nous a fait faire un tour complet, pour revenir au point de départ. Car nous trouvons que la première référence au nom d'Asapha (ou d'Affa, son âme compatissante, ou son complémentaire féminin, dans le corps androgyne de cette incarnation particulière) se produisit dans une lecture traitant du Christ apparaissant à travers les âges comme une présence vivante au cœur de certains individus jugés dignes de poursuivre Son œuvre sur terre. La lecture indiquait que ce modèle, dans l'histoire, avait été apparent depuis la première venue du Maître comme Amilius, au début. Ensuite, dans un passage qui identifie assez clairement Asapha comme ce chef égyptien qui avait rassemblé le Concile des Quarante-Quatre, nous lisons: «Lui (le Christ, Amilius) a marché parmi les hommes et parlé avec eux comme autrefois au temps d'Asapha, ou d'Affa, à l'époque où ceux de la même terre d'Égypte donnaient des conseils aux nombreuses nations (une allusion évidente au Concile des Quarante-Quatre) et spiritualisaient ce qu'ils avaient rendu physique.» (364-8)

Notons les conséquences karmiques implicites de cette allusion à «la spiritualisation de ce qui avait été rendu physique». Plus tard, nous verrons comment Asapha demanda aux forces divines d'empêcher les bêtes d'envahir la planète plutôt que d'avoir recours à des solutions violentes qui prolongeraient le cycle karmique.

Avant de poursuivre avec d'autres détails de cette histoire, nous devons nous arrêter pour étudier une seconde référence à Asapha dans la lecture donnée une semaine à peine après la lecture citée plus haut, en avril 1932. Cette fois-ci, on apprenait que l'incarnation persane de Cayce en tant qu'Uhjltd, le chef nomade, avait suivi *deux* incarnations égyptiennes, l'une comme Asapha et l'autre comme prêtre Ra Ta. Curieusement, la lecture donne à Ra Ta un autre nom, «Adonis». Mais j'ai trouvé que tout s'éclairait après quelques recherches. Gaskell identifie Adonis à un symbole du Soi supérieur – le Dieu incarné dans l'âme, «Adonis, poursuit-il, fut conçu du Père Divin et naquit de Myrrha – la nature inférieure purifiée.» (Cela reproduit le récit de la mise au monde de Ra Ta par une fille de Zu, mais sans père terrestre!) Gaskell continue: «Le Dieu incarné est donc lié par la divine loi de la réincarnation et doit passer par de brèves périodes de vie terrestre ou d'existence physique, avec des périodes intermittentes d'existence astrale et mentale de durée plus longue» jusqu'à ce que l'âme soit parfaite. Gaskell cite alors Hippolyte: «Les Assyriens appellent Adonis (ou Endymion) ce mystère du développement de l'âme.»[1] Bien sûr, toutes ces fioritures mythologiques ne doivent pas nous inciter à croire qu'Edgar Cayce, en tant que Ra Ta, était une entité plus divine que le reste de l'humanité. En fait, une lecture sur l'époque de Ra Ta prend soin d'abolir cette fausse interprétation, basée sur la naissance et l'apparence inusitées de Ra Ta, ainsi que l'idée qu'il était adoré comme dieu-soleil par les indigènes égyptiens: «Vous dites que cette entité était un dieu! Non. Non – vous dites cela seulement parce qu'on ne comprenait pas, à cette époque *physique* de l'histoire, le caractère particulier de l'évolution spirituelle.» (281-42)

Voici la citation spécifique sur les deux incarnations égyptiennes de Cayce, tout d'abord comme Asapha et plus tard comme prêtre Ra Ta (ou *Adonis*), qui ont eu lieu avant son expérience persane:

> *Dans la première, nous voyons que l'entité Uhjltd (Cayce) était une incarnation d'Asapha et aussi du prêtre (Ra Ta), les deux expériences s'étant déroulées en Égypte – comme Adonis et Asapha. Dès l'abord donc, nous trouvons, sur la terre alors connue sous le nom d'Iran (terre aryenne?), ceux qui étaient restés fidèles aux enseignements propagés par ceux qui transmettaient les connaissances (notez le pluriel) en langue égyptienne.* (294-142)

Maintenant, reprenant le fil de notre histoire, il est temps de revoir quelques points saillants de ce Conseil des Quarante-Quatre au temps d'Asapha et de l'entité qui l'accompagnait, Affa.

Nous voyons pour commencer que «le premier chef de groupes», en ces temps où les cinq nations étaient au stade de la formation, s'était établi «en ce lieu du haut du Nil, près de ce qui est maintenant connu comme la Vallée des Tombes» (5748-1). Asapha lui succéda; son autorité s'étendait apparemment au-delà de son royaume immédiat, puisque c'est lui qui détermina l'étendue des pouvoirs dans les autres sphères tribales de la planète où la race humaine en voie de développement se réunissait pour se protéger et pour assurer son évolution. En plus du Sahara et de la région du Nil, Asapha régnait sur le Tibet, la Mongolie, le Caucase, ce qui est aujourd'hui la Norvège, le sud de la Cordillère des Andes, le Pérou et ces régions élevées que sont l'Utah, le Nouveau-Mexique et l'Arizona. Quant aux portions de l'Atlantide encore intactes, surtout Poseidia, elles n'étaient pas mentionnées, probablement parce que leurs habitants se tenaient à l'écart de ces fils de l'homme si «primitifs» et de leurs problèmes. De plus, les bêtes qui terrorisaient les autres parties de la planète ne préoccupaient pas les Atlantes, qui les avaient depuis longtemps éliminées de leur terre isolée du continent.

La façon dont Asapha aborda le problème et amena une réunion du Conseil des Quarante-Quatre, fut exprimée ainsi:

> *Durant le deuxième règne (sous le chef Asapha), la paix et la sérénité descendirent sur les peuples, grâce à la puissance du souverain qui dominait les forces terrestres connues. À cette époque, l'homme échangeait avec les puissances de chaque contrée dont il avait besoin pour assurer la propagation des peuples de la contrée alors occupée. Dans chacune des contrées données, le pouvoir fut remis à un individu soumis à l'autorité suprême (Asapha) dans ce qui est maintenant l'Égypte. Durant cette période l'esprit du chef, par sa soumission aux Lois Universelles toujours en vigueur, s'ouvrit à la conscience. Il rassembla alors des sages de divers groupes pour dresser les lois jugées nécessaires à la compréhension générale des Forces Divines qui les habitaient, ce qui leur permit ainsi de se libérer de la peur des animaux qui parcouraient la terre.* (5748-1)

La lecture suivante dans la série faisait remarquer que la population qui peuplait la terre à ce moment-là était composée de 133 000 000 âmes. Le règne d'Asapha dura 199 ans. C'est durant sa vingt-huitième année qu'il «commença à rassembler les peuples» pour étudier la situation critique qu'ils affrontaient, «en s'entourant de ceux qui vivaient en terre d'Égypte et dans les contrées diverses où la vie *humaine* existait à cette époque. Le nombre de peuples réunis dans ce but était de quarante-quatre (44).» (5748-2)

Dans la lecture suivante, sur le même sujet, nous trouvons cette observation intéressante du *prophète endormi*:

> *Alors eut lieu le rassemblement de ce groupe venu des lieux les plus éloignés – quarante-quatre (44). Comme nous le constatons, ces chiffres se retrouveront dans plusieurs nombres, car nous voyons qu'il y a une loi touchant chacun des éléments significatifs de l'existence humaine qui apparaît d'une manière ou d'une autre dans les groupes réunis à ce conseil.* (5748-3)

Quelle qu'en soit sa signification, les numérologues noteront que 44 est un des quatre nombres majeurs dont la valeur ne change pas. Les trois autres sont 11, 22 et 33. Que le lecteur réfléchisse à cette question mystérieuse si elle l'attire. Sans s'attarder davantage, poursuivons notre récit.

Le conseil donné par Asapha aux Quarante-Quatre fut d'éviter l'usage de guerriers et de mesures destructrices à l'égard des bêtes meurtrières qui les menaçaient. C'était un conseil difficile à accepter et plusieurs membres s'y heurtèrent. Cela les offensait. Ils sentaient un besoin d'action immédiate et violente. Malgré tout, Asapha s'accrocha fermement à ses principes spirituels:

> *Et le premier conseil donné par le chef fut que l'énergie qui donnait à l'homme, en son état de faiblesse, le pouvoir de soumettre et de vaincre les grandes bêtes de la terre devait venir d'une source plus élevée.* (5748-3)

Après des débats qui durèrent plusieurs lunes, la sagesse des conseils d'Asapha fut démontrée de manière étonnante quand la main de Dieu trancha pour eux le dilemme de façon inattendue. Nous trouvons un compte-rendu de l'événement dans cet extrait d'une lecture pour M. (5249) à qui on apprit qu'il avait fait partie des quarante-quatre, dans ce conclave mémorable, sous les tentes de la préhistoire:

> *L'entité était alors parmi ceux-là (les quarante-quatre) qui constituaient le groupe réuni pour débarrasser la terre des gros animaux qui la recouvraient, mais la glace, – où comme le voit l'entité, la nature, c'est-à-dire Dieu – fit basculer les pôles et les animaux furent détruits, ce qu'attendait finalement de cette réunion la faction radicale. (5249-1)*

Si Cayce avait raison, un semblable mouvement des pôles va se reproduire à la fin de ce siècle-ci et au commencement de l'autre, ce qui indiquera l'apparition de l'Ère du Verseau et de la cinquième race. Cela va du reste faire immédiatement suite à un autre événement prédit pour 1998: le second avènement du Seigneur. À quels changements pouvons-nous nous attendre, sur notre planète, à la veille d'une telle merveille de synchronicité d'événements majeurs?

L'ÈRE DE LA VIERGE

(Aczine et Asule; Atlantide, 12 800 av. J.-C.)

Dans une de ses lectures de vie, l'entité (288), qui s'était incarnée à la fin de l'époque atlantéenne en la personne du chef Asule à Poseidia, posa une question intéressante et reçut une non moins intéressante réponse:

Q-1. En Atlantide, étais-je associée à Amilius? Et si oui, comment?

R-1. Oui, comme entité projetée par Amilius en tant que chef ou *guide* pour certains, avec son entité associée (294, Edgar Cayce). (288-29)

Cette incarnation androgyne fut notée comme ayant eu lieu en 12 800 av. J.-C., date qui fut donnée dans une lecture de vie antérieure pour (288) qui explorait ses associations passées avec (294) – ou Edgar Cayce – qui avait été son âme sœur au début:

> *Nous voyons que ces (deux) entités, tout comme sur terre actuellement, avaient eu plusieurs expériences communes et que leur âme ainsi que leur esprit étaient bien unis et devaient absolument présenter chacun des deux aspects pour devenir un. Nous trouvons* au commencement *que ces deux entités (que nous nommerons «eux» jusqu'à leur séparation) ne faisaient qu'un, mentalement, spirituellement, physiquement et dans leur âme, et qu'au début de la*

terre ils étaient unis comme la voix au-dessus des nombreuses eaux, quand le Père fit à l'homme le don glorieux de l'habiter – mâle et femelle en un seul. (288-6)

Mais, alors que l'aspect mâle avait, semble-t-il, dominé, comme forme-mentale, dans la projection initiale, lors de la première migration d'âmes, tout comme au temps d'Asapha et d'Affa en Égypte, la contrepartie féminine prenait maintenant le rôle principal dans cette plus récente incarnation atlantéenne manifestée à Poseidia.

Nous trouvons la première incarnation *sur terre (si nous omettons le règne mâle d'Asapha) dans celle des forces poséidoniennes, quand les deux étaient enfermés dans un corps de femme; car celle-ci étant la plus forte dans le domaine des énergies exprimées ou appliquées, elle trouva à chacun des manifestations sous cette forme... Les expériences qu'on y fit alors furent les suivantes: ces deux êtres furent (impliqués dans) la répartition du développement spirituel dans ce pays (l'Atlantide) et apportèrent un élan moral aux peuples de ce temps-là.*

En 12 800 av. J.-C. nous les trouvons ensemble... Le désir demeuré dans l'Un pour lequel fut créée l'Unité.(288-6)

La première allusion à un prénom de l'être androgyne sous le régime poséidonien fut «Aczine»:

Q.-1. Pourriez-vous s'il-vous-plaît nous donner les noms des personnalités?

R.-1. Nous avons présenté les personnalités. Quant à des noms d'individus sur Terre, au début (Poseidia), il y a celui d'Aczine. (288-10)

Mais curieusement, toutes les références suivantes à cette incarnation poséidonienne de la lecture de (288) lui donnent le nom d'«Asule». On peut raisonnablement croire que le nom Aczine donné tout d'abord par Cayce, s'appliquait à sa propre identité en tant qu'âme sœur.

Cette incarnation tardive en Atlantide eut lieu durant l'Ère de la Vierge – époque où, selon nos calculs, Amilius réalisa son plan de venir sur terre en Fils de l'homme, Adam, apparaissant comme un androgyne incarné dans le fabuleux Jardin d'Éden. (La lecture 364-4 décrit l'Atlantide perdue comme «l'Éden du monde», nous pouvons penser que le paradis terrestre d'Adam était quelque part dans ce royaume ou ce qu'il en restait.) Mais après la séparation de l'âme sœur, Ève, le péché s'infiltra probablement. Ils furent éconduits du jardin. Ils fuirent vers l'Est, où – des cinq prototypes de la nouvelle race qui émergeait – ils engendrèrent la race rouge et l'homme incarné sous sa forme finale.

Le péché pénétra aussi dans la belle ville d'Alta, où Asule, avec son âme sœur, Aczine, régnaient sur les Poséidoniens, apportant beaucoup d'aide aux gens du peuple. Asule était apparemment un des rares androgynes restant en Atlantide en cette période où les derniers éclats de sa gloire annonçaient déjà son déclin définitif. Cela se passait, selon nous, environ cinq cents ans avant l'apparition d'Adam dans ces contrées. Selon les lectures, certains enviaient la nature androgyne d'Asule ainsi que ses pouvoirs spirituels de projection qui rappelaient les capacités des fils et filles de Dieu dans une ère révolue. À une époque où tous les êtres étaient charnels, son statut unique indiquait le but spirituel de son règne dans une contrée où les fils de Bélial n'avaient cessé de faire des ravages. En observant leurs comportements, Asule succomba petit à petit à certaines tentations. Ses désirs n'étant plus centrés sur «l'Un pour lequel l'Unité avait été créée», l'entité (288) chercha des gratifications sexuelles «avec quelqu'un d'un état inférieur» – un être de forme animale ou «une chose», sans doute brutale dans ses passions – «et par cet asservissement de quelqu'un qui ne pouvait comprendre, elle causa des défauts de conformation aux membres de ces (âmes soeurs) contenues dans les corps physiques.» Il en résulta un état comateux, «le

Karma manifesté par le coma», et «vint ensuite la séparation» ou l'entrée dans le pays de l'Inconnu. (288-6)

C'est une histoire qui rappelle en plusieurs points la «chute» d'Adam, sensiblement à la même époque où on annonce la naissance de l'humanité. Ainsi, de manière tout à fait appropriée, le choix fatidique d'Asule peut revêtir les mêmes termes que l'histoire biblique d'Adam un peu plus tard: «Comme le commande le Créateur: J'ai placé aujourd'hui devant toi le bien et le mal. Choisis la lumière ou les ténèbres.» (288-6)

Cette incarnation fatidique marquait la dernière apparition androgyne de (288) et (294). En effet, l'état d'androgynie cessa apparemment pour de bon avec l'avènement d'Adam, et ne doit pas être repris avant que l'homme n'ait écarté la chair pour revêtir le corps céleste. Toutefois, en examinant leurs venues ultérieures sur terre comme entités séparées, (288) et son âme sœur semblent avoir tenté dans leurs diverses incarnations [notons en passant les exceptions de (294)] de rétablir, non seulement pour eux-mêmes, mais pour le reste de l'humanité déchue, un état d'unité avec le Créateur:

> *À présent, nous voyons qu'ils sont encore ensemble, toujours dans des situations, positions ou circonstances diverses, chacun récoltant ce qui a été gagné ou mérité... Dans cette (expérience actuelle), ils sont encore unis dans l'âme et dans la force spirituelle et, à travers la joie et le plaisir du service désintéressé, ils pourront connaître le sens de cette vie.*
>
> *Ils n'ont qu'à demeurer, à l'avenir, fidèles l'un à l'autre, donnant et conservant toujours les plaisirs des relations qu'apporte le don de soi pour le service d'autrui; don de soi qui amènera la joie, la paix et une unification du corps, de l'âme et de l'esprit dans le futur (référence au retour de Cayce annoncé pour 1998?) Demeurez fidèles, par conséquent, jusqu'à la fin, récoltant ainsi ces joies à travers les actes journaliers de désintéressement et en vous rappelant que dans ces manifestations vous (ainsi que toutes les âmes) êtes imbriqués les uns aux autres.* (288-6)

Quant à Adam, son péché lui ouvrit les yeux:

Q.-3. Quand Jésus sut-il qu'il allait être le Sauveur du monde?

R.-3. À sa chute, dans l'Éden. (2067-7)

Un aperçu surprenant du jardin paradisiaque nous est donné dans le passage suivant tiré d'une des lectures. Cet extrait nous raconte qu'Adam et Ève n'étaient pas tout à fait «seuls»: ils avaient des visiteurs et «surveillants» autres que le serpent, et peut-être des tentations autres que la pomme:

> ...le jardin appelé Éden. *Nous trouvons ici l'entité qui était parmi ceux qui veillaient sur l'activité de la mère de l'humanité. L'entité était parmi «les choses» et cependant était touchée personnellement... dans son cœur... et cherchait à comprendre... car elle vit le fruit, les feuilles, les arbres, qui avaient leur signification spirituelle dans la vie des êtres.* (5373-1)

Quel était précisément le péché d'Adam? Était-ce la connaissance charnelle d'Ève? Ou la cohabitation avec «un être d'un état inférieur», comme ce fut le cas pour Asule? Il est difficile de nous prononcer. Cependant, une définition du «péché originel» fut donnée dans la lecture 262-125: *la désobéissance volontaire*. Cette information nous suffit. Et son pendant, surgi de la culpabilité, est l'impulsion instinctive de blâmer l'autre: «La *femme* que Tu m'as donnée, *elle* m'a persuadé et j'en ai mangé.» (262-125)

Enfin, voici un résumé philosophique du sujet, avec lequel le lecteur peut s'escrimer à loisir:

> *Adam... comprit tout d'abord qu'il pouvait extraire — il avait extrait —* de lui-même *et non des bêtes autour de lui, ce qui était nécessaire à la propagation des êtres de chair et qui permettait, dans le monde matériel, une amitié prévue par la Création. L'his-*

> *toire, ou si l'on veut, la fable, est en fait une seule et même chose. La pomme, comme dans l'expression «la pomme de l'œil»* (*) *représente le désir inné chez tout être créé, à l'exemple du Créateur, d'avoir un compagnon; il amena dans toute la Création le désir d'avoir un compagnon. Comprenez cela!* (364-5)

Après nous avoir donné cette énigme à résoudre, le prochain paragraphe de la lecture touche le cœur du problème:

> *Ici, par sa capacité de se projeter, apparaît donc ce qui existait avant la création – ou ce qui avait pris cette forme, (capable) de se projeter dans n'importe quelle direction choisie... car n'était-il pas le Fils de Dieu vivant rendu manifeste, afin d'être l'ami dans un monde créé, dans les choses matérielles soumises, se connaissant comme portion de l'ensemble, dans le tout, par le tout? De ce désir donc, garde-toi – comme le veut le commandement – séparé;* fais partie de *ce qui est visible,* sans être *ce qui est visible. La pomme donc, est le désir de ce qui crée des liens sexuels entre des esprits charnels, connus dans le monde matériel, et la consommation de la pomme est ce qui introduit l'influence dans leur vie sous le symbole du serpent, créant le désir impossible à rassasier, si ce n'est par la gratification du sexe qui participe de la matière et de son influence, plutôt que de l'esprit d'où il émane. Il s'agit, pour parler communément, du contrôle volontaire – (ou bien) de l'incapacité d'exercer un contrôle volontairement.* (364-5.)

(*) «La prunelle de mes yeux.» En anglais, la prunelle se dit «apple» et se traduit en français par le mot «pomme». (N.d.T.)

C'est dans notre for intérieur, semble dire Cayce, que le Christ doit vaincre l'Adam qui est en chacun de nous.

Ceci n'exclut cependant *pas* l'usage de la fonction procréatrice, lorsque deux âmes se lient dans l'union et la pureté d'intention. Cette fonction, conséquence naturelle de la condition humaine après Adam, fut clairement définie dans une des lectures de (288) touchant sa liaison amoureuse avec Uhjltd durant l'incarnation persane, comme étant le don de soi au «désir sexuel entre deux êtres, en vue de croître» vers l'idéal spirituel de l'unité dans l'acte de procréation; car «en cela nous voyons que c'est saint pour chacun» (288-6). Le résultat de cette union particulière, comme nous le verrons de façon plus approfondie dans un prochain chapitre, fut un fils nommé Zend, une incarnation du Maître et un homme de paix et de vertu – le Christ en évolution, qui avait été l'Adam déchu.

C'était à la fois une bénédiction et une absolution pour tous ceux qui étaient impliqués.

Chaque Grand Cycle du temps, dont la durée est de quelque 25 290 ans, indique la précession d'équinoxes à travers les douze signes du zodiaque céleste. Parce que c'est un mouvement à rebours, qui suit l'ébranlement polaire de la terre dans ses cycles infiniment lents, la Grande Année commence avec les Poissons et s'achève par le Bélier. Ceci, bien entendu, est exactement l'inverse de l'orbite solaire annuelle qui traverse les douze signes célestes, du Bélier aux Poissons.

Actuellement, nous allons compléter le passage à rebours de 2160 années à travers l'Ère des Poissons et nous débutons l'Ère du Verseau, le Verseau étant le signe de l'Homme. En calculant de façon traditionnelle et l'Ère des Poissons ayant commencé autour de 160 av. J.-C., à l'époque d'Hipparque (le fameux astronome grec qui «redécouvrit» la précession des équinoxes), cela signifie que la Grande Année courante ne se terminera qu'en 23 760 après J.-C., en traversant le degré zéro de l'Ère du Bélier.

Abordons maintenant le sujet de façon plus ésotérique, une manière qui, je pense, n'a pas été explorée entièrement jusqu'ici. Cela fera sans doute *renverser leur chariot de pommes*.* Les pommes ne sont pas pour nous si sacrées que cela; après tout, elles nous ont valu surtout des pépins. Commençons donc au début. C'est en effet notre prémisse que l'avènement d'Adam eut lieu durant l'Ère de la Vierge, sous le Signe du même nom. (Sur ce point, non seulement nous sommes soutenus par les lectures de vie touchant les générations d'Adam telles que racontées dans la Genèse, mais nous puisons également dans l'hypothèse audacieuse que E.W. Bullinger présenta il y a près d'un siècle, à un monde encore incapable de l'accepter, et qui affirme que la carte zodiacale originelle – probablement conçue par Adam ou Énoch – n'était ni plus ni moins que la représentation céleste d'un Homme, semence d'une Vierge, destiné à devenir un Sauveur crucifié et éventuellement à revenir chez lui pour réclamer son dû.)

Si donc nous devons adopter la dernière Ère de la Vierge (depuis l'an 13 119, environ, jusqu'à l'an 10 960 av. J.-C.) comme début de notre Grande Année actuelle, où finira-t-elle? Si nous ne sommes pas en train de faire un retour complet vers le Bélier, comme le voudrait traditionnellement la trajectoire de notre Grande Année, où allons-nous alors? Celui qui connaît les douze signes du zodiaque et qui peut les retracer dans le sens contraire des aiguilles d'une montre verra facilement que nous nous en allons vers le signe de la Balance. Et ce qui est intéressant, c'est que c'est le seul signe qui ne représente pas une créature, mais plutôt un symbole de Jugement.

Préparez-vous à une surprise étonnante.

Edgar Cayce, dans une de ses lectures de vie qui puisait dans son antique sagesse de Grand Prêtre Ra, en Égypte, en association avec le Maître incarné dans Hermès, disait ceci sur l'évolution de l'humanité:

(*) Allusion à une plaisanterie anglaise qui signifie: déranger le statu quo. (N.d.T..)

> *Cette structure (la Grande Pyramide, construite par le maître architecte Hermès)... était façonnée d'après le plan conçu par Ra Ta au mont (Libyen) selon le rapport avec les diverses étoiles situées dans le lieu entourant le système solaire (une référence au zodiaque) et* se dirigeant vers quoi? *Ce nom semblable à l'endroit où le prêtre fut banni –* la constellation de «Libra» *(Balance), ou en Libye où ce peuple fut envoyé.* (294-151)

Le mystérieux «Hermès» qui s'introduit dans notre histoire au chapitre suivant, n'était autre que le prophète Énoch, une incarnation d'Adam. (Non seulement les lectures elles-mêmes soutiennent cette interprétation quant à Sa véritable identité, mais c'est un fait depuis longtemps accepté dans la tradition islamique et la connaissance ésotérique.)

Enfin, si Cayce prévoyait l'Ère de la Balance (de 10 641 à 12 800 après J.-C.) comme notre ultime destination, cela veut-il dire que l'homme adamique atteindra son épanouissement final et sa régénération spirituelle durant cette époque de jugement? La terre, telle que nous la connaissons n'existera-t-elle plus, définitivement délaissée par une humanité régénérée pour entrer dans le courant éthérique de la vibration universelle? Voilà pour nous des questions pertinentes. Ajoutons-y celle-ci: en considérant la Balance comme le point final de notre long voyage, peut-on douter que Cayce ait vraiment su que la Vierge marquerait nos débuts dans la chair, en tant qu'homme adamique? Nous pensons fortement que Cayce, dans son incarnation de grand prêtre Ra Ta exilé sur la montagne de Libye, a pu recevoir sur le mystère du zodiaque des instructions du grand initié, Hermès, également connu sous le nom d'Énoch et incarnation d'Adam lui-même.

Cette supposition nous amène à examiner l'hypothèse de Bullinger, mentionnée plus haut. Celle-ci joue un rôle fort intéressant dans notre vision unique de l'Ère de la Vierge.

L'essentiel de la théorie de Bullinger, présentée dans un livre obscur intitulé *Les Témoins des étoiles*[2], est que le zodiaque original, dont notre version actuelle est une copie à peine reconnaissable, était une description mystique, présentée en symboles célestes, d'une ancienne prophétie attribuable peut-être à Énoch ou même à Adam. Cette prophétie, dont certains échos reconnaissables se retrouvent dans divers livres de l'Ancien Testament, parle de la venue d'un Messie – cet Agneau égorgé depuis les origines de l'univers, sacrifice offert pour le salut de l'humanité perdue; le Fils de Dieu, né et mort homme, crucifié et ressuscité; un Rédempteur, qui reviendrait après deux mille ans pour réclamer son dû.

Dans la présentation de Bullinger, il y a aussi un lien symbolique entre les douze signes zodiacaux et les douze fils de Jacob, qui suggérerait qu'Adam, Seth ou Énoch – les présumés créateurs de la légende zodiacale – auraient eu la prescience de toute la genèse de l'histoire juive et de l'évolution du Messie, «branche» issue de Jessé.

Bullinger, descendant direct du grand Bullinger de la réforme suisse, était un clergyman anglican, un savant renommé tout autant qu'un linguiste remarquable. N'étant pas un fanatique ni un fondamentaliste chrétien, il soutenait son hypothèse étonnante avec la logique du savant et la soif de détail et de documentation typique du chercheur. Par conséquent, son livre est un tour de force impressionnant. Je ne puis qu'y référer le lecteur intéressé, car nous manquons de place pour une présentation complète de sa théorie fort élaborée. Qu'il suffise de dire que les événements commencent dans le signe de la Vierge. Ainsi, comme l'implique la théorie de Bullinger, sans le dire pour autant, la vraie genèse du zodiaque – de beaucoup plus ancien que ne le reconnaît l'interprétation moderne – doit apparemment se situer quelque part dans la Vierge, plutôt qu'au degré zéro du Bélier (ou à un point contesté du Taureau, comme le veulent les astrologues) et l'homme adamique doit avoir ses origines dans l'Ère de la Vierge, c'est-à-dire quelque part entre 13 119 et 10 960 av. J.-C. Mais cet aperçu des événements, qui aurait certainement rebuté un grand nombre de savants et de théologiens éminents de son temps, ne fut point remarqué, Dieu merci. Bullinger choisit de ne pas y porter attention, bien qu'il ait pu difficilement l'ignorer. Une déduction aussi troublante qui fournit un cadre céleste à l'apparition d'Adam sur terre, ne pouvait se faire qu'en considérant l'abondance de faits présentée par Bullinger à travers l'éclairage des 24 920 années de la précession des équinoxes. Ceci n'était pas du tout ce sur quoi insistait Bullinger. L'ensemble de faits qu'il présentait se développait plutôt selon la voie plus familière de l'écliptique solaire, évitant ainsi la controverse que son interprétation très originale aurait pu susciter si elle avait été vue de l'autre extrémité de la lunette astrologique. Bref, la perspective de Bullinger était un travelling avant à travers les douze signes, commençant par la Vierge et se terminant avec le Lion, fidèle au cycle annuel des «signes de naissance», plutôt qu'un travelling arrière du Grand Cycle des Âges.

Quant au signe de la Vierge, Bullinger montre que le nom de ce signe en hébreu est *Bethulah,* qui veut dire «une vierge», et en arabe, «une branche». Ce thème d'introduction est habilement développé par de nombreuses citations bibliques, et aboutit à des faits célestes. Par exemple, la première constellation dans la Vierge est Comah, qui veut dire «la désirée», ou «l'attendue». Les plus anciens zodiaques, nous dit Bullinger, présentaient cette constellation comme une femme tenant dans ses bras un enfant. Il cite en particulier la tradition astrologique des Perses, des Chaldéens et des Égyptiens, pour soutenir son interprétation. De fait, pour employer des termes symboliques plus précis, nous apprenons que l'ancien nom égyptien de la constellation de Comah était *Shes-nu,* qui se traduit par «*fils* désiré».

Ensuite, dans la constellation de Boötes (nous sommes toujours dans le signe de la Vierge), Arcturus, la dorée signifierait «Il vient» et se référerait au Christ. (Dans la lecture d'Edgar Cayce 827-1, nous trouvons Arcturus identifiée à l'étoile qui a guidé les bergers vers Bethléhem, alors que la Lecture 900-10 nous dit que «l'homme appelé Jésus» alla vers Arcturus «pendant son évolution». Nous avons donc ici un parallèle intéressant avec les découvertes savantes de Bullinger.) À l'intérieur de la même constellation, une étoile à l'extrême pointe de Boötes le Bouvier – «Celui qui vient» – a pour nom *Al Katurops,* qui veut dire «la branche» et aussi «foulant aux pieds». *Nekkar,* signifiant «le percé», est une autre étoile dans cette même constellation.

Ainsi, avec sa maîtrise scientifique, Bullinger nous conduit à travers les divers signes du zodiaque et leur configuration astrale; il nous dépeint patiemment le voyage déchirant du Messie sur terre, Son éventuel triomphe et Sa Seconde venue, cette dernière phase étant naturellement présentée dans le signe terminal du Lion. Ici nous avons la glorieuse *Orion*, dont le pied descend sur la tête de l'ennemi (*Lepus*). Et nous *Le* voyons dans le Lion de la Tribu de Judah (symbolisé par le signe zodiacal) en train de chasser ce Vieux Serpent *Hydra*, le Diable.

Mais nous regrettons, comme les recherches savantes de Bullinger l'indiquent clairement, que les altérations grecques et latines, reçues comme des données fixes de l'astronomie et de l'astrologie modernes, aient embrouillé et presque obscurci l'ancien symbolisme. Pourtant les symboles y sont. Le récit, écrit dans les cieux, durera aussi longtemps que Sa Parole.

Laissons maintenant Bullinger, pour remonter le temps jusqu'aux générations des anciens patriarches, telles qu'elles nous sont présentées dans la Genèse. Si, comme le suggèrent les lectures et les diverses légendes encore existantes, Énoch et Hermès ne faisaient qu'un, et si Énoch était vraiment une réincarnation d'Adam, comme l'affirment bon nombre de sources ésotériques ainsi que les lectures de Cayce, comment cela pourrait-il nous aider à préciser le moment où Adam est apparu dans l'Ère de la Vierge?

C'est vraiment simple.

Les lectures de Cayce présentent Hermès (Énoch) comme le maître architecte de la Grande Pyramide qui fut soi-disant construite durant une période de cent ans, de 10 490 à 10 390 av. J.-C. (comme on l'a dit au chapitre 2). Or, le récit biblique des jours d'Énoch, au livre de la Genèse, dit qu'il vécut 365 ans. Cependant, plutôt que de dire qu'il mourut, nous trouvons cette allusion sibylline à quelque «translation» physique: «Et Énoch marchait avec Dieu», dit l'auteur de la Genèse, «et il *n'était pas;* car Dieu le prit». Dans les Secrets apocryphes d'Énoch[3], son déplacement est présenté en termes mystiques: «Quand Énoch eut parlé au peuple, le Seigneur envoya les ténèbres sur la terre... et elles recouvrirent les hommes qui étaient avec Énoch, et elles emportèrent Énoch... et la lumière revint.» Nous pensons qu'Énoch fut transporté en Égypte – ou, plus précisément, au mont de Libye – où les lectures d'Edgar Cayce indiquent qu'il s'associa au prêtre exilé Ra Ta; il en revint plus tard accompagné de Ra Ta et de ses co-exilés. Plutôt que d'être connu sous le nom d'Énoch dans cette terre nouvelle, l'étranger qui enseignait au milieu d'eux fut appelé Thoth ou Hermès. Mais n'anticipons pas, nous en parlerons de façon plus opportune au chapitre suivant.

Tout compte fait, si nous remontons le temps de quelque 375 ans ou davantage à partir de 10 490 av. J.-C., l'époque supposée de la construction de la Grande Pyramide, la naissance d'Énoch eut lieu en l'an 10 865 approximativement. Le patriarche précédait Adam de six générations et, cependant, cette période couvrit plus de 600 ans. Enfin, dans la Génèse 5, où sont contenues les générations d'Adam, il y a un intervalle de temps sérieux qui peut être attribué à quelque censure biblique antérieure de la part de la secte des Séthiens. Car nous voyons la progéniture d'Adam commencer avec la naissance de Seth et l'âge d'Adam fixé de façon suspecte à «cent trente ans», bien qu'il fût beaucoup plus vieux. Pourquoi? Parce qu'a été omis, dans cette version censurée, toute référence aux premiers jours d'Adam dans le Jardin d'Éden ou à l'éventuelle naissance de Caïn et d'Abel. Il se peut bien que nous ayons «perdu» quelques centaines d'années – peut-être plus. (Nous ne mettons pas en doute la durée complète de la vie d'Adam, fixée à 930 ans, mais nous supposons qu'il ait pu y avoir «manipulation» de la part de Séthiens fanatiques qui voulaient ramener Adam à 130 ans lors de la naissance de Seth, alors qu'il était considérablement plus âgé. De cette manière on ne rend pas compte des siècles «perdus», des transgressions antérieures, qui n'avaient tout simplement plus lieu d'être dans ce texte expurgé – sans doute un rouleau à part ou un palimpseste.) De toute façon, à notre avis, Adam a fait son apparition dans le Jardin d'Éden environ 1000 ans après Énoch, et non 600 ans seulement après. Autrement, Adam aurait encore été en vie à la naissance d'Énoch – ce qui contredit les registres de Cayce, aussi bien que les récits légendaires cités par Jung et d'autres savants, qui identifient Énoch comme le premier dans la série des incarnations d'Adam menant finalement à la venue sur terre de Jésus.

Enfin pour résumer, nous pensons qu'Adam est probablement venu sur terre autour de 12 000 av. J.-C., vers le milieu de l'Ère de la Vierge.

Finalement, tout ceci corrobore notre théorie concernant le cycle actuel de la Grande Année commençant dans la Vierge et se terminant dans la Balance. Amilius, l'auteur de l'univers manifesté – *y compris le zodiaque* – fixa le modèle des ères zodiacales en choisissant l'«Ère de la Vierge» pour pénétrer Sa propre création en tant qu'Adam, le Fils de l'homme, descendu parmi les Siens sous une enveloppe charnelle, durant la seconde migration d'âmes, pour assumer le rôle prédestiné de Rédempteur.

Une seule question importante reste sans réponse, menaçante comme l'énigme du sphinx: s'il doit y avoir un changement d'axe des pôles au tournant de ce siècle (nous ne savons s'il va s'agir d'une inclinaison partielle, d'un renversement magnétique ou d'une combinaison des deux), comment cela pourrait-il affecter nos liens planétaires avec la constellation de la Balance? Quel surprenant réajustement par rapport aux signes du zodiaque pourrait advenir lors d'une modification, si légère fût-elle, de l'axe «géopolaire» ou magnétique de la terre. Peut-être sommes-nous destinés à rencontrer le «signe du Jugement» un peu avant le temps. Seuls l'avenir et l'inclinaison planétaire pourront nous dire s'il en sera ainsi...

5. Un Aryen en Égypte

L'EXODE D'ARARAT

On se posait des questions. C'était toute une surprise et il y avait là matière à dispute chez les anciens. Il était clair que ce garçon aux yeux bleus et à la peau pâle était une anomalie et représentait une menace pour la tribu de Zu. Car, bien que son statut social unique exigeât sa pleine acceptation, il n'était pas des leurs.

Sa mère, une des filles de Zu, parla de visites que lui avaient faites les dieux du pays – sis entre les Monts du Caucase et la Mer Caspienne – visites qui seraient responsables de sa conception.[1] Elle affirmait que le nom de l'enfant devait être Ra Ta, ce qui signifiait «le premier vrai blanc sur terre».[2] Et elle parla de son nouveau-né avec un tel air d'autorité et de détermination que certains furent étrangement touchés par ce ton inhabituel, et que d'autres se sentirent mal à l'aise.

Tous connaissaient son innocence et sa pureté et personne n'osa douter de l'intégrité de la parole de la propre fille du chef Zu. Cependant, à cause de l'apparence étrangère de l'enfant et parce qu'il n'y avait pas de père dans la tribu susceptible de le reconnaître et de l'élever, certains des anciens pensaient qu'il faudrait se débarrasser de lui. D'autres, en revanche, craignaient les châtiments d'en haut si un acte aussi irresponsable était posé. Car en ce temps-là, quelque 10 600 ans avant la descente du Prince de Paix sur terre[3] et seulement un millénaire environ après la venue d'Adam, les fils et les filles de l'homme n'avaient pas encore extirpé les dieux de leur esprit ou de leurs activités pour pouvoir s'empêcher de les respecter ou de les craindre. Aussi fut-il plutôt décidé, avec l'approbation hésitante de Zu, que la mère et son nouveau-né seraient renvoyés, rejetés, comme des hors-castes permanents. Cependant, ils seraient accompagnés d'un petit groupe de *choses* (ces restes grotesques de l'union maudite des Fils de Bélial et des bêtes de la terre, qui maintenant travaillaient pour les fils de l'homme), qui les protégeraient et les serviraient au cours de leurs pérégrinations.

C'est probablement ainsi que Ra Ta et sa mère se retrouvèrent sur les flancs du mont Ararat, dont le nom provenait de celui du chef des Carpates qui y avait établi une communauté pour une partie de son peuple nomade. Le mont Ararat se trouvait dans le secteur nord-ouest de ce qu'on appellera plus tard la Perse ou l'empire aryen et qui est situé aujourd'hui à l'intérieur des frontières turques.

Le Roi Ararat, s'étonnant de l'apparence inusitée de l'enfant, accueillit sur-le-champ les exilés dans son camp rudimentaire. Il les traitera désormais comme les siens. Bien qu'Ararat eût condamné les actes de Zu, il sentait instinctivement que les dieux avaient pu diriger les exilés dans ses murs pour des raisons qui dépassaient sa compréhension actuelle.

Le garçon Ra Ta grandit vite, tout en grâce et en force. Mais ce n'était pas tout. Il commença à montrer des capacités médiumniques étonnantes que le roi nota avec soin. Souvent, le garçon allait se promener seul, transporté par ses méditations. Quand il le questionnait sur ces longues périodes de transe silencieuse, Ra Ta rassurait le roi: «Les dieux me parlent quelquefois quand je suis très tranquille, disait-il sans affectation. C'est comme la voix d'un sage en moi, qui me donne des directives.»

Le roi approuva d'un signe de tête.

«Cela est bon, mon fils, lui dit-il. Sois alors une oreille attentive. Je crois que c'est la voix des Forces Créatrices qui parle à travers toi et quand tu seras assez vieux, je ferai de toi un prêtre pour mon peuple. Tu les instruiras alors dans les voies des lois supérieures qu'on appelle la Loi de l'Un et qui font l'objet de la recherche constante des êtres justes.»

Ra Ta fut très content. C'était précisément ainsi que la voix intérieure avait décrit sa future destinée.

Le fils du roi, qui s'appelait Arart, était berger dans les hauts pâturages et l'aîné de Ra Ta. Cependant un lien étroit les rapprochait. Arart était habile dans les arts de la guerre et de la politique, mais il cherchait aussi des connaissances morales et religieuses qui feraient de lui, un jour, un chef sage. Ra Ta comprenait naturellement tout cela et, chaque fois qu'il rejoignait Arart dans les pâturages, le futur roi s'asseyait, transporté, pendant que son jeune ami l'instruisait avec grâce et aisance, répondant à toutes sortes de questions d'éthique ou de métaphysique, comme si cela venait d'une source de sagesse intérieure.

Lorsqu'il eut 21 ans, Ra Ta reçut une vision prophétique.

La vision lui était venue comme une directive spirituelle et Ra Ta s'empressa d'en parler au roi. La vision touchait au *nouvel ordre des choses* qui commençait à peine à se manifester et le peuple du Roi Ararat était choisi, avec Ra Ta, pour jouer un rôle décisif dans l'évolution des événements. Conduit par le fils du roi, Arart, leur nouveau chef, et par Ra Ta, leur guide spirituel, un groupe de pionniers d'environ 900 âmes devait voyager pendant plusieurs lunes vers le sud, en direction de l'Égypte. Là, avec le secours divin, ils allaient conquérir les indigènes – pacifiquement, si c'était possible – et constituer un nouveau régime dans l'ancien royaume, matériellement avancé, mais spirituellement décadent. La vision de Ra Ta lui disait clairement que l'Égypte était le centre spirituel des Forces Universelles sur terre. Il expliqua au roi que, de ce centre, allaient naître plusieurs changements et enseignements spirituels qui éveilleraient, parmi les fils et les filles de l'homme, les nations et races en développement, de façon à ce qu'elles deviennent conscientes de leurs racines et de leurs responsabilités spirituelles. Ra Ta avertit le Roi Ararat que, sans un tel éveil, l'humanité ne pourrait espérer survivre au grand cataclysme planétaire qui approchait rapidement et qu'on ne pourrait pas non plus entreprendre les préparatifs nécessaires à la préservation des archives sacrées de l'époque, qui auraient pu, lorsque le temps serait venu, dans une ère avancée, servir d'avertissement et de révélations aux générations futures.

Le roi regarda intensément la figure d'albâtre de son nouveau prêtre, avec sa chevelure de lin et ses yeux d'azur. Il avait bien écouté les paroles inspirées de Ra Ta et il lui avait suffi de plonger son regard dans ces yeux étranges pour savoir qu'il devait croire la prophétie. L'idée l'attrista quelque peu. Il devrait rester à l'arrière, avec un groupe plus âgé, ici, sur les flancs de la grande montagne où il avait tout d'abord amené son peuple, pendant que son fils suivrait son exemple d'autrefois, en guidant une grande horde de pionniers vers une autre terre lointaine.

Ararat aurait pu s'étonner du choix de l'Égypte, malgré les convaincantes révélations médiumniques de Ra Ta. Mais selon les lectures, c'était inévitable. Plusieurs facteurs étaient en cause:

> Pourquoi *l'Égypte? Ce lieu avait été déterminé (par les forces guidant Ra Ta)... comme le centre des activités universelles de la nature et des forces spirituelles, là où il y aurait le moins de turbulence à la suite des mouvements convulsifs qui auraient lieu (peu après) sur la terre avec la destruction (finale) de la Lémurie, de l'Atlantide et – beaucoup plus tard – avec le déluge.*
>
> *Quand les lignes encerclant la terre seront reconsidérées dans toute leur précision mathématique, on trouvera que le centre était près de là où la Grande Pyramide (qui serait plus tard construite par Ra et Hermès)... est encore située.*
>
> *Il y avait donc des indices mathématiques, astrologiques et numérologiques, en même temps que l'influence individuelle qui avait déterminé Ra Ta à choisir l'Égypte.* (281-42)

La référence aux *lignes encerclant la terre* renvoie tout probablement à ces mensurations ésotériques appelées *lignes ley*, qui sont apparemment déterminées de façon mystérieuse par la position des étoiles. On croit que la science préhistorique avait maîtrisé l'usage de ces modèles *ley* selon lesquels on a déterminé la position de plusieurs structures sacrées, telles que Stonehenge et la Grande Pyramide qui se dressent encore comme témoignages muets d'une ancienne sagesse maintenant oubliée.

Quant à «l'influence individuelle» qui inspira Ra Ta, elle émanait sans doute de modèles subconscients mémorisés lors du cycle égyptien, beaucoup plus ancien, où il avait été le chef androgyne Asapha. Or, ces vieux souvenirs le ramenaient au même endroit qui, une fois déjà, et dans une époque de crise planétaire similaire, avait servi de centre mondial pour des activités spirituelles dirigées. Car, comme il est écrit, «dans la manifestation terrestre et dans le cycle du temps, beaucoup de choses se répètent.»[4]

Les préparatifs pour l'exode du Mont Ararat et le long et périlleux voyage qui les attendait prit un grand nombre de lunes. On devait rassembler des provisions, façonner des frondes et autres armes grossières pour la bataille qui s'annonçait, mais aussi pour se défendre et se ravitailler en gibier durant le trajet. Il y avait aussi de féroces bêtes de combat: taureaux, ours, léopards, éperviers, qui devaient être dressées par les guerriers d'Arart et, parfois, équipées de colliers à pointes aiguës pour exciter leur férocité.[5] En utilisant cette stratégie pour effrayer les ennemis potentiels, Arart pensait que les guerriers pourraient plus vite les subjuguer et les amener à se soumettre sans répandre inutilement le sang. Ra Ta préférait approcher les Égyptiens par la persuasion amicale; persuasion qu'il comptait utiliser conjointement aux tactiques plus viriles d'Arart. La paix était le but de Ra Ta, non la guerre. Il chercha à unir les forces grandissantes d'Arart non seulement aux peuples du pays d'Égypte mais aussi aux autres tribus de la terre, regroupées mais divisées en nations et races et destinées à former un nouvel ordre des choses; il rapprochait ainsi davantage l'homme du créateur et de son semblable.

Ra Ta et Arart avaient dans leur entourage plusieurs de ces êtres sans classe appelés «choses» par les Atlantes et qui servaient maintenant d'ouvriers aux fils de l'homme. Cependant, sur la nouvelle terre où ils se rendaient, leur état de sous-humain serait transformé par le prêtre en celui d'égal de l'homme et, par la purification, «pourrait leur permettre éventuellement de devenir des canaux par lesquels les bénédictions et la connaissance de la force et de l'influence divines pourraient se manifester.»[6]

La caravane de quelque 900 âmes s'ébranla enfin, Ra Ta et Arart tournant à jamais le dos au Mont Ararat. L'impressionnante procession, s'étendant sur plus d'un mille, se déplaçait surtout à pied, les bêtes de somme remplaçant chariots ou voitures. Ce serait un périple long et ardu, exigeant plusieurs bivouacs prolongés afin de refaire énergies et provisions. Toutefois, il y avait au-delà des vastes plaines et des collines anguleuses de l'Arabie une terre regorgeant de promesses et d'abondance.

L'Égypte! Là, la *Rivière de Vie* étendait ses grandes eaux sur le delta fertile et vert, le soleil répandait ses rayons brûlants sur un peuple noir dont la prospérité continuelle avait graduellement conduit à l'indolence et au matérialisme. Le peuple d'Égypte était surtout constitué de descendants évolués du peuple d'Asapha, remontant à une époque presque oubliée. Et maintenant, ce même Asapha revenait vers les siens. Ils leur semblait voir dans l'étrange silhouette d'albâtre pâle du prêtre au regard inspiré, une image du Soleil lui-même, descendu sur terre.

Selon les lectures, la confusion était compréhensible:

> *(Pour) l'intégration de l'expérience de Ra Ta au moment de cette ascension partie de la matière — ou de la descente dans la matière en la personne de Ra Ta —, cette incarnation avait pour origine soit les forces infinies, soit le Soleil lui-même, et intégrait aussi les influences telluriques de la Terre ainsi que celles de toutes les autres planètes autour d'elle. Est-ce surprenant si, dans l'ignorance terrestre, les acti-*

vités de cette entité se traduisirent (plus tard) par l'adoration du soleil? (5755-1)

LES VAINQUEURS ET LES VAINCUS

Le Roi Raai était un homme de paix. Plus encore, le chef âgé des Égyptiens choisissait la solitude plutôt que la pompe et les cérémonies. Depuis quelque temps, il s'isolait de plus en plus. Le roi étant par nature un philosophe, les choses de l'État l'ennuyaient. Ainsi, plus il avançait en âge, moins il accordait d'attention au gouvernement de son peuple, préférant laisser ses sujets se gouverner eux-mêmes. Cela n'était heureusement pas trop difficile dans une terre suffisamment prospère et heureuse pour ne pas poser de problèmes majeurs, ou du moins paraissant ne pas en poser.

Mais par un jour fatidique, Arart et sa grande horde d'hommes féroces fondirent soudain sur la ville endormie de Luz au moment du soleil levant.

Des fermiers terrifiés, qui s'étaient levés tôt pour le travail des champs, fuirent horrifiés à la vue de ces guerriers qui s'approchaient, flanqués des deux côtés de bêtes sanguinaires tirant sauvagement sur leur laisse. À l'avant de l'étrange procession, une grande silhouette blanche, comme on n'en avait jamais vue auparavant, marchait les deux mains levées vers le ciel. C'était le prêtre Ra Ta qui leur disait ainsi de se rendre et de faire la paix.

Ils firent la paix en effet – pas seulement les fermiers rencontrés sur la route du triomphe, mais aussi la populace médusée dans l'enceinte même de la ville. Il n'y eut qu'une résistance symbolique de la part des gardes qui, hors du palais royal, étaient mal préparés et trop peu nombreux. Au milieu du massacre, cependant, le Roi Raai s'avança. Il ordonna à ses propres troupes de cesser leur futile résistance. Ensuite, il remit gracieusement son pouvoir à Arart, après avoir reçu de Ra Ta l'assurance que le but des envahisseurs était bienveillant et en conformité avec les préceptes de la Loi de l'Unique.

Ainsi commença le règne d'Arart qui devint le premier des *rois-bergers* du nord. (Son fils, Araaraart, qui devait naître quelques années plus tard dans cette contrée nouvelle, serait le deuxième à porter ce nom.[8] Nous ignorons la signification symbolique d'une telle appellation, ni même s'il y en avait une, mais elle évoquait sans doute les origines pastorales des envahisseurs.

À propos de l'acte de soumission de Raai aux forces d'Arart, les lectures disent que, bien qu'il fût condamné à l'époque par des membres de son propre peuple, il illustrait un principe qui, plus tard, devait devenir le fondement de l'enseignement du Prince de Paix.[9] Il s'agissait sans doute du principe christique qui consiste à renoncer à son propre intérêt au profit d'un plus grand bien.

(Dans l'incarnation suivante, cependant, Raai y perdit. Durant son cycle persan, Cayce, incarné en chef nomade nommé Uhjltd, joua encore le rôle d'un envahisseur, alors que Raai – connu alors sous le nom de Bestreld – était chancelier de Crésus. La plupart des richesses fabuleuses de Crésus étaient apparemment dues à l'accumulation avide de Bestreld. Cependant, au moment du saccage des entrepôts par les envahisseurs, la lecture de vie dit que l'entité Bestreld *eut* enfin *son profit* dans la perte matérielle encourue ainsi que dans les persécutions qui suivirent. Drôle de façon de *profiter*, pourrait-on-dire, mais du point de vue karmique, sans doute qu'une leçon nécessaire fut apprise. Nous pensons donc que dans son incarnation antérieure en Raai, l'entité avait pu entretenir une seconde raison de se rendre si vite, une raison moins noble que la première. En somme, par ce geste, elle cherchait peut-être à préserver ses biens terrestres, puisqu'une résistance accrue aux force d'Arart lui aurait probablement coûté ses possessions, peut-être même sa vie, en plus de son trône. Si notre raisonnement est bon, il démontre alors de manière saisissante à quel point les fils karmiques de nos vies sont tissés serrés avec ceux des êtres que nous rencontrons. Cependant, quand Raai rentra en scène une nouvelle fois sous la forme de l'entité d'aujourd'hui (1734) et se trouva attiré vers l'ancien prêtre Ra Ta, devenu Edgar Cayce, cette interaction fut une chance dans leurs *deux* vies et une bénédiction pour l'un et l'autre.)

Revenons maintenant à l'Égypte et à notre histoire.

Parmi les indigènes du pays, il y avait un jeune scribe enseignant qui était le maître d'un culte appelé culte des Euraniens et qui faisait preuve d'un talent intellectuel peu commun.[10] Il était très versé dans la science ésotérique des nombres et attira bientôt l'attention du Roi Arart. Ce jeune intellectuel, occultiste séduisant, bien qu'évincé du pouvoir par le redoutable prédécesseur d'Arart, le Roi Raai, était encore fort respecté par un grand nombre d'indigènes parmi les plus influents et avait des fidèles discrets mais nombreux.

Le nouveau régime d'Arart entraîna certains changements importants dans les domaines social, moral et religieux du pays et le roi ressentit le besoin d'avoir à ses côtés une figure indigène éminente qui jouerait le rôle de scribe ou de conseiller sûr et qui pourrait interpréter pour son peuple les intentions et les buts des nouvelles lois et du nouvel ordre formulés par le roi et le prêtre; de cette façon, il pourrait détourner la marée montante de ressentiment et de critiques. Le jeune chef influent des Euraniens apparut comme le choix le plus logique aux yeux d'Arart.

Ainsi, dans sa trente-deuxième année, le jeune Égyptien fut invité à partager la pompe, la gloire et la puissance du règne d'Arart, occupant une position parallèle, sur un plan historique, à celle de Jefferson dans la rédaction de la Déclaration de l'Indépendance. Comme il a été expliqué dans une des lectures pour M. (900), qui avait été cette entité choisie, «le scribe commença à fournir des interprétations de textes tout comme Jefferson avait expliqué la liberté (au peuple)... (présentant) ces vérités comme se rapportant aux relations entre l'homme, les énergies et les puissances les plus grandes.»[11]

Cette nomination eut lieu la troisième année de la dynastie d'Arart. Au moment où Arart envahissait l'Égypte,[12] le jeune scribe n'avait que ving-neuf ans. En maintes parties du monde d'alors, l'âge de la maturité masculine était de trente-trois ans. Toutefois, le roi lui-même n'était sans doute guère plus âgé que lui et Ra Ta, le prêtre élu, n'avait que vingt-et-un ans quand il reçut sa première inspiration psychique qui lui ordonnait d'entreprendre le voyage en Égypte – voyage dont nous croyons qu'il a duré une décade ou plus, si l'on tient compte de la lenteur des préparatifs et de la réflexion qui les accompagna ainsi que de la longueur et de la fréquence des campements organisés pour un groupe aussi volumineux. De toute façon – que nous ajoutions ou que nous enlevions une décade dans nos calculs – nous voyons que le «roi-berger» Arart, le prêtre et le scribe indigène étaient tous trois de jeunes contemporains. Par conséquent, leurs énergies combinées œuvrant ensemble au développement de l'idéal présenté par le prêtre, ont dû faire de cette «troïka» une véritable dynamo de réforme spirituelle dans un pays beaucoup plus habitué à un rythme paisible et à des buts matérialistes. Inévitablement, les bruits de mécontentement, surtout parmi les classes dirigeantes d'autrefois, augmentaient. Avec les années qui passaient et la réforme qui s'intensifiait sous les efforts incessants de Ra Ta qui transformait les restes imposants d'une culture matérialiste et fortement hiérarchisée en un régime plus égalitaire et d'inspiration spirituelle, le mécontentement s'intensifia, surtout chez l'aristocratie renversée, particulièrement susceptible et, donc, plus subversive encore. Mal représentée, elle protestait contre cette injustice.

C'est alors que le Roi Arart posa un geste tout à fait inattendu. Son benjamin et héritier, Araaraart, né dans le nouveau pays, avait maintenant seize ans – c'était encore un petit garçon! Cependant, Arart considéra que ce fait lui serait favorable. Il décida de remettre le trône au garçon et de faire ensuite du scribe égyptien, auquel il faisait maintenant confiance, un membre à part entière de la maison royale, lui donnant Aarat comme nom de famille. Ensuite, il projeta de placer les talents considérables d'Aarat en compétition pour ainsi dire avec ceux du roi, en l'élevant au rôle de conseiller spécial du jeune chef. Cela s'avéra une habile stratégie. La population indigène fut considérablement amadouée par ce geste conciliateur et les diverses réformes en cours purent suivre leur cours. Le roi retraité se réserva un rôle d'arrière-plan; il était persuadé que son fils, vif d'esprit et de parole malgré ses tendres années, serait bientôt sage dans les affaires du pouvoir et se montrerait un jour excellent souverain. Il avait presque raison. Mais plus tard, il commit une erreur de jugement.

À trente ans, Araaraart II, car c'est ainsi que s'appelait le deuxième «roi-berger», jaugea la situation politique et prit apparemment une décision astucieuse. En partie peut-être pour saborder quelque peu l'influence marquante de son conseiller indigène, Aarat, mais aussi pour donner au régime un aspect plus démocratique, le jeune roi forma un cabinet ou conseil composé de douze membres[13] qui seraient choisis aussi bien parmi les indigènes que dans son propre peuple. Les réunions consultatives des douze avec le roi aideraient à décider des affaires de l'État. Cependant, Araaraart II nomma au poste-clé de conseiller en chef, une figure quelque peu machiavélique du nom d'Asriaio qui appartenait à la race nordique de son père et qui avait été conseiller en chef à sa cour.

Bien que ces développements aient semblé offrir une représentation élargie des intérêts populaires à la cour royale, ils permirent aussi au jeune roi de prendre ses distances vis-à-vis de son rival égyptien, Aarat, dont la voix ne serait désormais qu'une parmi les douze. Toutefois, ce geste devait finalement aller à l'encontre des intérêts du roi qui avait de plus en plus tendance à écouter l'avis des autres plutôt que sa propre voix intérieure.

Les manipulations politiques d'Araaraart devaient aussi nuire à Ra Ta, le grand prêtre.

Au début, le choix de Ra Ta comme grand prêtre de la terre nouvelle, avec autorité suprême sur les indigènes et sur le peuple d'Arart en matières religieuses et spirituelles avait rencontré une résistance jalouse et créé beaucoup de dissension dans certains secteurs dirigeants. Cette opposition très marquée avait été peu à peu réduite au silence. Cependant, au fur et à mesure que la nature inspirée des pouvoirs psychiques du prêtre devenait de plus en plus évidente pour ses adversaires les plus acharnés. À la fin, ils n'osèrent plus parler contre lui.

Le programme de réforme morale et spirituelle avait graduellement fait de Ra Ta une figure crainte et vénérée parmi les masses. Sa réussite était symbolisée par les extraordinaires résultats des rites purificatoires qui avaient lieu dans le Temple du Sacrifice où les «choses» étaient débarrassées d'attributs bestiaux tels que sabot fendu, queues, plumes, et autres monstruosités et protubérances, et dans le Temple de Beauté où ces âmes physiquement purifiées pouvaient ensuite recevoir une formation mentale et spirituelle les préparant au plus noble service de Dieu et de l'homme. Quelques-uns même, dans leur ignorance, considéraient le prêtre comme un dieu.

Les Égyptiens, avec leur avance culturelle sur les tribus plus pastorales et simples d'Arart connaissaient depuis longtemps le moyen de voyager à l'aide de ballons de gaz plus légers que l'air, moyen auquel les Atlantes les avaient initiés par le passé! Maintenant que des réfugiés atlantes commençaient à débarquer en nombre croissant, à mesure que leurs prêtres et prêtresses annonçaient la destruction imminente de Poseidia et que la lutte avec les fils de Bélial s'intensifiait, Ra Ta pensa que le moment était venu de visiter d'autres parties du monde où les fils de l'homme étaient rassemblés. Il se rendit donc aussi bien en Inde, en terre de Gobi, à Og, et dans le Pérou actuel que dans les Carpates, parlant aux chefs spirituels de ces régions du nouvel ordre des choses qui commençait et des préparatifs effectués pour l'avènement de la nouvelle grande race qui émergeait alors. Il se rendit aussi dans la belle ville d'Alta, en Poseidia, où il conféra avec certains des enfants de la Loi de l'Un. Là, un des chefs, le grand sage Hept-supht, choisit de venir en Égypte pour aider le prêtre dans les grandes réformes qu'il entreprenait avec les peuples locaux. Car, comme Ra Ta, il savait que l'Égypte allait être assez rapidement un grand centre spirituel et un endroit où les archives devraient être préservées, tout comme on le faisait déjà en Atlantide et comme il serait fait plus tard par Iltar au Yucatan.[14]

À mesure que ces activités plus ésotériques se poursuivaient dans les affaires spirituelles du pays, l'Égypte connaissait aussi des développements importants dans le commerce, la construction et les arts. Sous la surveillance d'Ararat I, et plus tard sous celle de son fils et successeur Araaraart II, on développa massivement la construction des mines, à la recherche de pierres et de gemmes, ainsi que de minéraux tels que le zinc, le cuivre, l'étain, etc. La construction de temples et autres édifices avançait sans arrêt. Les entrepôts devenaient chose commune et servaient de lieux d'échange ou de troc pour le commerce international. L'Égypte était en plein essor.

Elle était en plein essor, mais tous n'y étaient pas heureux. Certains des anciens plaisirs avaient été déclarés illégaux par le prêtre et ses absences de plus en plus fréquentes à mesure qu'il visitait les autres parties de la planète pour conférer avec les chefs spirituels, devinrent des occasions de raviver ces autogratifications défendues par Ra Ta. Un de ces péchés était la préparation de boissons enivrantes, un autre consistait à abuser sexuellement des «choses», ces pauvres victimes, qui traversaient les stades de purification et de développement supérieur dans les Temples du Sacrifice et de la Beauté.

Le prêtre, rentré par surprise d'une expédition archéologique régionale, apprit de première main les violations faites à ses édits et «l'enfer se déchaîna». Ces violations n'étaient pas commises simplement par certains sujets indigènes mécontents, mais aussi par des hommes d'Araaraart lui-même. Ra Ta se présenta au conseil avec ses plaintes.

Ce que ne savait pas le prêtre, dans son innocence naïve, c'est que plusieurs, parmi les conseillers eux-mêmes, étaient du côté des coupables, y compris le conseiller en chef, Asriaio, qui avait succombé aux machinations des ennemis de Ra Ta – qui cherchaient par n'importe quel moyen à discréditer et à renverser le prêtre.

Quand le diable ne trouve pas de moyen pour venir à bout d'un homme, il envoie chercher une femme. C'est ce que firent les conspirateurs.

L'un des édits de Ra Ta défendait à un homme d'avoir plus d'une épouse. Parallèlement à cela tout le monde connaissait son souci de développer le plus de représentants possibles de la nouvelle race blanche que lui-même incarnait, car l'éclaircissement de la pigmentation – qui n'était pas complètement en accord avec des buts spirituels, comme on le verra dans un chapitre ultérieur – était une des réalisations les plus remarquables de Ra Ta; il en avait sans doute tiré la connaissance des Atlantes et l'avait appliquée, avec plus ou moins de succès, au développement de la race dans le Temple du Sacrifice et plus tard, dans le Temple de la Beauté. Son grand désir de hâter la loi d'évolution limitait en quelque sorte sa compréhension et son application des lois spirituelles qui gouvernaient ces choses. Car la main de Dieu est rarement pressée et les différences raciales servaient une intuition définie dans le Plan Divin.

Connaissant alors la seule faiblesse du prêtre, les conspirateurs décidèrent de l'exploiter. Dans le Temple de la Beauté il y avait une danseuse nommée Isris; sa peau pâle, sa grâce et sa beauté inhabituelles en faisaient un objet d'envie et de désir pour certains. Fille du second prêtre sacrificiel, elle bénéficiait des faveurs particulières du jeune roi, Araaraart II. Si on pouvait la convaincre qu'une liaison avec le prêtre servirait une bonne cause, en produisant un rejeton vraiment parfait, né de leur union, l'étape suivante serait relativement facile: un regard d'Isris, suivi de paroles appropriées, et le prêtre serait une proie facile pour la flèche malfaisante des conspirateurs.

Bien sûr, tout se déroula comme prévu. (Cependant, il faut dire que le prix qu'Isris dut payer en retour, dans cette vie, fut la perte presque complète de l'usage d'un œil.)

Lorsqu'une fille naquit, neuf mois plus tard, de l'union illicite entre Ra Ta et Isris, tout ce qu'il restait à faire c'était de dresser le piège qui prendrait le prêtre en flagrant délit de violation de son propre édit. L'affaire se rendit au roi Araaraart, qui fut peut-être moins choqué du non-respect par Ra Ta de sa propre loi que par le fait que sa danseuse préférée, Isris, avait été impliquée, en tant que partenaire dans une transgression sexuelle. Le roi fut facilement persuadé que Ra Ta devrait être puni. La question était de savoir si on le mettrait à mort, comme le recommandaient certains extrémistes parmi les conseillers, ou si on trouverait des moyens moins sévères de faire sentir au malheureux prêtre le déplaisir du roi.

Osriaio, secondé par Aarat l'Égyptien, força Araaraart à accepter l'exil des deux offenseurs. Ainsi fut fait! Ra Ta s'exila, accompagné de 231 âmes qui lui demeuraient loyales. Ce groupe incluait le sage atlante, Hept-supht, et la fille préférée du prêtre, Aris-Hobeth, dont le nom signifiait «la favorisée». Tous deux lui seraient d'un grand réconfort, ainsi que la pauvre et repentante Isris, durant les années d'épreuves qui attendaient le prêtre dans la lointaine montagne nubienne de leur exil.

Quant à l'enfant Iso, le malheureux rejeton de l'union fatale, le roi vengeur la gardait en otage. Bien qu'on en prît soin, elle devait mourir de chagrin avant la fin de l'exil. La lecture de cette entité connue comme (288) indiqua qu'elle était l'âme sœur d'Edgar Cayce que le lecteur a déjà rencontrée dans les premiers chapitres.

Entre-temps, alors que le prêtre et sa suite de compagnons en exil s'avançaient vers le sud sous un soleil de plomb, Ra Ta réfléchissait amèrement aux conséquences lointaines et tragiques de sa faiblesse passagère. Et tout en regardant vers les côtes pourpres de la Nubie qui s'étendaient devant lui, austères et mystérieuses dans leur pâle majesté, il pensait entendre derrière lui le rire moqueur des dieux qui s'éteignaient doucement.

LE PRÊTRE EN EXIL

Les lectures de Cayce sur la période Ra Ta se réfèrent au lieu d'exil en l'appelant parfois la montagne «nubienne», parfois la «libyenne»; les habitants des lieux, eux, sont respectivement nommés Nubiens ou Lybiens. De plus, il y a au moins une référence à l'Abyssinie comme cadre général. Il s'agit, bien sûr, de l'Éthiopie, qui est située directement en dessous de l'Égypte et du Soudan. La Nubie, qui n'existe plus comme pays souverain, est évoquée seulement par le désert nubien, dans le secteur est du Soudan du nord, juste au-dessus de la pointe septentrionale de l'Éthiopie. Ainsi semble-t-il, selon le langage utilisé dans les lectures, l'ensemble de toute cette contrée faisait autrefois partie de l'ancien royaume libyen – la principauté n'occupant que le secteur extrême de l'est du désertique empire libyen – c'est là que Ra Ta et son groupe d'exilés se rendirent que ce soit suite à l'ordre spécifique d'Araaraart ou de leur propre chef.

La deuxième hypothèse est sans doute la bonne. C'est ce que nous permettent d'affirmer les associations uniques qui les attendaient là-bas et qui suggèrent que Ra Ta était encore guidé par ses inspirations psychiques. Quant aux désirs du Roi, nous pensons que les termes de l'exil exigeaient seulement que le prêtre soit banni en un lieu au-delà des frontières de l'Égypte. Mais si le royaume de Libye avait vraiment été spécifié par le roi – et il faut l'admettre, la Lecture 294-15, dit en effet que «vers la Libye furent envoyés» – on peut supposer que la sélection de la montagne nubienne fut, par contre, le choix de Ra Ta.

On trouve une clé importante dans la Lecture 294-148 qui soutient cette hypothèse. C'est la suggestion que Ra Ta connaissait déjà cette montagne d'exil dans les collines nubiennes. Bien qu'il n'y ait pas d'indication géographique dans cette référence particulière, ce qui confirmerait nos soupçons, la lecture évoque le retour de Ra Ta «d'une de ces visites à la montagne». De plus, cette lecture renvoie à une période qui précède immédiatement la trahison que subit Ra Ta, quand il découvrit, la première fois, des indices clairs de luxure et autres gestes d'auto-glorification chez les responsables du Temple du Sacrifice. Qu'y avait-il donc de plus naturel pour Ra Ta, alors qu'il se trouvait en exil en Libye, que de retourner à cette même montagne où il avait si récemment médité et étudié?

La nature de cette recherche qui durait apparemment depuis quelque temps, consistait à «creuser ce qui s'appelait les conditions archéologiques de ceux qui avaient vécu auparavant dans les terres»[15] et si l'on se rappelle que Ra Ta avait régné en Haute Égypte sous l'identité d'Asapha, lors d'une incarnation bien antérieure, sans doute avait-il la mémoire psychique de toute la contrée et de ses anciens indigènes, sur lesquels il avait probablement régné. En somme, la nature fondamentale de la recherche archéologique de Ra Ta semble avoir été tout d'abord *psychique,* tout à fait comme lors de son incarnation en la personne d'Edgar Cayce, voyant et prophète du 20e siècle. Dans cette dernière incarnation les lectures psychiques allaient devenir la base de travaux archéologiques très prometteurs qui se poursuivent encore au Moyen-Orient et dans d'autres parties du monde (et qui pourront un jour être reprises en Iran).

Si l'on revient à l'époque de Ra Ta, voici une référence éclairante aux premiers énoncés psychiques du prêtre, à ses «lectures» comme on les appellerait aujourd'hui, durant la première période du règne d'Arart I dans le pays conquis de l'Égypte:

> *Lorsque Ra Ta commençait à se faire entendre des indigènes et* de ceux qui assistaient au dévoilement des archives *(ce qui s'appellerait aujourd'hui la recherche archéologique), une audience de plus en plus grande était accordée aux paroles de cet étrange chef venu dans ces terres.* (294-147)

Quels qu'aient été les revers subis par Ra Ta, grand prêtre déposé, la terre nubienne offrait des compensations:

> *En entrant en terre nubienne, il y eut un tel changement que toutes les conditions de la vie humaine s'améliorèrent ... à mesure que le prêtre, à cette époque, entrait en relation plus intime avec les Forces Créatrices, l'entité ou le corps Ra Ta devenait davantage capable d'exprimer* matériellement *les manifestations de cette relation. D'où la paix dont jouissaient non seulement les peuples établis dans l'environnement du prêtre, mais tous ceux du pays.* (294-150)

On inaugura aussi des activités intéressantes. Quelques-uns de leurs effets sont encore étrangement présents parmi nous aujourd'hui:

> *En terre nubienne on commença à ériger des œuvres commémoratives que l'on peut encore voir, même en ce moment, dans les montagnes du pays. Des montagnes entières furent creusées comme des rayons d'abeilles, de façon assez profonde pour atteindre là où les feux perpétuels sont* encore *en activité à ces diverses époques, lorsque le prêtre commença à mesurer les longitudes (comme on les appelle aujourd'hui), les latitudes et les activités des planètes et des étoiles, des groupes variés d'étoiles, de constellations, et des influences diverses qui sont maintenues en place ou qui* maintiennent *en place ceux qui entourent ce système solaire particulier. Ainsi en terre nubienne on commença à mesurer les influences du soleil sur la vie humaine, et rappelons-nous que c'est (c'était?) en ce temps que la* race présente *a commencé d'exister* – l'influence *est mesurée d'après toutes les expériences de Ra Ta, comme un effet sur le corps physique, le corps mental, et le corps spirituel ou l'âme.* (294-150)

Il peut être utile de nous arrêter ici pour nous demander ce que Cayce voulait dire dans ce passage, en évoquant «cette période où la *race présente* a commencé d'exister». La réponse semble tenir à une simple question de syntaxe – une des difficultés récurrentes, il faut l'admettre, lorsque nous travaillons sur les lectures de Cayce. Si l'expression «cette période» rappelle l'époque de Ra Ta et non la nôtre (ce qui doit être le cas), alors l'allusion renvoie sans aucun doute à la quatrième race – la nôtre, en fait, et ainsi «la race présente» – à une époque où l'Âge Adamique était encore en son enfance. Cependant, l'humanité est maintenant au seuil d'une autre transformation, qui introduira une autre race, que Cayce a identifiée comme la cinquième. Mais cette nouvelle branche évolutive ne peut s'appeler la «présente race» car elle n'est pas encore avec nous. On nous dit que son commencement réel sera annoncé par un événement qui peut se trouver encore une génération devant nous. Il s'agit de l'ouverture d'une Pyramide d'Archives encore cachée, enfouie sous le Complexe de Gizeh, quelque part entre le mystérieux Sphinx et le Nil. (Cette question sera reprise avec suffisamment de détails plus tard dans le chapitre.)

Donc, pour reprendre le fil de l'histoire, nous voyons que les activités ésotériques de Ra Ta en terre nubienne incluaient toutes sortes d'observations célestes et d'enquêtes scientifiques qui constituent une part de notre héritage actuel.

Ce qui intéresse particulièrement le chercheur dans la relation entre les activités de Ra Ta et les révélations psychiques beaucoup plus tardives d'Edgar Cayce, c'est l'importance surprenante que Cayce attribue au rôle du soleil, de la lune, des étoiles et des constellations variées, non seulement en ce qui concerne leurs effets combinés sur la vie humaine, mais aussi sur d'autres formes de vie et sur la planète Terre elle-même . De fait, en plus des lectures particulières sur le sujet, chaque lecture de vie donnée par Edgar Cayce inclut quelques références astrologiques dans le développement passé et présent de l'entité. Des séjours planétaires, ailleurs dans notre système solaire sont également mentionnés comme faisant partie de l'expérience de chaque âme au plan spirituel entre chaque incarnation. Enfin, il est indiqué dans les lectures de Cayce qu'à la fin de son cycle de développement à l'intérieur du système solaire, l'entité s'en va, soit sur Arcturus, soit sur Polaris, pour un développement plus élevé en d'autres sphères de conscience. (Toute cette sagesse ésotérique, indépendamment du fait qu'on soit prêt ou non à en accepter les révélations mystérieuses, apparaissait à Cayce, pendant ses transes, comme une conséquence directe de son évolution psychique antérieure sous la forme de Ra Ta, pendant son séjour en terre nubienne.)

Les Nubiens étant un peuple guerrier, l'hostilité leur était donc naturelle lorsqu'arriva le grand prêtre du royaume égyptien du nord. Ces visites précédentes dans leurs collines, à l'occasion de missions archéologiques plutôt brèves n'avaient impliqué qu'un petit groupe d'assistants, mais il fit sensation quand il se présenta avec une multitude de fidèles et commença d'établir une communauté d'exilés sur la crête d'une colline où les fouilles antérieures du prêtre avaient eu lieu.

Mais, bien vite, le prêtre *charismatique* gagna les Nubiens à sa cause par le précepte et l'exemple, à mesure que ses enseignements éclairés s'enracinèrent et répandirent en abondance leurs bienfaits autant sur les Nubiens que sur son propre peuple. Parmi les premiers convertis de Ra Ta se trouvait un prince de la terre nubienne qui sera un des nombreux indigènes à accompagner le prêtre et son peuple lors de leur retour triomphal en Égypte, quelque neuf ans plus tard.

Autre convertie importante, la princesse libyenne Ai-Si, âgée de 17 ans, qui devait aussi suivre Ra Ta à son retour en Égypte où elle deviendra une musicienne et une prêtresse du Temple de Beauté en même temps qu'une dessinatrice des «sceaux de vie» dépeignant les symboles-clés de l'évolution future d'une âme sur terre.

Entre-temps, sur la montagne, on bâtissait des temples d'adoration et des demeures séparées où les hommes et les femmes qui choisissaient de vivre en couples pouvaient élever leur famille. Cela différait nettement des coutumes de l'Égypte où le mode de vie était strictement communautaire, les femmes vivant séparées des hommes, excepté pour les périodes d'union dans les chambres conjugales. L'instauration de cette «vie de famille», que Ra Ta avait observée dans certaines régions qu'il avait visitées, amena une nouvelle ère de bonheur, de prospérité et de paix.

La nouvelle des admirables réussites de Ra Ta se répandit non seulement auprès du Roi Araaraart en Égypte, dont le cœur était déjà troublé par le remord, mais aussi auprès d'habitants de terres lointaines qui en entendirent parler et vinrent les voir.

Un de ceux-ci était le grand initié, Hermès.

La tradition attribue à Hermès plusieurs noms. Généralement connu chez les Égyptiens comme Thoth ou Thoth-Hermès, les Grecs lui donnèrent plus tard le nom de Hermès Trismégiste, ce qui veut dire «trois fois grand». Pour les anciens Égyptiens, il était le «scribe des dieux», le «seigneur des divines paroles». Il était également considéré comme «le cœur et la langue de Ra». Mais pour percer vraiment son identité, nous devons avoir recours à une légende islamique très peu connue, qui fut notée par îbn Batuta en l'an 1350 de notre ère et qui soutient qu'Hermès n'est autre que le patriarche Énoch (connu comme Idrîs par les savants musulmans) et que *c'était lui qui avait bâti la Grande Pyramide*. Dans la littérature apocryphe, nous trouvons beaucoup d'indices qui soutiennent le point de vue qu'Énoch qui fut apparemment retiré de la vue de son peuple en sa cent-soixante-cinquième année, lorsque «Dieu le prit»,[16] passa plusieurs décennies à voyager aux quatre coins du globe, avertissant les gens des bouleversements terribles très proches et de la nécessité de se tourner vers Dieu. On croit du reste que c'est lui en réalité qui, plusieurs siècles plus tard, avertira Noé d'une inondation imminente.

Les lectures d'Edgar Cayce, comme on l'a déjà noté, identifient Énoch à une incarnation du Maître venu juste avant sous l'aspect d'Adam. Mais cela peut être encore plus surprenant pour certains d'apprendre qu'il existe des sources anciennes citées à la fois par C.G. Jung et Manly P. Hall dans certains de leurs écrits,[17] où Adam, Énoch et Jésus sont présentés comme un, en différentes incarnations. Une autre incarnation est mentionnée, confirmant encore davantage les lectures de Cayce, celle du prêtre-roi Melchisédech qui apparut au patriarche Abraham. Mais c'est là une autre histoire.

L'identité d'Énoch et d'Hermès fut éventuellement découverte par certaines personnes qui côtoyaient de près Edgar Cayce. Les lectures avaient plusieurs fois fait allusion à Hermès comme une incarnation du Maître, surtout dans la Lecture 281-10, en réponse à une série de questions posées par Mlle (69). On lui parla de son association avec le Maître, alors qu'elle était Isaholli, durant la période égyptienne.

Puisqu'elle avait aidé le prêtre pendant la période d'exil, lorsqu'Hermès apparut pour la première fois parmi eux, l'allusion semblait logique: Hermès et le Maître étaient un. Et bien que son rôle à l'époque semble être recouvert de mystère, il était sans doute d'importance.

Dans la Lecture 69-1, nous trouvons ce qui semble être une courte allusion à Hermès et qui le désigne tout simplement comme étant «l'enseignant»: «L'entité (69) parmi ceux qui attendaient sur la place sainte où était donné le précepte moral, pénal et spirituel, à la fois du prêtre et de l'*enseignant* de cette époque». Mais dans la Lecture 281-43, l'allusion est plus simple: elle renvoie à «ce que l'Enseignant des enseignants enseignait» en Égypte.

Hermès devait plus tard accompagner les exilés lors de leur retour en Égypte où les lectures nous disent qu'il était le maître architecte de la Grande Pyramide. Nous n'avons pas à être surpris que le Maître des maîtres ait joué un rôle si important dans sa construction. Appelée Pyramide de la Connaissance, elle était destinée à être un temple d'initiation où Hermès allait revenir plus tard comme Jésus, lorsque, encore tout jeune, il reçut son initiation avec Jean le Baptiste sous la surveillance des Esséniens, en se préparant à son rôle de sacrifié. C'est du moins ce que nous disent les lectures...

Pour confirmer l'identification entre l'«Enseignant des enseignants» – le surnom désignant de toute évidence le Maître – et Hermès, il y a une seconde référence dans la Lecture 69-1; le rôle d'Isaholli, lors du retour en Égypte, est présenté comme celui de «l'agent dynamique entre le roi, l'*enseignant* et le ministre (c'est-à-dire, le prêtre)» .

Longues furent les années d'exil. Les messagers venus d'Égypte apportaient à Ra Ta des nouvelles de troubles croissants et de guerres entre les indigènes égyptiens et le peuple d'Araaraart, à ces troubles s'ajoutaient certains problèmes venus de l'affluence accélérée des Atlantes fuyant leur pays condamné et la tension du prêtre grandissait. Lui qui était venu en Égypte avec une vision inspirée et une mission, craignait maintenant que toutes ses réalisations antérieures ne soient anéanties à la suite des discordes et des divisions surgies pendant sa longue absence. La mort de sa fille Iso, encore enfant, gardée en otage par le roi vindicatif augmenta encore sa peine.

Malgré les visibles bienfaits de son travail sur la montagne nubienne, travail commencé depuis plusieurs décennies en

Égypte, Ra Ta désirait une réconciliation avec son propre peuple, ainsi qu'avec le jeune roi qui l'avait banni. Lui et sa compagne actuelle, Isris, avaient payé le prix de leur indiscrète union que le prêtre avait, dans son innocence, considérée, à l'époque, comme une façon acceptable de servir le développement de la nouvelle race. Il se rendait compte maintenant qu'il s'était trompé, bien que la punition ait été sûrement disproportionnée par rapport au crime. Après tout, la loi qu'on lui avait fait briser n'était pas celle du roi mais la sienne, en tant que grand prêtre.

Durant sa neuvième année d'exil, le moment où Ra Ta apprit que le roi avait révoqué l'ordonnance d'exil, qu'il allait enfin être pardonné et qu'il pourrait retrouver son ancien poste d'autorité spirituelle suprême, fut un moment de triomphe doux-amer pour «ce hors-caste pauvre et décrépit»,[18] comme on le décrit à l'époque.

Les fidèles du prêtre reçurent la nouvelle avec des réactions diverses. Plusieurs en effet avaient créé des liens familiaux étroits avec les Nubiens et répugnaient à partir. De plus, le pardon royal était le résultat de longues et fastidieuses négociations entre les deux camps et il arrivait maintenant trop tard, car leur chef avait plus de cent ans. Les plus proches de Ra Ta, ceux qui avaient observé sa fragilité croissante, craignaient qu'il ne puisse survivre. Ce serait en effet une grande tragédie s'il devait lui manquer la volonté ou la force, à cette heure de victoire et de justice finale, de rassembler de nouveau un peuple divisé pour le ramener à la Loi de l'Un.

Mais si d'autres doutaient de sa puissance de récupération, il y en avait un qui ne doutait pas: l'ancien sage et enseignant Hermès. Il savait ce qu'il savait. Et il ne dit mot. Ainsi était-il.

Pour plusieurs, cette figure sans âge qui était soudain apparue parmi eux sans qu'on sache d'où elle venait, représentait une énigme. Ses paroles prophétiques étaient surtout destinées au prêtre qui les écoutait toujours très attentivement. Comme le prêtre, il pouvait avoir des songes étonnants et prophétiser, mais le mystère demeurait encore plus profond. Le vieillard barbu était désarmant. Il n'avait qu'à fermer un instant ses yeux gris-bleus perçants, et il pouvait alors regarder le passé ou le futur tout comme un chasseur dévisage la proie devant lui. Toute connaissance lui semblait soumise. Cependant, ce mystérieux Hermès était très humble et effacé. C'était une part importante du mystère. On sentait que sous la robe gris perle resplendissait un dieu caché.

UN ROYAUME TROUBLÉ

Depuis le début, le roi n'avait eu que des problèmes. La jalousie avait défait Araaraart. Dans ses moments de lucidité, le jeune souverain maudissait secrètement le jour où il avait écouté les voix conspiratrices de ses conseillers qui avaient utilisé son amour pour Isris, la danseuse du temple, afin d'allumer sa colère contre le prêtre piégé. Si l'offense de Ra Ta avait impliqué une danseuse autre que la préférée du roi, sa colère n'aurait pas été stimulée et selon toute vraisemblance, il n'aurait jamais proclamé l'exil. Mais le jeune roi était vif, non seulement de parole mais de tempérament. C'était une de ses faiblesses. Poussé par d'autres, il avait posé des actes et devait maintenant, en tant que roi, supporter ce que certains autour de lui et d'autres dans le royaume, considéraient de plus en plus comme un sérieux manque de jugement.

Le roi impétueux ne pouvait savoir que l'attraction possessive qui l'avait toujours lié à la séduisante Isris — attraction qu'elle n'avait jamais découragée — avait pour origine le fait qu'ils avaient été des âmes sœurs dans leur première incarnation.[19] On pourrait considérer une semblable liaison comme étant une circonstance atténuante avant de juger la dure décision du roi. Dans une vie beaucoup plus tardive, en Terre Sainte, quand l'ancien souverain d'Égypte s'incarnerait en humble et loyal disciple du Maître, sous le nom d'André, cette même âme (qui avait été Isris) serait devenue ce qu'on pourrait appeler un «ange gardien», protégeant l'évolution de son âme sœur depuis le monde de l'Au-delà où elle demeurait. Encore plus tard, lorsqu'il retrouva une grande partie de son ancien Karma dans un rôle fort exigeant, au 20e siècle – celui du fils dévoué et attentif de ce même prêtre qu'il avait naguère envoyé en exil – Isris était alors sa mère bien-aimée. (Cette fois-ci elle était son «ange gardien» incarné.)

Mais revenons à notre sujet: nous voici en Égypte, tout juste après que le roi ait malheureusement décidé d'envoyer en exil le pauvre prêtre et sa maîtresse coupable.

Les répercussions immédiates furent tout d'abord une révolte politique suivie d'une guerre religieuse. La révolte politique fut amorcée par le frère benjamin d'Araaraart, Ralij, prince de l'Ibex, désireux de s'emparer du pouvoir. En effet, certains le soupçonnaient d'avoir ourdi le complot contre le prêtre pour diviser les pouvoirs séculier et spirituel, affaiblissant ainsi la force du roi.

La ruse ne marcha cependant pas et la révolte de l'Ibex fut écrasée. Quant à la guerre religieuse, des supporters trop zélés de l'exilé Ra Ta, conduits par un certain Oelom, tentèrent de s'emparer du palais. Le chef rebelle fut tué dans la bataille contre les troupes royales qui suivit. Le même Oelom allait se réincarner en biographe «officiel» de Cayce, manière plus raisonnable de défendre la cause du prêtre.)

De plus en plus, les indigènes égyptiens se rebellaient face aux événements qui se déroulaient et on désobéissait maintenant impunément à différents édits du roi. La marée d'Atlantes fuyant les restes de Poseidia observait avec incrédulité et dédain l'écroulement de l'ordre et de la loi dans un royaume égyptien autrefois si prometteur.

Araaraart avait peine à trouver une solution à son dilemme qui ne compromette encore davantage son pouvoir ébranlé.

Son conseiller en chef, Asriaio, maintenant très inquiet de la mauvaise tournure des événements, chercha à amender le mauvais conseil qu'il avait donné. Le vieux politicien rusé suggéra au roi de ramener de force, de Nubie, certains indigènes qui suivaient le prêtre et avaient tenu des postes d'influence au service du temple; il pensait que leur retour aurait un effet apaisant sur la populace excitée. Mais le roi refusa; à son avis, cette décision démontrerait de façon encore plus évidente sa propre faiblesse.

Les choses allèrent tant bien que mal et graduellement la situation s'apaisa quelque peu. Toutefois, divers individus influents approchèrent le roi pour qu'il ramène le prêtre exilé seule façon, disaient-ils, de restaurer l'unité et l'ordre parmi le peuple.

Ceux dont l'opinion collective importait le plus auprès du roi étaient les puissants Atlantes qui s'exprimaient de plus en plus ouvertement. Ils formaient maintenant une communauté substantielle et hautement indépendante dans le pays. Si bien que lorsque leurs chefs exigèrent avec de plus en plus de force le retour de Hept-supht, le sage atlante venu en Égypte quelques années plus tôt comme un des chefs de la Loi de l'Un désireux d'aider le prêtre, le roi fut finalement obligé d'accéder à leurs demandes insistantes. C'était pour lui une question de nécessité politique. Du reste, la neutralité foncière de Hept-supht dans toute cette affaire n'avait jamais été mise en question et le roi avait pu croire que le retour de l'exilé servirait à restaurer la paix. C'était la troisième année de l'exil de Ra Ta.

Le retour de Hept-supht marqua vraiment un point tournant; il faudrait cependant encore six ans de négociations habiles de la part de Hept-supht et de nombreux émissaires, pour arriver à une pleine réconciliation entre le prêtre exilé et le roi têtu.

En abolissant le décret d'exil, le roi reconnaissait effectivement Ra Ta comme le seul chef pouvant réunir le pays et panser ses vieilles blessures. Mais la conscience et le cœur troublés d' Araaraart savaient que le prêtre seul était à l'origine des buts spirituels et de la direction supérieure qui avaient initialement conduit le peuple de son père en Égypte. Pour que le pays puisse continuer à être guidé et retrouver son but divin, Ra Ta devrait être le seul à diriger. Désormais, le roi devrait coopérer pleinement avec le prêtre et avoir un rôle bien moins important qui ne ferait guère de lui plus qu'un symbole. La *véritable* autorité du pays serait la Loi de l'Un.

LE RETOUR DU PRÊTRE

Une série d'événements remarquables qui, considérés séparément n'auraient apparemment aucune signification particulière, coïncidèrent précisément avec le retour en Égypte de Ra Ta et de son groupe de fidèles. Envisagés globalement toutefois, comme nous le ferons, ces mêmes événements mènent de façon étonnante vers une surprenante conclusion qui concerne leur origine probable. Cette conclusion est si évidente et si importante dans ses implications à la fois spirituelles et historiques, que l'on est porté à être d'autant plus surpris qu'aucun chercheur, apparemment, ne l'ait trouvée en étudiant les lectures de Cayce sur l'époque égyptienne. Mais voilà: il faut vraiment «tomber dessus», comme sur quelque diamant grossier gisant dans un champ à ciel ouvert, car il n'y a pas d'indications claires menant à sa découverte.

Je parle ici du rôle soigneusement caché qu'a dû tenir sans cesse le grand initié Hermès, cette incarnation effacée du Christ, dans les événements qui entourent la plupart des activités de Ra Ta à l'époque. C'est comme s'il avait choisi de se tenir dans l'ombre. On note par exemple la rareté de références à Hermès dans ces lectures, bien qu'il soit identifié comme le Maître. Apparemment, il parle et agit à travers le prêtre en toutes choses. Ainsi, son rôle caché confirme l'interprétation légendaire d'Hermès comme «le cœur et la langue de Ra.»[20]

Pour faire le point, voici un résumé de la suite des événements concernant le retour du prêtre et les années qui suivirent. Tout cela suggère en effet la participation du Christ en évolution sous la forme d'Hermès.

Tout d'abord, juste avant de quitter la montagne, chacun des fidèles de Ra Ta – ceux qui avaient «nommé le nom du prêtre»,[21] comme l'exprime une des lectures en des termes qui rappellent curieusement une plus tardive référence biblique au Christ – reçut de lui une marque corporelle unique qui allait demeurer avec cette âme comme un «signe» de leur association spirituelle et de leur union à travers toutes les futures incarnations sur terre. C'était autant une marque de bénédiction qu'une identification permanente.

Deuxièmement, au retour en Égypte, Ra Ta s'appellerait désormais seulement Ra – une nouvelle désignation symbolique qui rappelle le Soleil ou le *Fils** avec lequel le prêtre était associé de très près. Alors que l'interprétation littérale, des glyphes de «Ra Ta», l'ancien nom, était «le Soleil (amené à) la terre».

Ensuite, le nom de la capitale égyptienne, la cité de Luz (qui signifiait «amande», selon une interprétation, et «lumière» selon une autre) était changé en celui de Bethel, nom qui, si l'on consulte un dictionnaire biblique, veut dire «Maison de Dieu», bien que la lecture de Cayce sur le sujet offre l'interprétation suivante: «Bethel veut dire "le Silence est d'or" si vous êtes en présence de Dieu.»[22] Dans les deux cas, la nouvelle désignation a dû certainement être inspirée par le Christ, sous la forme d'Hermès. Et pourquoi? Parce que nous rencontrons cet étonnant parallèle dans Genèse 28:19 où cet incident dans l'histoire de l'ancienne Égypte au temps de Ra est étrangement répété dans l'expérience inspirée de Jacob en Terre Promise, à la suite d'une vision mystique d'anges montant et descendant une échelle et de sa rencontre avec le Seigneur, ou le Christ: «Or lui (Jacob) donna à ce lieu le nom de Bethel; *mais le nom de cette ville fut tout d'abord Luz*».

Autre exemple encore: la période de six ans et demi durant laquelle le prêtre se régénéra après son retour – un processus de purification intérieure qui lui permit de poursuivre son œuvre pendant cent autres années. On a le droit de soupçonner que la main d'un initié plus grand que le prêtre lui-même était en train d'entreprendre ce rajeunissement familier aux adeptes atlantéens les plus anciens, mais pas encore pratiqué en Égypte. Hermès, bien sûr, pouvait être cet adepte, lui dont l'âge est demeuré un mystère. On trouve très peu de détails sur

(*) «Son», fils en anglais, est l'homonyme de «Sun», soleil. (N.d.T.)

le sujet obscur du rajeunissement dans les lectures, mais l'activation, par une méditation profonde, du centre pinéal – appelé le siège de la Conscience Christifiée – a dû en être la clef. Dans une lecture de vie concernant Cayce lui-même, on lit ce qui suit: «Gardez la glande pinéale en opération et vous ne vieillirez pas – vous serez toujours jeune!»[23]

Enfin, Hermès est identifié ouvertement par Cayce comme «le Guide, ou l'architecte qui se chargea de la construction en cours»[24] de la Grande Pyramide, alors connue comme le Temple des Initiés, ou la Pyramide de la Connaissance. Voilà le seul exemple dans les lectures touchant cette période où on donne à Hermès un rôle clair et actif. L'exception est compréhensible. Après tout, cette pyramide était précisément Son grand testament spirituel pour les âges à venir. C'est ici que le Grand Initié allait subir Son test suprême sous l'aspect du jeune Jésus (ainsi qu'on l'a indiqué plus haut dans ce chapitre), passant trois jours et trois nuits dans le sarcophage vide de la chambre du roi, préparant Son rôle ultime de Sauveur crucifié et de Christ ressuscité. Personne d'autre ne pouvait prendre Sa place. Cela devait être son destin personnel.

Sous la direction de Hept-Supht, la procession triomphale, montée sur des chars au gaz fournis par les Atlantes, avait quitté la montagne nubienne et entrait maintenant dans la ville de Luz accueillie par de joyeux cris de bienvenue. Des foules de sympathisants encombraient les rues, couvrant son passage de fleurs de lotus roses et blanches.

Ra Ta était habillé de lin bleu gris comme les prêtres, la cagoule retirée montrait son visage raviné, pourtant marqué du sceau d'une noblesse spirituelle innée. Les yeux d'azur profond parcouraient la foule avec une certaine nervosité, inquiets de ne pas reconnaître après neuf longues années, le visage qu'ils cherchaient ou de ne pas recevoir, de l'être qu'ils guettaient, l'accueil que lui réservaient tous les autres. Car c'était son jeune fils, Ra-La-Ral, demeuré avec le Roi lors de l'exil du prêtre, que Ra Ta cherchait maintenant d'un cœur inquiet.

À sa manière, bien qu'il en ait été profondément blessé, Ra Ta avait été fier de la décision du garçon, neuf ans plus tôt, de placer un principe moral au-dessus de ses obligations filiales. C'était un garçon qui avait du cran: il avait choisi de se mettre du côté du Roi dans la dispute qui touchait la transgression de son père. Cet acte avait sûrement dû demander beaucoup de discipline intérieure, qualité que Ra Ta avait toujours voulu transmettre au prêtre-apprenti. En revanche, il avait aussi insisté sur le besoin de compassion et de pardon qui étaient aussi des qualités de prêtre. Il saurait bientôt si Ra-La-Ral, maintenant un jeune homme de 18 soleils, avait appris à tempérer son sens de la justice par la sagesse du cœur. Ra Ta n'avait pas à s'inquiéter. Déjà son fils avait remarqué sa présence, quittant les rangs du comité de réception il accourait vers son père dans la joie des retrouvailles. Ils s'embrassèrent longtemps, tout baignés de larmes.

Puis, jetant son regard sur Isris toujours charmante, le beau jeune homme Ra-La-Ral montra sa maturité en la saluant avec un sourire qui exprima un pardon complet. Ensuite, en embrassant sa petite demi-sœur, Isibio, née du prêtre et de sa compagne durant l'exil, Ra-La-Ral consacra le pardon en annonçant sa fidélité à la loi du mariage. Le mariage qu'il ferait par la suite, devait être marqué par la fidélité à une seule épouse, selon la règle stricte que son père avait offensée.

Depuis le retour du prêtre, la paix et l'harmonie s'étaient également rétablies dans le pays. Le roi, le prêtre et l'Enseignant des enseignants travaillaient tous comme un seul homme. Le nouvel ordre prit racine en Égypte, et le processus de croissance s'amorça sérieusement.

L'APPEL DU LOTUS

Avec le retour du prêtre, une nouvelle époque, brillante, avait commencé. L'appel était lancé à toutes les nations de «venir voir» ce qui se réalisait en terre d'Égypte.

Au nombre de ceux qui sont venus – pour la plupart, chefs spirituels de leurs pays d'origine, – il est fascinant d'observer que plusieurs, bien qu'appartenant aujourd'hui à différentes couches sociales, se sont réincarnés pendant la vie d'Edgar Cayce, attirés à lui par une force intérieure. Ils apparaissaient habituellement comme par hasard. Quelques-uns sont partis. D'autres ont choisi de travailler encore une fois avec le même «prêtre régénéré» qui les avait déjà appelés dans le pays du lotus, mais cette fois dans un lieu nommé Virginia Beach, en Amérique, rassemblés pour «préparer les activités individuelles des divers services offerts à leurs semblables».[25]

En effet, il y avait plus que des coïncidences entre la vie et les activités du prophète-guérisseur du vingtième siècle, Edgar Cayce, et celle de son ancien moi dans le rôle du grand prêtre Ra. Plusieurs lectures indiquaient que le même modèle revenait cycliquement dans un but précis et répondait actuellement à un besoin récurrent.

Dans une lecture donnée le 3 septembre 1931 pour l'épouse d'Edgar, Gertrude, qui avait été sa compagne Isris (appelée plus tard Isis) durant la période égyptienne, on posa la question suivante: «Traversons-nous maintenant une période semblable à la période de l'exil en Égypte?» Cette question fut soulevée parce que, environ neuf mois auparavant, Edgar avait souffert d'être séparé d'un ancien ami et bienfaiteur, M. (900), un jeune courtier juif, qui avait été, incidemment, le jeune conseiller égyptien, Aarat – celui dont le conseil au roi, joint à celui d'Asriaio, avait conduit au décret d'exil. Cette entité venait de plus, de retirer soudainement son soutien financier ce qui avait forcé l'Hôpital Cayce à fermer ses portes et fait avorter un rêve d'Edgar: la possibilité d'avoir un endroit où il pourrait mettre en pratique ses méthodes de guérison holistiques. Mais la réponse donnée alors offrait une assurance consolante:

> Plutôt *la période du retour, pour ceux qui sont associés dans le* présent *du désir de* cette *période, de poursuivre plus* avant, *voyez-vous?* Bannissement, *cette période où le conflit, la méfiance, les fausses activités, les doutes sur ses gestes, les milieux et environnements changés. N'est-ce pas neuf lunes ou mois depuis le changement?* (538-30)

L'allusion aux neuf lunes (par contraste avec un cycle de neuf soleils, ou années à l'époque égyptienne) se référait, bien sûr, à la relation brisée avec (900) en janvier 1931. Même si l'hôpital n'a pas rouvert ses portes, Cayce a cependant reçu la coopération de nombreux médecins qui voulaient appliquer sa façon d'aborder la guérison comme un tout composé de trois aspects et traiter le corps, le mental et l'âme comme une seule et même chose. Cela marque le début du mouvement de guérison holistique aujourd'hui populaire. Les plus éminents de ces pionniers étaient le Dr. Harold J. Reilly, dont le Reilly Health Institute du Rockefeller Centre, New York, était une «Mecque de la santé» servant plusieurs personnalités importantes et cela pendant plusieurs décades. Le Dr Reilly devait apprendre, à travers une lecture d'Edgar Cayce, qu'il lui fut associé dans les guérisons de l'Égypte.

Démontrant toujours le parallèle entre le cycle égyptien d'Edgar Cayce, la Lecture 254-47 disait que «l'on essaie beaucoup de choses actuellement, tout comme dans l'autre expérience» et que «le cycle s'est déroulé jusqu'à cette période où les entités individuelles se réunissent de nouveau sur terre pour un travail défini.»

Enfin, dans l'une des propres lectures de vie d'Edgar Cayce, les parallèles avec la période égyptienne étaient clairement articulés:

> *Il a été communiqué encore et encore à travers ce canal-ci que cette période d'activité de l'entité Edgar Cayce répond ou suit de très près les activités rattachées à l'expérience de ce qu'on appelle la période égyptienne; il y eut une période d'exil, une période d'amendement, puis vint la période de régénération.* (294-197)

On nous dit que cette époque égyptienne peut être considérée comme la période la plus importante de l'histoire mondiale.[26] Si tel était le cas, nous n'avons aucune raison de douter que nous sommes actuellement au milieu d'une époque également marquante historiquement, puisque le cycle se répète à un niveau évolutif plus élevé. Mais les signes encore plus visibles se trouvent à venir. Nous en discuterons dans un des chapitres qui suivent.

Parmi les maîtres spirituels les plus éminents qui allèrent en Égypte après la régénération de Ra, il y eut Ajax, l'enseignant de l'Atlantide, Saneid de l'Inde, Yak des Carpates et le vénérable Tao de la Mongolie, ou comme on l'appelait alors la terre de Gobi. Ils vinrent apprendre directement de Ra (porte-parole, en quelque sorte de l'Enseignant des enseignants) les dogmes dont l'influence unifierait l'humanité régie par la Loi de l'Un.

Ce fut une merveilleuse expérience de partage, bien qu'un peu moins fructueuse avec l'Atlantéen qu'avec les autres. Il avait tendance à se tenir à l'écart. Malgré toute sa noble sagesse, ce compagnon défavorisé paraissait souffrir d'un trait typique des Atlantes – le sentiment de supériorité:

> *L'entité trouva en fait peu d'aide autour d'elle, critiquant les faiblesses du pouvoir royal, ne voyant rien de commun avec le prêtre qui avait fui; trouvant des choses qui n'arrivaient pas à la hauteur de ce qu'il avait connu en terre (Atlantéenne), il se retira à cause des unions – en particulier – entre le prêtre et ces femmes, ou celles du sexe opposé dans le pays. Ainsi il a bâti beaucoup de choses qu'il doit dans l'expérience actuelle rencontrer, compter et envisager – s'il veut gagner ce qui est requis pour l'évolution de l'âme.* (487-17)

Ainsi, Ajax fut perdant dans cette expérience. Mais la même entité, qu'on appelait alternativement Ax-Tell («Ax-Tell et Ajax étant le même, comme force unifiée», explique la Lecture 1007-3, qui suggère que le fier Atlantéen a pu être l'un des derniers survivants de cette très ancienne classe d'androgynes), entra dans la vie présente avec une chance unique de se rencontrer lui-même: il choisit d'être associé de près au prêtre dont il avait un jour exagéré les fautes tout en rabaissant ses vertus. Qu'elle ait utilisé à fond cette chance, seule l'entité peut en juger.

Il était en effet vrai que Ra avait une faiblesse pour les femmes. On ignore si sa compagne antérieure Isis (autrefois Isris) maintenant vénérée par son peuple et virtuellement élevée au statut de reine, avait pu choisir de mener une vie de célibat. On sait que Ra chercha ailleurs une compagne. Il la trouva durant son déclin dans une série de femmes belles et obligeantes. Lui aussi, bien sûr, bâtissait ce qu'il devrait un jour affronter en lui...

Il allait essentiellement l'affronter dans une incarnation beaucoup plus tardive, celle de sa «double» venue sur le continent américain sous l'identité du vagabond et prodigue John Bainbridge.

C'est dans l'ancienne Delhi et autour de cette ville, dans le pays qu'on appelle aujourd'hui l'Inde, que l'enseignant Saneid apporta tout d'abord «l'unification des enseignements venus des autres pays» à son peuple,[27] car il avait tiré grand profit de son échange de vues avec Ra et les autres guides spirituels lorsqu'il avait répondu à l'appel de la belle ville de Béthel.

Il n'est donc pas tellement surprenant que ce soit encore en Inde qu'il se réincarna pour la dernière fois, vers la fin du siècle dernier, comme professeur de yoga. Dans ses voyages, il finit, bien sûr, par se rendre en Amérique pour y rencontrer enfin Edgar Cayce – rencontre qui sembla confirmer, d'une manière particulièrement claire, l'idée si souvent exprimée dans les lectures psychiques de Cayce, qu'aucune rencontre ne se fait par hasard. Ils se revirent comme des frères perdus – comme ils ont bien pu l'être, une fois, en terre anglaise (mais cette histoire appartient à un autre chapitre).

Une princesse des Carpates, région d'où venait le peuple d'Arart, arriva à Béthel.

> *Comme il se présenta des temps où l'invitation (comme on pourrait l'appeler aujourd'hui) fut faite à* chaque *pays de se familiariser avec les activités du roi, du prêtre et des Atlantes de cette époque, nous*

trouvons que l'entité s'adonna à ces activités-là à un âge où – comme on le dirait aujourd'hui – elle venait d'atteindre la maturité – donc *à trente-trois ans. Là nous trouvons l'entité parmi ceux qui non seulement donnaient mais recevaient. Car, dans la loi éternelle, comme vous donnez vous recevez en compréhension. L'entité demeura... jusqu'à ce que commença l'exode de ceux qui allaient devenir émissaires, enseignants et ministres dans divers pays où ils devaient se rendre pour poursuivre leur expérience... L'aide leur vint par quelqu'un qui aida à poursuivre l'évolution supérieure – qui surgit de ce pays où l'entité, ses descendants et ces périodes d'activité firent venir la souche de la première pure race blanche dans les Carpates.* (1472-10)

Dans une incarnation beaucoup plus récente en Terre Sainte, cette même entité devait puiser dans l'enrichissement spirituel tiré de ses voyages et études en Égypte et ailleurs. Son rôle était béni: enseignante essénienne du nom de Judy, elle instruisait Jésus petit garçon dans la Loi de Dieu et plus tard, elle s'occupa de L'envoyer étudier chez d'autres enseignants en Inde, en Perse et en Égypte pour une préparation plus complète.

Plus près de lui, en Égypte, il y avait deux êtres qui devaient en quelque sorte «rendre des comptes».

Le vieil Asriaio, cet habile conseiller-en-chef de deux rois, survécut, mais il avait perdu tout pouvoir dans le pays. Cependant il devait être «immortalisé» de la façon la plus curieuse et la plus inattendue. Ce sont ses traits impassibles et asexués, sous l'antique coiffe du conseiller, que l'on aperçoit dans le Sphinx, ce mystère de tous les temps.

Dans une incarnation d'aujourd'hui, cependant, il se trouva en face d'un destin moins désirable:

Q-46. Est-ce le moment de demander le conseil de 953?
R-46. Oui. L'individu profite souvent de leur lumière, com-

me c'est le cas ici. Un grand bien pour tous pourrait venir du conseil de l'individu appelé (953), mais cet individu ne peut être mené, et on ne peut dire que l'œuvre ne réussirait pas s'il ne s'y appliquait pas. Au contraire, il se trompe et il lui sera nécessaire encore et encore de venir dans une situation plus humble et plus servile, parce qu'il a failli dans la condition présente. (254-47)

*Sic transit gloria!** De la face du Sphinx aux poussières de l'histoire...

Le second personnage était le conseiller Aarat qui s'était joint à Asriaio pour conduire le prêtre en exil. Au retour du prêtre, on ne le poursuivit pas – on l'ignora tout simplement. De nos jours, il a joué le rôle d'un des bienfaiteurs d'Edgar Cayce, qui l'aida à son tour: personne ne reçut autant de lectures que l'entité (900), plusieurs portant sur des sujets d'intérêt personnel tels que des investissements en bourse, des interprétations de rêves personnels ou encore des conseils sur diverses relations interpersonnelles. Mais comme (900) prenait peu à peu une attitude de «propriétaire» dans diverses affaires personnelles et journalières d'Edgar Cayce, y compris la présentation des lectures, le médium indigné décida que son indépendance et sa liberté étaient plus importantes que l'aide de (900). La relation fut rompue.

Il se peut que les deux hommes aient été à blâmer. Chacun avait une part de karma à régler avec l'autre. De plus, les racines de leur karma impliquaient une autre incarnation à Troie, incarnation qui eut lieu après celle d'Égypte (ce dont nous parlerons dans un autre chapitre). Un regard impartial sur les faits nous apprend cependant que c'est M. (900) et non Edgar Cayce, qui y perdit. Ce dernier y gagna, car la vraie croissance dans l'«œuvre», c'est ainsi qu'on finit par l'appeler, commença avec la disparition de (900). Nous souhaitons de tout cœur

(*) Ainsi passe la gloire!

qu'il ait une autre occasion dans une future vie. Il fut à bien des égards un homme remarquable, doué d'un intellect perçant et d'un esprit chercheur. À part les nombreuses lectures de nature strictement quotidienne et personnelle qu'il reçut, il nous légua aussi un corpus substantiel de lectures demandées à M. Cayce sur des sujets très étendus de nature métaphysique et philosophique.

Lui aussi avait entendu l'appel du lotus, bien que dans un nouveau pays et à une période plus reculée et il était allé trouver l'ancien prêtre, en quête de réponses spirituelles.

LA PYRAMIDE DE LA CONNAISSANCE

Parmi tous les mystères et merveilles de tous les temps, je pense qu'on peut dire avec assurance qu'aucun ne surpasse l'étonnante Grande Pyramide de Gizeh.

Au cours des siècles, les égyptologues se sont affairés à inventer nombre de théories «scientifiques» expliquant ses origines et son but, de même que son mode de construction, mais aucune de ces opinions contradictoires n'a réussi à remettre en question l'ancienne croyance ésotérique. Selon celle-ci, la pyramide, dont l'origine remonte beaucoup plus loin dans le temps que ne l'autorise l'opinion scientifique actuelle, n'a jamais été construite pour être le tombeau d'un pharaon – que ce soit Chéops ou autre – mais plutôt pour devenir un temple d'initiation et un observatoire astronomique. Construite par d'anciens initiés auteurs de réalisations techniques fort sophistiquées, bien avant la culture pharaonique connue, elle contenait aussi, dans les mesures précises de ses chambres et de ses couloirs, des archives sacrées sur les événements à venir réservées à ceux qui pouvaient interpréter ce qui était écrit dans l'espace et la pierre, dans le contour, l'angle et l'élévation.

Les lectures de Cayce, bien sûr, soutiennent l'interprétation ésotérique. Elles vont même plus loin. Non seulement elles dévoilent le mystère du passé, mais elles ajoutent beaucoup de renseignements étonnants qui serviront à notre avancement contemporain.

Une chose que nous apprenons, et que la plupart des occultistes ont soupçonné, c'est que le rôle du Sphinx dans le dessin complexe de l'ensemble Gizeh réalisé sous la direction de Ra et Hermès, était bien plus qu'ornemental.

Le Sphinx, commencé, en réalité, avant le retour d'exil du prêtre, devait symboliser le mélange de l'homme et de la bête que la purification produite par le service dans le temple épurerait et redresserait, car «en ce qui concernait les peuples de cette époque, une grande part de l'animal – complètement éliminée dans l'Atlantide – demeura chez les peuples pendant leur évolution égyptienne.»[28] (Le visage calme, réfléchi du conseiller-en-chef, qui orne le corps léonin, était simplement emblématique, bien sûr, puisque Asriaio était l'un des premiers à venir des Carpates et que sa racine tribale était pure.)

Après le retour du prêtre, le Sphinx fut complété. Il prit alors une signification spéciale d'une nature cachée. Il devenait maintenant une sentinelle, un garde, avec une chambre secrète allant de la patte droite de la mystérieuse statue jusqu'à une pyramide souterraine que l'on construisait tout près, entre le Sphinx et la rivière. La pyramide enfouie devait devenir un entrepôt pour les archives de la grande civilisation atlante, maintenant à son déclin. Elle hébergerait aussi plusieurs artefacts de la civilisation égyptienne de cette époque notamment certaines tombes et tablettes, différents instruments de musique, alors en usage, et autres objets. Enfin, cette pyramide contiendrait les archives du Christ, placées ici apparemment par Hermès et mettant un accent prophétique sur l'annonce de sa propre destinée – «ces registres de la préparation de l'homme, du Christ, sont encore à découvrir parmi ceux de la tombe, ou parmi ceux qui restent à découvrir dans la pyramide (des archives),»[29] cette destinée devant atteindre son point culminant lors de la Seconde Descente du Christ en 1998.

L'un de ceux dont le sarcophage fut placé dans la sécurité de la pyramide enfouie, avec trente-deux tablettes contenant des archives préparées par l'entité même, était la fille préférée du prêtre, Aris-Hobeth – un nom qui, on ne peut s'en étonner veut dire «La Favorisée». On trouve ici une histoire incroyablement étrange et étonnante – qui devra attendre un chapitre beaucoup plus tardif.

La Pyramide des Archives finalement achevée, il fallait la sceller par un rituel compréhensible seulement à un initié formé. Le sage atlante Hept-supht, qui avait surveillé le scellement des archives maintenant englouties de l'Atlantide avant d'émigrer en Égypte, fut choisi pour cette cérémonie occulte par le roi, le prêtre et l'Enseignant des enseignants. Le nom même de Hept-supht, celui qui «aide à tenir fermé», indiquait en effet combien il convenait à ce rôle sacré; il lui avait probablement été donné comme désignation honorifique suite à la cérémonie qui s'était déroulée autrefois en Atlantide.

Dans un rêve ou une vision venu inexplicablement au milieu d'une lecture qu'il donnait pour quelqu'un qui apparemment avait été présent à cette cérémonie, Edgar Cayce ressentit un vague rappel de ce rite antique et des festivités qui l'entouraient:

> *Il y avait une grande assemblée de gens sortant pour consacrer un tombeau (sic) qu'on bâtissait ou préparait pour quelqu'un, et il y eut sept jours de réjouissances avec toutes sortes de danses, de prières et de chants. Juste avant la dernière cérémonie, je vis quelqu'un monter jusqu'au sommet de cette pyramide ou chose en forme de cône et faire résonner une grande plaque de métal quelconque, ou, peut-être, de laiton.* (294-131)

Il chercha et reçut une interprétation:

> *Ceci, comme il apparaîtra sûrement à ceux qui sont concernés,* était *la levée du rideau – pour ainsi dire – sur un événement physique contenant un*

> *renseignement auquel le corps de l'entité (Mme 2741)* était *associé. Cela représente la période à travers laquelle certains tentent encore de réaliser des choses physiques semblables à celles de cette époque. De là peut venir une plus grande connaissance de l'époque, une meilleure compréhension des liens entre les individus et la façon dont ils peuvent s'ajuster, ce qui peut créer une corrélation avec les expériences qui se produisent au jour le jour.* (294-131)

Suivaient trois questions et réponses:

Q-6. Était-ce là l'expérience... égyptienne perçue?
R-6. Égyptienne. Car c'était la consécration de ce tombeau ou de cette pyramide conique non encore découverte, et le tombeau de tant de gens associés ensemble à cette époque.

(Note: plutôt que de l'appeler «tombeau», la plupart des lectures suivantes identifiaient cette pyramide soit comme le «Temple des Archives», soit comme la «Pyramide des Archives», mais de toute évidence, ce bâtiment servait aussi de tombeau, pour autant qu'il préservât les restes d'Aris-Hobeth et d'Arart I, entre autres notables.)

Q-7. Qui fut l'individu qui monta jusqu'au sommet et fit résonner la grande plaque d'un métal quelconque?
R-7. Cette entité ne s'est pas encore approchée pour recevoir des renseignements. Quand elle viendra, cela lui sera donné.

Q-8. À quelle période de l'époque égyptienne cela a-t-il eu lieu?
R-8. Quand le roi qui était entré (Arart I) préparait son propre échec. Le père du jeune roi, c'est-à-dire le souverain. (294 131)

Cette lecture fut donnée en janvier 1932. Il fallut attendre septembre de l'année suivante avant que l'entité identifiée comme Hept-supht ne vienne recevoir l'information. Il lui fut alors dit sans ambages: «Ainsi, celui qui garde les archives, qui conserve caché, ou Hept-supht, fut fait ou choisi comme celui qui devait les *sceller* dans le tombeau.»[30]

Il reste cependant une certaine confusion au sujet de quelques réponses données dans cette lecture (378-14), confusion qui a été en partie dissipée par la lecture qui suivit, donnée un mois plus tard pour le même individu (Lecture 378-16). Apparemment, Hept-supht officia aux cérémonies du scellement impliquant à la fois la Grande Pyramide de Gizeh (alors appelée la Pyramide de l'Entendement) et le «tombeau», bien antérieur, ou Pyramide des Archives. Il faut éclaircir complètement ce point avant de poursuivre. Voici donc comme confirmation un extrait de la Lecture 378-16:

> *On pourrait fournir beaucoup de choses touchant les activités de l'entité (Hept-supht) qui scella du sceau d'Alta et des Atlantes, ainsi que sur l'aide accordée pour l'achèvement de la pyramide d'initiation (Gizeh, ou la Pyramide de l'Entendement) tout autant que sur les registres qu'il reste à découvrir (c'est-à-dire la Pyramide des Archives).* (378-16)

Avant de poursuivre, il nous faut établir un autre fait. Selon une de ses propres lectures de vie,[31] l'entité connue comme «le jeune roi» – ou Araaraart II – régna seulement quatre-vingt-dix-huit ans, mourant apparemment à cent quatorze ans (il monta sur le trône à seize ans, le lecteur s'en souviendra, et à trente ans environ, il exila le prêtre). Si bien qu'en se référant au «scellement des chambres des archives», la Lecture 378-16 mentionne spécifiquement la présence du Roi Araaraart, entre autres. Cela nous dit clairement que le scellement de la Pyramide des Archives a dû se passer quelques décades après la cérémonie, en même temps que l'achèvement de la pyramide de Gizeh, ou de la Pyramide de l'Entendement, commencée en 10 490 av. J.-C. et complétée cent ans plus tard, en 10 390 (Si le roi avait vécu pour assister à cette cérémonie, son âge eût été de cent cinquante ans ou plus!)

Ainsi, fort de ces préliminaires, le lecteur informé peut maintenant poursuivre avec assurance et, je l'espère, le moins de confusion possible. Le seul obstacle qui empêche de comprendre clairement certains des extraits pertinents qui suivent, est le langage même des lectures. C'est pourquoi j'ai inclus des parenthèses qui peuvent aider à leur interprétation. En particulier, le lecteur peu habitué aux lectures d'Edgar Cayce doit se rappeler que les réponses données par le médium endormi représentaient invariablement une réponse très *littérale* aux questions posées. Donc, si la manière de poser la question était irréfléchie ou imprécise, il y avait une forte probabilité d'avoir des réponses confuses ou déroutantes. Donnons le passage suivant comme exemple:

Q-3. Était-ce l'entité (Hept-supht) qui à l'achèvement de la pyramide, fit résonner la plaque de métal?

R-3. Celle qui fit résonner le métal à l'achèvement de Gizeh (la Grande Pyramide ou Pyramide de l'Entendement), (avait aussi) *scellé* les archives dans le tombeau (Pyramide des Archives, ou «tombeau» pyramidal) encore à découvrir. (378-14)

Or, on pourrait objecter que celui qui posait la question en prenait beaucoup pour acquis. Après tout, il s'était passé un an et neuf mois entre la première référence, dans la Lecture 294-131, et le rituel du métal résonnant qui se rapportait au scellement de ce qui s'appelait dans cette lecture particulière, «ce tombeau ou première pyramide conique non encore découvert». Dans la mesure où Hept-supht avait aussi officié au scellement de la pyramide de Gizeh, Cayce semble ici «s'insérer», en fournissant à l'interlocuteur négligent une réponse qui était totalement exacte dans la perspective de son état de transe, mais qui ne l'était *pas* autant par rapport à celle de celui qui posait la question. Nous retrouvons sans cesse ce type de difficulté dans les lectures, ce qui produit une confusion indue dans les réponses données. (Cela a fourvoyé maint chercheur «du dimanche», j'en ai bien peur, et a fait publier plusieurs fausses interprétations de ce que Cayce a ou n'a pas dit.)

La Lecture 378-16 fait une affirmation qui nous paraît très instructive – si on l'étudie *avec soin.* On semble y lire la distinction entre les deux cérémonies, séparées par quelques décades – l'une se rapporte à la pyramide «tombeau», ou chambre des archives, qui semble avoir réuni une grande masse populaire, sans doute en hommage au Roi Arart I et à d'autres, enterrés là, avec les registres; l'autre, beaucoup plus tardive, a trait à la cérémonie du scellement de la Grande Pyramide, de nature plus ésotérique et restreinte:

> *Dans les chambres d'archivage (la Pyramide des Archives), il y avait plus de cérémonies que dans l'appel populaire lors de l'achèvement de celle appelée la pyramide (c'est-à-dire la pyramide de Gizeh, ou Pyramide de l'Entendement).* (378-16)

Voici une description fort intéressante de la cérémonie du métal frappé et d'autres rites qui eurent lieu lors de l'achèvement officiel de la Grande Pyramide de Gizeh (comme on l'appelle communément aujourd'hui):

> *Lors de l'achèvement de celle appelée Gizeh, on monta ce qui compléta son sommet, composé d'une combinaison ou d'une fusion de laiton, de cuivre et d'or, qui devait être frappé lorsque tous les initiés seraient rassemblés autour de l'autel ou de la pyramide. Le fait de frapper ce métal est devenu, comme il est nommé, l'appel – dans divers pays – à la prière, aux armes, à la bataille ou au service pour n'importe laquelle des activités où l'on dirigeait ou influençait les masses.*
>
> *Donc, en décrivant les cérémonies de consécration ou des activités qui commençaient avec la mise en rang, dans l'ordre, des prêtres et des initiés, suivant leur adhésion à la Loi de l'Un qui fut inaugurée par les activités de Hept-supht durant cette époque, le fragment du sommet ou du haut était accordé à*

> *quelqu'un qui agissait en tant que chef – comme on l'appellerait dans de semblables activités ayant lieu ailleurs dans le pays, ou à mesure que les nations atteignaient ce genre de service. Et le prêtre (Ra), avec ceux qui étaient rassemblés sur le passage et autour du chemin menant vers différents niveaux de la pyramide, offraient alors de l'encens aux dieux qui demeuraient parmi ceux qui pratiquaient ces activités dans la phase de développement de ces peuples.* (378-16)

Dans la même lecture, nous trouvons un récit fascinant de la cérémonie antérieure liée au scellement des chambres d'archives (qui devaient être ensevelies sous les sables), avec une allusion à la période future où ces chambres seraient ouvertes, et par qui:

> *Car ici, ceux qui étaient formés dans le Temple du Sacrifice aussi bien que dans le Temple de Beauté l'étaient en rapport avec le scellement des chambres d'archives. Car celles-ci devaient être gardées telles que transmises par les prêtres d'Atlantide ou de Poseidia (le Temple), lorsque ces archives du développement des lois touchant l'Un furent mises dans la matière ou l'expérience terrestre, jusqu'à ce que le changement sur terre soit imminent. Ce changement, nous le voyons, commence en '58 et s'achève avec les changements produits par les bouleversements et l'ébranlement des pôles, avec le commencement du règne en '98 (selon la mesure présente du temps) de ces influences données par plusieurs dans les registres gardés par les habitants de cette terre de peuples sémitiques.*
>
> *Alors les* scellements *étaient les activités de Heptsupht avec Ra Ta (Ra) et (Isis) et le roi Araaraart, au moment où se rassemblaient tous les peuples pour le scellement des archives. Il y avait aussi l'en-*

> *cens des autels du Temple et des autels de la purification ouverts pour ces activités sur le terrain entourant ce tombeau ou temple d'archives. Et les peuples furent souvent purifiés de ces choses ou conditions qui les associaient aux royaumes inférieurs qui avaient amené dans tous les pays ces adorations de Ballilal (Bélial) et les désirs surgis d'associations et influences charnelles* (378-16).

Cette référence au «règne en '98» coïncide avec la date donnée par Edgar Cayce pour la Seconde Venue du Seigneur.[32] Dans une autre lecture encore, il était indiqué qu'un messager, identifié comme Jean Peniel (une incarnation de Jean le Bien-aimé) précéderait le retour sur terre du Messie.[33] Et le propre retour de Cayce était annoncé pour cette année surchargée, 1998, où il était dit qu'il se réincarnerait dans le rôle d'un «libérateur» [34] du Nouvel Âge.

Entre-temps, qu'en sera-t-il de l'ouverture des chambres d'archivage? Cela sera-t-il aussi un événement du Nouvel Âge, prévu pour la prochaine génération? Il le semble bien:

> *Cette (Pyramide d'Archives) ne peut être pénétrée sans un entendement, car ceux qui ont été posés comme gardiens* ne peuvent *être passés qu'après une période de régénération sur la Montagne, ou lorsque commence la cinquième race*. (5748-6)

Sans nous occuper des obstacles qui seraient mortifiants et éprouvants pour la plupart d'entre nous, l'espoir a continué de grandir dans le cœur de plusieurs «auto-initiés» qui connaissent cette prophétie de Cayce mais qui en ont ignoré une autre que nous citerons sous peu. Par conséquent, il y a eu de nombreuses et vaines tentatives de la part d'individus ou de groupes divers «psychiquement inspirés» qui ont visité la plaine de Gizeh depuis la mort de Cayce dans le but de localiser l'entrée cachée menant au tombeau des archives qui gît sous la garde jalouse de la patte droite du Sphinx impassible.

Cependant, les lectures identifiaient clairement Hept-supht comme celui qui recevrait les directives données spirituellement, quand le temps serait venu. Elles nommaient deux autres personnes qui devaient le rejoindre, dont l'une en tant que guide, ajoutant: «Ceux-ci apparaîtront».[35]

M. (378), qui avait été Hept-supht, mourut le 7 mai 1960. Sa prochaine apparition sur terre, probablement prévue pour l'époque où diverses transformations vont annoncer le Nouvel Âge au tournant de ce siècle, indiquera sans doute le moment choisi. Ce sera celui où la cinquième race commencera.

De toute façon, un tel scénario est celui qui semblerait logique à quiconque se voudrait complètement fidèle au texte de Cayce.

Nous devons maintenant aborder un autre sujet qui constitue, pour certains, l'énigme ultime. Mais ce n'est ainsi que parce qu'ils conçoivent l'époque de la construction de la Grande Pyramide comme celle d'une culture primitive sans aucun de nos avantages scientifiques. Cependant, n'importe quel ingénieur qui a examiné la pyramide, notant le caractère ésotérique de ses alignements et mesures, de même que l'étonnante précision avec laquelle les blocs massifs de sa fondation furent taillés et assemblés, doit être convaincu que tout ce travail a été l'œuvre d'un génie vraiment remarquable. On croit, du reste, que c'était là le prototype de toutes les autres pyramides, moins grandes, qui parsèment l'histoire égyptienne et retracent le déclin de sa splendeur. En 1880, c'était l'opinion expresse de William Flindus Petrie, un ingénieur mécanicien qui s'était donné la tâche difficile de mesurer le complexe pyramidal sous tous les angles imaginables et que la précision admirable de chaque détail menait vers une seule conclusion: ce *devait* être le fruit d'un seul esprit. La raison de ce verdict intéressant? Petrie insistait sur le fait que seul un génie phénoménal, d'une qualité rencontrée une fois tous les mille ans, avait pu concevoir une structure aussi merveilleuse. Nous sommes obligés d'être de son avis, tout en concluant que le Maître des hommes, Hermès, a été ce génie.

Ceci nous amène à une question à laquelle seules les lectures d'Edgar Cayce, à ma connaissance, ont pu répondre de façon ferme et non spectaculaire. Toutefois, la réponse du médium de Virginia Beach n'était vraiment pas calculée pour rencontrer des critères acceptables aux yeux de la recherche scientifique actuelle:

Q-14: Comment cette Grande Pyramide de Gizeh fut-elle bâtie?

R-14: Par l'utilisation de ces forces naturelles qui font que le fer puisse nager. La pierre flotte dans l'air de la même façon. Cela sera découvert en '58. (5748-6)

Le principe impliqué tout d'abord est assez facile à comprendre: en autant que l'air est plus léger que l'eau, le poids du vaisseau de fer doit être annihilé par une traversée assez rapide de l'air qui puisse contrecarrer les forces gravitationnelles. Mais comment une pierre peut-elle flotter dans l'air de la même manière? Les principes aéronautiques modernes (selon lesquels la pierre pourrait bien sûr être transportée d'un lieu à un autre) ne semblent pas être ceux dont parlait Cayce, pour autant qu'il se soit référé à un principe de suspension de poids encore inconnu alors (1932) et qui serait découvert en 1958. Cette année-là, le Professeur W. Heisenberg annonce la découverte d'une théorie de champs unifiés qui relient la masse, l'énergie et la gravité. Ceci nous amène dans le champ ésotérique de la physique touchant les neutrinos et l'anti-matière, entre autres sujets mystérieux qui en sont encore à l'étape théorique.[36]

Nous soupçonnons cependant que, dans les lectures d'Edgar Cayce sur l'Atlantide, les références fréquentes à ce qu'on a appelé les «forces noires» employées par les Atlantéens en rapport avec les principes de contrôle d'énergie peuvent cacher une ancienne connaissance que nos physiciens ne font que redécouvrir.

Heureusement toutefois, Cayce ne s'arrêta pas à cette seule explication. Il nous en donna une autre, d'une nature plus spirituelle et qui se référait aux «activités de ceux qui connaissaient ce qui a trait à la source de la toute-puissance». Et il ajouta:

> *Car aussi longtemps qu'il y a ceux qui dans leur pureté de corps, d'esprit et d'action sont fidèles à la loi du Dieu Un, il y a toujours ce qu'il faut pour satisfaire aux besoins, ou pour commander aux éléments et à leurs activités.* (5750-1)

En termes pratiques, ce principe spirituel ou cette loi se manifesta apparemment, sous la forme d'une espèce de force gravitationnelle employée par ce que nous appellerions aujourd'hui la «flotte aérienne»:

> *Et avec le retour et le rétablissement de ces activités particulières au Prêtre et venues d'autres pays, l'entité se trouvait alors jouer le rôle d'aide vis-à-vis de* ceux qui utilisent les Forces Universelles pour ajuster les pierres. *Elle aidait aussi à préparer ceux qui se chargeaient de communiquer avec les autres pays. Elle était avec ce qui pourrait s'appeler aujourd'hui la flotte aérienne.* (820-1)

Ici enfin – bien que cela ne satisfasse pas l'esprit scientifique, j'en ai bien peur – nous trouvons l'application de la loi spirituelle à un niveau matériel pour expliquer comment Hermès, Ra et les autres initiés impliqués dans la construction de «la Pyramide de l'Entendement ou Gizeh»[37] s'occupèrent des affaires de leur Père Céleste. Plus tard, Jésus devait démontrer cette même maîtrise de l'esprit sur la matière lorsqu'il marcha sur l'eau et calma la tempête. Finalement, je crois qu'un jour viendra ou le scientifique et le mystique pourront contempler de tels phénomènes d'un même regard. Car tous deux reconnaîtront l'unité de toute force, ou la Loi de l'Un.

C'était pour aider à établir cette loi universelle parmi les hommes que Ra est venu sur terre. Plus tard, ayant achevé ce qu'il était venu faire, il partit:

Et quand arriva le temps où la pyramide ou le mémorial fut achevé, Ra gravit la montagne et fut emporté. (294-152)

6. La fuite de Sodome

Quand Lot s'enfuit de Sodome, juste avant sa destruction par l'équivalent ancien d'une explosion atomique, il était accompagné de deux étrangers envoyés pour l'avertir.

L'une de ces deux figures bibliques, selon une interprétation accordée en rêves à Edgar Cayce le 1er avril 1932, n'était autre que lui-même. Mais parce que les deux messagers sont décrits dans Genèse 19:1 comme des «anges» plutôt que comme des hommes, cela souleva une question pertinente dont la réponse introduisit une note d'ambiguïté:

Q.-2. Le corps a-t-il vraiment vécu physiquement en cette période?

R.-2. Comme donné, c'était un de ceux qui étaient envoyés pour prévenir de ce qui allait se passer. (294-136)

Tout ce qui fut vraiment confirmé, dans cette réponse, c'était la nature du rôle de Cayce à l'époque, c'est-à-dire du messager. La question initiale demeurait: un homme de chair ou un être éthérique?

Toutefois, l'ambiguïté fut peut-être intentionnelle (j'expliquerai cela plus tard). Mais comme le sait tout lecteur du dix-neuvième chapitre de la Genèse, les deux messagers du Seigneur qui apparurent à la porte de Lot n'étaient pas des mortels ordinaires. Ils avaient le pouvoir surnaturel d'infliger une cécité temporaire aux hommes de Sodome qui cherchaient à forcer la porte de la maison de Lot et à s'emparer des deux séduisants étrangers pour satisfaire leurs déviations sexuelles, péché caractéristique de Sodome (tout comme celui de son voisin charnel, Gomorrhe, probablement) qui avait attiré la colère divine sur ses habitants.

C'était bien sûr Abraham qui avait intercédé auprès du Seigneur en faveur de son neveu Lot. Dans le chapitre précédent de la Genèse, nous trouvons ce fameux dialogue entre Abraham et le Seigneur touchant le nombre de justes qu'il suffirait d'avoir pour sauver de la destruction une ville condamnée. Cependant, Lot et son clan n'étaient pas tout à fait purs et il s'avéra que leurs vies ne pourraient être épargnées que s'ils écoutaient l'avertissement qui leur serait donné d'évacuer les lieux – une faveur divine obtenue grâce à Abraham.

Et voici maintenant la partie la plus intrigante de l'histoire.

Alors que le dix-neuvième chapitre de la Genèse nomme «anges» les deux messagers du Seigneur, nous les trouvons présentés plus tôt (au chapitre dix-huit) en compagnie du Seigneur lui-même, où on se réfère alors, assez incorrectement, au trio comme à «trois hommes» qui apparaissent soudain aux côtés d'Abraham, assis à la porte de sa tente dans la plaine de Mambré. Plus tard, à la suite d'un incident télépathique impliquant la femme d'Abraham, Sarah, séquestrée dans la tente, le trio se lève et regarde dans la direction de Sodome vers laquelle ils s'en allaient. Le Seigneur se demande s'il doit ou non révéler à Abraham ce qui doit arriver à la ville pécheresse où demeure son neveu Lot. Le récit se poursuit ainsi: «Et les hommes» – sans doute une référence ici aux deux hommes parmi le trio qui accomplirent la mission d'avertir Lot – «détournèrent leur regard et allèrent vers Sodome: mais Abraham se tenait toujours devant le Seigneur.»[1]

Ce n'est pas la première fois que le Seigneur apparaît sous l'aspect de l'un d'entre nous. Nous l'avons rencontré dans des chapitres précédents sous les traits d'Adam, le Fils de l'homme, et plus tard d'Énoch, ou Hermès. Et maintenant je crois que nous le rencontrons sous l'apparence du prêtre-roi Melchisédech, l'incarnation suivante du Maître, selon les lectures de Cayce. Lui qui était «sans père, sans mère, sans descendance, n'ayant pas de commencement ni de fin, mais fait à l'image du Fils de Dieu»[2] – telle est la description biblique de cette incarnation spéciale – est présenté dans les lectures comme «*Melchisédech*, dans la perfection»[3]; et plus loin, comme «celui qui s'était montré à Abraham, comme le prince, comme *Melchizédec*, le prêtre de Salem... *un être humain charnel* manifesté sur terre selon le désir de Dieu le Père de donner à l'homme une autre chance.»[4]

Alors que l'on nous dit qu'«aucun homme n'a jamais vu Dieu»[5], le *Seigneur* est toujours clairement visible à Abraham, quand Il le conduit hors de la ville d'Ur, ou quand Abraham entre dans la terre de Canaan et bâtit un autel au Seigneur, «qui lui apparut»[6] ou lorsqu'à plusieurs reprises Il répand Ses bénédictions sur Abraham.

(Après la victoire d'Abraham dans la «bataille des rois», nous voyons le Seigneur identifié à Melchisédec et salué avec une vénération empreinte de familiarité par le patriarche qu'Il bénit. Leur rencontre antérieure est implicite dans leur façon de se regarder et dans la salutation d'Abraham. Cela s'accorde avec une remarque faite dans la littérature occulte des Hébreux qui veut qu'Abraham ait directement reçu de Melchisédec l'Enseignement originel, transmis ensuite par la Kabbale juive.[7])

La période se référant à Abraham selon la Genèse, se situe six cents ans après Noé. Le Grand Déluge, qui eut lieu durant les dernières années de la vie de Noé, pourrait se situer lui, selon une source au moins, autour de 9600 av. J.-C., amenant ainsi la venue d'Abraham aux environs de 9000 av. J.-C. (Notons que l'origine de cette datation du déluge est *scientifique*: incidemment une équipe de géologues de l'Université de Miami, révéla en 1975 des indices convaincants d'une grande inondation à cette période précise de l'antiquité. Cette démonstration reposait sur la datation radioactive d'infimes coquillages trouvés dans la sédimentation.[8] La correspondance entre cette donnée scientifique et la date de 10 390 av. J.-C. fournie psychiquement par Cayce et qui représente la période de l'achèvement de la Grande Pyramide et de la préservation des archives de la fin de l'Atlantide, à l'époque d'Énoch – quelque sept cents ans plus tôt – est trop remarquable pour qu'on la passe sous silence.)

Du reste nous supposons que Ra et Énoch (ou Hermès) – plus une troisième entité qui n'est pas nommée – se manifestèrent sur terre en même temps, à l'époque d'Abraham et de Lot. Nous pouvons maintenant identifier Énoch à Melchisédec, mais l'identité antérieure de Ra doit demeurer celle d'une entité sans nom. Était-il, tel Melchisédec lui-même, projeté comme une sorte d'être de la «quatrième dimension» d'apparence physique mais, par essence, au-delà des limites mortelles? Cela semble être le cas. Sans avoir atteint cependant le même niveau de développement spirituel que le Maître, qui apparaît sous l'aspect de Melchisédec, peut-être que le prêtre d'autrefois, en tant que co-initié, a pu descendre sur terre dans un corps formé mentalement *selon la volonté du Maître*, pour remplir une mission spécifique et probablement lors d'une brève apparition.

S'il en est ainsi, cela explique les événements, inexplicables autrement, racontés dans la Genèse. Bien plus, cela explique la réponse évasive donnée dans la lecture citée au début de ce chapitre, à savoir, si l'apparition de Cayce à Sodome avait été ou non celle d'une entité strictement «physique». Probablement pas, si l'on entend le mot dans son sens ordinaire.

Les lectures avaient révélé que la venue sur terre de Cayce, manifesté sous l'aspect de Ra Ta, – «ou l'être transposé au plan matériel», comme on le désignait – «était due aux forces infinies ou au Soleil.» Alors que son cycle suivant en tant qu'Uhjltd, durant l'expérience persane, prenait son origine «de ces centres autour desquels circule notre propre système solaire – Arcturus»[9]. Cette allusion à Arcturus était inhabituelle. Elle signifiait, en effet, que l'entité incarnée sous la forme de Ra avait atteint un niveau de développement spirituel qui lui permettait de quitter ce système solaire et d'aller vers Arcturus pour poursuivre son évolution, excluant ainsi le besoin de se réincarner à nouveau sur terre. Pourtant, à la suite de la relation étroite qu'il avait toujours eue avec le Maître, il choisit de lier son karma à celui du Seigneur. Cela le rendit davantage esclave de la chair et conduisit probablement à plusieurs cycles de dégradation, avant la purification complète menant vers une autre remontée. Dans son incarnation au temps de Melchisédec et d'Abraham, il a certainement joué un rôle à peu près semblable à celui de Melchisédec à l'époque. (Arcturus, incidemment, a été identifiée comme l'étoile de l'Enfant-Christ, au-dessus de Bethléhem, ou comme «*Son* étoile».[10] Non seulement a-t-elle été appelée «le centre de cet univers»,[11] mais nous la voyons identifiée à cette sphère vers laquelle partit le Christ ressuscité «suivant son évolution».[12])

Par conséquent – si ma théorie est valable – tout cela explique pourquoi, précisément, on donna à Edgar Cayce une réponse évasive en ce qui concerne son apparition à Sodome. Si on lui avait dit toute la vérité sur sa projection corporelle, y compris la nature probable de son association arcturienne avec le Maître des hommes à cette époque, on peut douter que sa nature (en tant qu'Edgar Cayce) encore non-purifiée eût été spirituellement prête à utiliser de telles connaissances avec l'humilité nécessaire. Si cela semble présomptueux, qu'on se rappelle ici que l'incarnation d'Edgard Cayce en Lucius, chef de l'Église primitive à Laodicée et auteur de l'Évangile selon Luc, ne lui fut pas révélée avant sa soixantième année en 1938. Quand elle fut enfin connue, on lui expliqua que ce long délai avait été nécessaire de façon à ce qu'il restât modeste: «Si cela avait été donné au début», dit la Lecture 294-142, «il y aurait eu enorgueillissement»!

En fait, une certaine instabilité de caractère, démontrée dans les jeunes années de Lucius et beaucoup plus tard dans la «double» apparition de John Bainbridge, dut être affrontée et maîtrisée dans l'incarnation où il était Edgar Cayce. Cela fut fait. Mais au moment où, en 1932, il chercha l'interprétation du rêve qui relatait la vision des deux messagers, dont lui-même, envoyés pour avertir Lot, l'interprétation complète montra que la vision, bien qu'assez réelle, était en fait une sorte d'avertissement qui *lui* était adressé. On lui disait qu'il était éprouvé «comme par le feu», tout comme l'avaient été Lot et sa famille. La femme de Lot avait regardé en arrière et c'est l'irradiation qui, en fait, causa sa mort, lorsqu'elle retarda l'abandon de son passé. De plus, Lot avait ignoré le conseil des messagers du Seigneur de fuir vers le sommet de la montagne. Il choisit plutôt le confort familier de Zoar, une ville toute proche. Même s'il devait changer de cap par la suite, il était trop tard: il avait déjà abandonné ses possibilités spirituelles, ce qui démontrait son indignité.

La comparaison avec le cas de Lot (car ce n'était pas tout à fait un «parallèle») repose sur le fait que la famille Cayce, dans les derniers mois, avait été obligée, à Virginia Beach, de déménager de maison en maison, les résidences qu'ils louaient se vendant à mesure qu'ils commençaient à les habiter. Il y eut un moment de grand découragement auquel s'ajouta la tentation d'«abandonner le sommet de la montagne» (représenté ici par Virginia Beach) et de retourner à l'un des endroits précédents, bien qu'il soit grevé de problèmes. Or, les soi-disant problèmes représentaient alors l'épreuve spirituelle et la croissance.

Cayce fut averti, par conséquent, de s'en tenir au conseil déjà donné par les Forces Universelles qui l'avaient tout d'abord dirigé vers Virginia Beach, le milieu le plus convenable à son développement psychique et sa croissance spirituelle.

Bien entendu, il a écouté l'avertissement. Peu de temps après, il fut dirigé vers la résidence aux toits de bardeaux sur l'Arctic Crescent qui devait être le «foyer Cayce» pour le reste de la vie d'Edgar. Entre-temps, dans une lecture donnée quelques années plus tard, il fut révélé aux Cayce et au groupe grandissant qui le suivait dans «l'œuvre», comme on l'appelait, que Virginia Beach était le centre — le seul port de mer et centre — de la Fraternité Blanche.»[13]

«La Fraternité Blanche», une expression familière aux littératures occultes pour lesquelles elle signifie la fraternité des initiés, ou des adeptes qui a existé depuis la première Atlantide et la Loi de l'Un.

La nature incendiaire de la destruction de Sodome et l'étrange soudaineté avec laquelle les «trois hommes» de la

Genèse (incluant Melchisédec ou le Seigneur) furent capables d'apparaître ou de disparaître, suggèrent un bref appendice à ce chapitre.

Dans le récit biblique de l'holocauste de Sodome et Gomorrhe, le Seigneur fit descendre du ciel «le feu et le soufre» sur les deux villes iniques. Le lendemain matin, Abraham se leva et retourna à l'endroit où il s'était tenu en présence du Seigneur le jour précédent. Ce devait être une petite colline ou une élévation de terrain, car, de cet endroit, il a pu parcourir du regard toute la terre alentour. Et de là où avait été Sodome et Gomorrhe une fumée «s'élevait, semblable à celle d'une fournaise».[14]

Cayce vit aussi dans son rêve «pleuvoir du feu et du soufre» alors que lui et son compagnon, avec Lot, sa femme et ses deux filles, fuyaient la ville condamnée. L'expression «elle se transforma en statue de sel», rappela Cayce, «signifiait qu'ils avaient vraiment traversé la chaleur – celle qui venait du feu tombé du ciel, et tous furent éprouvés par lui. Je traversai le feu.»[15] (Cependant, l'irradiation fut également suggérée par l'avertissement, «ne regardez pas en arrière!»)

Le soufre bien entendu est un composé sulfurique semblable à celui qui serait émis lors d'une éruption volcanique. Mais il n'y a pas de montagnes volcaniques, actives ou pas, autour de la vallée du Jourdain où Sodome et Gomorrhe étaient apparemment situées. Et il n'y a pas d'autres phénomènes «naturels» pouvant expliquer une pluie de feu destructeur. Il nous reste deux options: ou bien cela impliquait une attaque aérienne quelconque, utilisant des bombes incendiaires ou, plus probablement, des armes avancées comparables aux lasers ou aux bombes atomiques.

D'où cela pouvait-il venir?

Les vaisseaux aériens de l'époque atlante avait disparu de la terre peu après que cette culture ait été détruite par un tremblement de terre et une inondation durant les derniers jours de Ra et Hermès, un bon mille ans sinon davantage avant l'époque d'Abraham et de Lot.

Alors, pouvons-nous supposer que Melchisédec et ses compagnons – venus peut-être, d'une planète du royaume d'Arcturus – étaient descendus dans un vaisseau spatial, d'où l'attaque sur Sodome et Gomorrhe fut lancée sur l'ordre du Seigneur?

Cela bien sûr est un peut fort, il faut l'admettre. Et tout ce qui touche à la «science-fiction» ou aux «ovnis» est strictement désapprouvé par tous les porte-paroles officiels de la Fondation Edgar Cayce et son organisation affiliée, l'Association pour la Recherche et l'Éclaicissement, à Virginia Beach. (Les critiques de la recherche parapsychologique sont déjà assez exaspérants tels qu'ils sont, sans avoir à leur fournir de plus amples sujets d'attaques et de moquerie.)

En revanche, aucun chercheur sérieux étudiant le phénomène Cayce ne peut se permettre de négliger un aspect des lectures trop souvent mis de côté parce qu'il est trop embarrassant. En effet, les lectures d'Edgar Cayce *semblent* confirmer l'existence de visites extraterrestres sur notre planète.

Laissez-moi vous citer quelques exemples.

Dans une lecture de vie pour une femme qui avait été «parmi les prêtresses de l'expérience maya» au Yucatan durant une incarnation antérieure, il est fait mention de «ceux qui étaient venus en visite d'autres mondes ou planètes.»[16] De plus, la secrétaire d'Edgar, Gladys Davis, avait ajouté cette note: «(Expériences psychiques de la préhistoire? Vaisseaux spatiaux, soucoupes volantes?)» Mais une étude plus approfondie de la lecture montre que l'incarnation en question, comme la culture maya elle-même, était assez récente et en aucune façon «préhistorique», comme le suggère la note. En fait, la lecture renvoie à la venue de l'armada de Cortez, comprenant onze bateaux, qui accosta à l'est de Mexico en avril 1519, car elle affirme que l'incarnation maya de l'entité «eut lieu juste avant la période où ceux de l'est (lire l'Espagne) étaient venus.» Il y a aussi une allusion aux terribles sacrifices sanglants qui s'étaient ajoutés aux pratiques religieuses des Mayas pendant leur décadence, et qui apparaissaient si horribles à Cortez et à ses hommes.

Dans une autre lecture encore, qui parle de l'incarnation atlantéenne d'un homme de vingt-six ans, nous trouvons cette déclaration importante: «Car les façons de voyager, les modes de communication par les vaisseaux aériens de cette période étaient *tels que décrits par Ezéchiel à une date beaucoup plus tardive*»[17]

Le livre d'Ezéchiel est un livre de visions écrit au sixième siècle av. J.-C.; le tout premier chapitre contient un récit étrange d'une chose aperçue par le prophète:

> *Je regardais et j'aperçus un vent de tempête venant du nord, une grosse nuée, et un feu qui s'entortillait; et il y avait une splendeur tout autour, et de son milieu, du milieu du feu, brillait comme l'apparence de l'airain luisant; et, du milieu, la ressemblance de quatre animaux; et voici leur aspect: ils avaient l'apparence d'un homme. Et quant aux jantes des roues, elles étaient hautes et terribles — et leurs jantes, à toutes les quatre, étaient pleines d'yeux tout autour. Et quand les animaux allaient, les roues allaient à côté d'eux; et quand les animaux s'élevaient au-dessus de la terre, les roues s'élevaient.*[18]

Ce que vit Ezéchiel, Abraham en son temps aurait pu le voir. Mais si c'était le char du Seigneur, il aurait probablement gardé l'étonnement pour lui-même.

7. «Ô roi! Ô Uhjltd!»

Les sables du temps ont enterré une bonne partie de l'histoire, mais, quand les cycles se répètent, ce qui fut une fois enterré peut de nouveau nous être révélé. Nous n'avons qu'à attendre les vents du changement qui soufflent toujours, exprimant la nature instable de la destinée humaine.

Dans une caverne proche de Shuster, dans ce qui est aujourd'hui l'Iran, gisent les ossements enterrés de cet antique chef, enseignant et guérisseur, Uhjltd, qui attendent la visite de futurs archéologues.

La datation au radiocarbone révélerait avec assez de certitude l'époque où il a vécu. Les lectures d'Edgar Cayce, comme on l'a remarqué dans un chapitre précédent, sont plus que précises sur ce point.

Il reste cependant au moins une clé importante, devant laquelle certains sont passés sans l'apercevoir. Déterrons-la.

«Demande à ton oncle Dudley», avaient coutume de me dire mes aînés quand je leur posais des questions agaçantes (c'est-à-dire insolubles). Ensuite, ils se mettaient à rire. C'était, pour mes jeunes oreilles offensées, une réaction complètement insensée qui ne méritait vraiment pas que je la remarque ni même que je la méprise. Je leur donnais cependant ma réplique habituelle: «Mais je n'ai pas d'oncle Dudley!»

Et bien, j'ai fini par le trouver. Et il est vraiment particulièrement ironique que pour ce chapitre qui présente une question tout à fait gênante, ce soit précisément auprès de l'«Oncle Dudley» que nous puissions aller chercher la réponse.

Dudley Wentworthe, selon la Lecture 962-1, était une figure très respectée du Manhattan d'antan. Il y gardait les archives des pionniers anglais et hollandais. À la fois compétent et doux, il jouissait aussi d'une phénoménale mémoire du détail, ce qui lui attira l'expression encore courante: «Demande à ton oncle Dudley!»

Longtemps avant d'être Dudley Wentworthe, cependant, M.(962) avait vécu au temps d'Uhjltd; il avait d'abord été gardien du trésor de la maison de Crésus (nom royal synonyme de richesse et de cupidité, dans une lignée qui a dû être ancienne et cyclique), avant de renoncer à une vie de luxe sybaritique, pour rejoindre le peuple d'Uhjltd dans «la ville des collines et des plaines». Toutefois, un petit morceau du trésor qui nous a été transmis par la lecture de vie de cette entité, était un «cadeau» de sa mémoire inhabituelle, car en fouillant dans les archives akashiques de (962) durant sa période persane en tant que Ixelte, Edgard Cayce trouva de l'or — une date:

> *L'entité était alors parmi les gardiens du trésor pendant le premier et le second Crésus. Car c'était parmi les* premières *expériences, c'est-à-dire environ de sept à dix mille ans av. J.-C.* (962-1)

Ce qui n'est pas très précis, il faut l'admettre. Mais cela éclaircit tout doute quant à l'antiquité du règne d'Uhjltd qui se situait sûrement à l'époque embryonnaire du grand empire irano-aryen qui émergeait à peine.

La datation largement spéculative de Gladys Davis pour l'époque d'Uhjltd, que l'on trouva dans une de ses notes, en bas d'une page, était 8058 av. J.-C. Les «58» ajoutés trouvent leur sens dans une référence faite une fois par Cayce quant au fait que plusieurs périodes importantes de changement avaient commencé dans la cinquante-huitième année d'un siècle donné (tout comme les changements prophétiques de notre époque devraient se produire de 58 à 98).[1] De toute façon, la datation intuitive de Gladys tombe à l'époque dont on vient de parler dans la Lecture 962-1; il semble aussi qu'elle s'ajuste admirablement à l'époque suggérée par la question-réponse d'une autre lecture:

Q-3. À quel nom, s'il y en avait un, renvoyait la «ville des collines et des plaines» (fondée par Uhjltd) à laquelle se réfère le récit biblique?

R-3. Cela se réfère au lieu de séjour de certains des enfants de Caïn, unis plus tard à certains des enfants de Shem.

(288-48)

Le lieu était cependant déjà désert quand Uhjltd arriva, ce qui signifie que les descendants de Caïn et de Shem avaient depuis longtemps abandonné ces terres. Toutefois, si les sources bibliques sont valables, les descendants prolifiques de Shem n'étaient jamais très loin, mais existaient partout où l'on pouvait aller en Perse ou en Arabie. Shem, on s'en souvient, était un des fils de Noé, et l'un des premiers ancêtres d'Abraham, à qui le Seigneur avait promis que sa semence serait aussi nombreuse que les étoiles. Mieux connus sous le nom de peuples shémitiques ou sémitiques, ses descendants s'établirent à travers la Lydie, la Syrie, la Chaldée, des parties de l'Assyrie et de la Perse, et la péninsule arabe au complet. Il est presque certain que leurs tribus s'étaient mêlées aux tribus éparpillées de Ra et de Zu, d'où était issu Uhjltd.

Enfin, dans une autre question touchant la corrélation entre la période d'Uhjhltd et l'histoire biblique, il fut demandé s'il y avait un parallèle possible entre les deux époques. «De Cushi», fut la réponse, succincte et plutôt énigmatique.[2]

Voyons ce qu'il en est. Cushi était bien sûr ce porteur de mauvaises nouvelles qui avait dit la vérité au Roi David au sujet de la mort d'Absalon alors qu'un autre coureur, qui l'avait dépassé, avait protégé le roi en affirmant que «tout allait bien». Joab, dirigeant les forces de David, avait réussi à découvrir, à Giléad, les troupes infidèles dirigées par Absalon après que ce dernier, à la suite d'une tentative d'usurpation du pouvoir détenu par son père, ait «volé le cœur» d'Israël. Le traître avait fui, poursuivi par les hommes de Joab. Cependant, le roi, toujours aimant, toujours pardonnant, avait conseillé avec fermeté à son commandeur Joab: «Traite Absalon avec douceur!» Joab, toutefois, ignora le conseil. Il exécuta le traître quand celui-ci se fut pris les cheveux dans un arbre alors qu'il traversait un fourré. Le parallèle qui existait alors entre les expériences du roi Uhjltd et du roi David ne se trouvait pas dans leur historicité (car leurs vies étaient séparées de plusieurs millénaires), mais dans leur tragédie personnelle et la trahison qu'ils avaient subie. Car, parmi les sujets très fidèles du Roi Uhjltd, il y en eut un qui, par la ruse, corrompit la loyauté d'une partie de sa suite. Cette trahison eut pour conséquence l'assassinat d'Ilya, la femme bien-aimée du Roi, et celui d'Uhjltd lui-même, à la fin.

C'était au temps où les tribus de Ra et de Zu allaient enfin se scinder. Eujueltd, un chef nomade dont le domaine, constamment changeant, était situé sur la frontière d'Arabie et de Perse, vivait avec son clan constitué de restes éparpillés de la tribu de Zu. Au cours de ses vagabondages dans le désert, il rencontra et aima une des plus belles descendantes de la tribu légendaire de Ra, Slumdki.

De leur union naquit Uhjltd.

En plus de certains traits caucasiens, on disait de l'ascendance nomade d'Uhjltd qu'elle combinait la force et les mystères de l'Égypte avec les gloires et les mystères, tout aussi nombreux de l'Inde. Les parents en s'unissant, avaient décidé que leurs corps deviendrait un canal par lequel «une manifestation», témoignant de la gloire de Dieu, pourrait se révéler aux fils de l'Homme. Ainsi, comme le prêtre Ra Ta dans l'incarnation égyptienne de la même entité, Uhjltd s'incarna sur terre avec un but. Son nom (prononcé iou-ou-lt) signifiait «l'exaltation»[3] – pas l'exaltation de l'ego mais du Créateur, qu'Uhjltd devait réaliser en devenant un pacifiste cherchant à unir les factions en guerre autour de lui. Il réussit cela en vivant et en enseignant ce précepte éternel, «la fraternité de l'homme et la paternité de Dieu». Plus tard, son fils Zend, une incarnation du Maître, devait étendre ce principe en présentant au monde un des premiers systèmes élaborés de pensée religieuse, incorporé dans ce qui allait devenir le Zend-Avesta. Mais il revenait au premier Zoroastre, le petit-fils d'Uhjltd et le fils de Zend, d'avoir disséminé et popularisé ces enseignements, sous le nom de Mazdéisme.

Jeune homme, cependant, Uhjltd fut formé à la manière des bédouins. Ce que nous appellerions anarchie était, pour ces durs nomades, un mode de vie normal et nécessaire. Les caravanes étaient dévalisées. Il y eut des attaques et des contre-attaques entre tribus rivales. Mais l'ennemi commun et la cible la plus prometteuse était le roi persan, Crésus, avec sa richesse fabuleuse et sa réputation de cruauté. D'autre part, il maintenait, en plus de son château-fort principal, une école de formation pour jeunes filles qui représentait un présent désirable aux yeux des bédouins amoureux dont les camps manquaient souvent de femmes.

Quant au chef persan et à ses protectorats, ils tâchaient, bien sûr, de combattre sans cesse les nomades et de garder ouvertes les routes de commerce vitales entre la Perse, l'Inde, l'Égypte, la terre d'Égée, la mer Caspienne et les peuples du nord (les Ukrainiens) ainsi que la terre de Macédoine (qui devait plus tard devenir la Grèce).

Le chef de la Perse, pendant la phase initiale de la période Uhjltd, semble avoir été Crésus II, remplacé dans les derniers jours par son fils, Crésus III. Dans un de ces étonnants modèles karmiques si communs à travers l'œuvre d'Edgar Cayce, chacun de ces ex-rois réincarnés dans le siècle actuel, se retrouva à Virginia Beach et reçut des lectures de vie. Dans la partie de sa lecture se rapportant à cette époque particulière, l'entité qui fut Crésus II apprit qu'elle avait été «un homme au cœur dur» qui abusait constamment de son autorité dans ses relations avec autrui.[4] Son successeur, Crésus III, bien que plus humain sur bien des points, surtout en ce qui a trait aux concepts d'éducation, s'était fait dire qu'il avait été «dur pour ceux qui avaient trop d'idées»[5]; on suggérait par là qu'il n'approuvait pas les réformes dans la ville des collines et des plaines gouvernée par Uhjltd, même si la paix avait, depuis, été bien établie entre les deux royaumes.

Uhjltd n'était pas le seul fils engendré par ce grand chef nomade Eujueltd et la belle Slumdki. D'autres ont suivi qui étaient de tendance moins idéaliste que leur frère pacifique. Le deuxième fils, Oujida, était animé d'une rivalité caractéristique entre frères et son amour du combat semblait le rendre cher à son père, alors qu'Uhjltd demeura le favori de sa mère. Oujida commandait la partie du clan qui entreprenait les invasions les plus audacieuses et les plus destructrices, faisant ressortir la douceur d'Uhjltd comme une sorte de faiblesse, même s'il était tenu par les règles du clan à reconnaître la suprématie d'Uhjltd en tant que frère aîné – au moins pour les cérémonies. La façon dont le père encouragea involontairement la dissension est implicite dans l'extrait suivant:

> *L'entité (Eujueltd) abandonna la voie, pour suivre les forces physiques venues d'Oujida et de ses autres fils, mais se rétablit de nouveau – bien que brisé dans son corps, troublé en lui-même à cause des épreuves endurées dans ces périodes d'oppression et de dépression, il revint vers le fils (Uhjltd) pour obtenir de l'aide. Et un nouvel éveil survint dans l'entité.* (707-1)

C'est durant l'une des premières attaques réussies d'Oujida que les différences entre les deux frères marquèrent le premier affrontement de leurs volontés. Une stratégie audacieuse jointe à un heureux concours de circonstances avait permis aux forces d'Oujida de défoncer la forteresse du roi persan, de saisir une partie du trésor et de s'enfuir avec nombre d'otages féminins de l'école de formation royale. Ce n'est que plus tard, en rentrant au camp de son père, qu'Oujida découvrit que parmi les demoiselles se trouvait la propre fille adoptive du Roi Crésus. La jeune fille rebelle, qui s'appelait Élia, avertit son ravisseur effronté des féroces représailles qui attendaient certainement son peuple s'il ne la libérait pas. Sa colère ne servit qu'à réveiller la passion qui brûlait déjà dans la poitrine d'Oujida, car la jeune fille était plus belle que toute autre jamais vue et la bouffée de colère qui animait son visage, l'éclair de furie de ses yeux vert marin, la rendaient plus belle encore. Cependant, même pris dans sa passion, Oujida se souvint du besoin urgent d'apaiser son frère aîné, Uhjltd, dont les reproches doux et souriants pouvaient être plus terribles que les mots pleins de colère d'une jeune fille. Aussi, pour amortir la réaction anticipée d'Uhjltd face à son comportement grossier, il traîna la captive Élia vers la tente de son frère, s'inclina devant Uhjltd, et lui offrit la fille de Crésus comme sa part de butin.

Uhjltd, souriant, déclina l'offre, ce qui ne fit qu'ajouter à la colère d'Élia la nouvelle rage de l'humiliation. Cependant, Élia, en voyant le visage compatissant de ce chef inhabituel dont la force visible et la grâce remuèrent en elle quelque chose de profond, ressentit une confusion intérieure qu'elle ne pouvait s'expliquer. Peut-être Uhjltd éprouvait-il une émotion semblable qu'il réprimait avec soin, car les deux êtres, dans leur incarnation précédente, avaient été unis par les liens du mariage sous les noms d'Asua et de Ra Ta. Asua avait en fait été la première femme du jeune prêtre. Ils avaient été séparés de façon permanente quand il partit pour l'exil avec sa nouvelle compagne Isris (Isis).

Un scénario nouveau et étrange se déroulait alors, chargé d'harmoniques karmiques étonnantes pour ceux d'entre nous qui savent lire entre les lignes. Car Oujida allait prendre pour femme Élia qui lui donna une fille. Celle-ci n'était autre que l'entité (538) qui avait été la compagne de Ra, Isris. Incapable de faire face aux épreuves et aux insultes que sa nouvelle vie dans le camp du bédouin lui faisait subir, sans se préoccuper des besoins de sa petite fille, Élia se poignarda et quitta ainsi cette expérience terrestre. L'enfant, qui s'appelait Inxa, orpheline de mère, fut aussi abandonnée par Oujida.

Qu'en était-il d'Oujida? Avait-il joué un rôle dans la période égyptienne? Il fut en fait Arsrha, le maître mathématicien qui jeta les fondations du Sphinx au moment même où Ra et Hermès commençaient la construction de la Grande Pyramide. À cette occasion, était-il né en lui un ressentiment secret, une rivalité vis-à-vis du Grand Prêtre dont le monument plus imposant réduisait la signification du Sphinx? Peut-être. (De toute façon, les liens karmiques semblaient assez amples pour les embrasser tous deux!)

Un jour, à la suite d'une attaque surprise des Perses vengeurs, Uhjltd, secoué et blessé grièvement, fut laissé pour mort sur le champ de bataille. Il reprit conscience le deuxième jour, lorsqu'il découvrit que seule la présence de son fidèle étalon, faisant la garde devant sa forme étendue, avait empêché les vautours affamés, aux cris aigus, de mettre sa chair en pièces. Soudain, une grande ondée de lumière sembla l'envelopper. Baigné de cette présence lumineuse, Uhjltd retrouva miraculeusement la santé et fut totalement rétabli. Comme il se relevait, joyeux de se retrouver en vie, Uhjltd réalisa humblement que sa vie avait dû être épargnée dans un but bien spécifique. Il était décidé à découvrir lequel.

Il y eut un cycle d'années.

En revenant du sud sur son cheval bai, Uhjltd avait réfléchi aux changements survenus dans sa vie durant la dernière décade. Il avait passé la majeure partie de son temps avec le peuple de sa mère, en terre d'Égypte, et apprit de ses prêtres les anciens mystères. Il avait ainsi acquis beaucoup de sagesse qu'il était maintenant désireux de mettre en pratique. Mais à son retour, neuf lunes plus tard, il avait trouvé le peuple de son père très divisé et touché par des séries d'invasions et d'attaques perses qui affectaient également bon nombre de tribus voisines. Les tribus nomades, très divisées, avaient grandement besoin d'un chef puissant pour les unir et s'étaient tournées vers Uhjltd à son retour — choix qui leur paraissait évident; Uhjltd avait accepté le défi.

Maintenant âgé de trente-trois ans, Uhjltd était en effet une figure imposante, grand et droit comme une flèche, avec un corps bien proportionné, des cheveux noirs épais encadrant un visage noble qu'il était difficile de ne pas admirer pour son ensemble de gentillesse, de beauté et surtout de force masculine. Les yeux gris perçants, sous les épais sourcils foncés, lui donnaient un air de grand mystère et de spiritualité cachée, alors que le menton ferme et le nez aquilin étaient les marques d'un chef-né.

Cependant, la façon dont il régla les problèmes de son peuple en mettant fin aux invasions constantes et en établissant un commerce légitime qui devint source de revenus, avait rencontré une certaine résistance de la part d'Oujida et de quelques autres, qui s'attachaient aux manières anciennes et détestaient secrètement les solutions proposées par Uhjltd. Celui-ci le savait dans son cœur et cela l'attristait.

Ce jour-là, il se promenait à cheval, en émissaire solitaire, vers le château-fort du roi persan, cherchant un moyen de communiquer à Crésus et à son peuple le désir de sa propre tribu de mettre fin à leurs différends passés dans l'intérêt d'une paix commune.

C'était un geste audacieux, voire téméraire. Mais Uhjltd voyait le traité de paix avec les Perses comme un premier pas essentiel vers l'établissement d'une nouvelle ère de paix et de prospérité pour son peuple.

Le soleil était bas dans les lointaines collines lorsqu'Uhjltd atteignit finalement le puits aux abords de la citadelle persane. Il se reposait avec sa monture à l'ombre des trois palmiers qui s'y trouvaient quand il vit soudain une jeune femme s'approcher, comme quelque beau mirage, à la lumière tombante, parmi les dunes du désert.

Cette jeune fille n'était évidemment pas une servante; Uhjltd devina qu'en ce début de soirée, elle avait pris le risque de quitter la sécurité des murs de la fameuse cité de Crésus, non seulement parce que les eaux avaient la réputation d'être plus douces dans cette oasis de voyageurs, mais aussi parce que son esprit indépendant avait choisi, tout comme celui d'Uhjltd, de saisir une occasion de goûter à sa liberté personnelle. Lorsqu'elle le repéra finalement, la femme eut un sursaut très net, presque un mouvement de crainte, et faillit laisser tomber le pichet qu'elle tenait.

Uhjltd rit de bon cœur et s'empressa de la rassurer:

«Madame, je ne vous veux aucun mal. Je ne suis là que pour

laisser reposer mon cheval un instant et pour puiser de l'eau fraîche afin de nous désaltérer.»

Maintenant, la jeune fille le regardait avec précaution, et avec une approbation cachée. Il était étonnamment charmant, avec des manières courtoises et un maintien délicat, tout à fait inattendus chez un bédouin.

«Monsieur, reposez-vous et buvez à loisir, vous êtes le bienvenu ici», dit-elle, quelque peu surprise de voir qu'elle s'adressait à cet étranger nomade sans le mépris qu'elle ressentait habituellement pour ces infâmes pilleurs qui avaient capturé Élia sa compagne et amie d'enfance dix ans auparavant. C'était une chance si elle-même, dont le père, de sang royal par son frère le roi, avait pu échapper à pareil destin et Ilya s'était promis une revanche éventuelle. Mais elle ne pouvait pas être sûre que l'étranger souriant qui la regardait maintenant avec tant d'attention était un bédouin issu de cette terrible tribu. Il semblait en effet différent de tous les nomades qu'elle avait rencontrés ou dont elle avait entendu parler. En sa présence, elle était étrangement troublée et se sentait perdre quelque peu le contrôle de ses émotions. Cependant, elle savait qu'elle devait demeurer sur ses gardes jusqu'à ce qu'elle apprenne qui il était.

«Je m'appelle Uhjltd», dit-il, comme s'il lisait dans ses pensées. «Je viens d'arriver du pays où vit ma mère, en Égypte, pour rejoindre les tribus de mon père au sud d'ici. Je viens dans la paix.»

Le nom d'Uhjltd entra comme une épée dans le cœur d'Ilya. Elle était certaine qu'il était en relation avec ces nomades qui avaient emporté Élia en captivité des années plus tôt et qui continuaient de harceler son peuple de raids sur leurs caravanes. Si elle ne se trompait pas à son sujet, ce bédouin devait payer.

«Est-ce qu'un bédouin vient jamais dans la paix?» demanda-t-elle.

«Je souhaiterais avoir une occasion de le démontrer», répondit Uhjltd. «Comme chef de mon peuple, je suis venu ici, seul et sans armes, pour négocier des conditions de paix avec ceux qui sont derrière ces portes, afin que nous puissions vivre ensemble à l'avenir comme des frères, plutôt que comme des ennemis qui doivent constamment se faire la guerre.»

Paroles étranges pour un bédouin, pensa Ilya, avec quelque amertume. Mais elle cachait ses sombres pensées et lui fit plutôt un sourire entendu.

«Venez me voir ici à l'aube», lui dit-elle. «Laissez-moi voir si je peux arranger une rencontre telle que vous la proposez, car mon père est un homme d'une certaine influence à la cour.»

Les yeux gris perçants d'Uhjltd cherchaient profondément dans les yeux bleu ciel de la jeune fille souriante. Son visage pâle et exquis, sa silhouette bien modelée, ses tresses d'or brûlé sous le voile et sa voix mélodieuse comme le chant du rossignol, tout le ravissait. Pouvait-il se fier à ses paroles? Il l'ignorait. Mais si c'était une ruse, il serait volontiers son captif. En tout cas, un instinct profond lui disait qu'il pouvait s'y fier. «J'y serai», dit-il, «j'attendrai votre retour à l'aube.»

Elle se retourna pour partir.

Uhjltd la rappela, «Puis-je savoir votre nom?»

«Ilya» – le nom tinta comme une cloche tandis qu'elle lui jetait un dernier regard par dessus l'épaule. Ainsi, ces deux êtres qui avaient été un au début, parvenaient à retrouver l'autre partie d'eux-mêmes, sans s'apercevoir encore de cette merveille et de ses implications karmiques.

Fidèle à sa parole, Ilya se rendit au puits à l'aube et fit passer les portes de la ville à Uhjltd qui avait libéré son cheval pour qu'il puisse brouter les maigres herbes du désert.

Presque aussitôt cependant, il fut saisi par les gardes et réalisa trop tard que la jeune fille, qu'il aimait maintenant autant que la vie même, l'avait joué. Il ne pouvait toutefois la haïr. Il savait que son propre peuple avait donné à cette jeune fille de nombreuses raisons de vouloir se venger de lui.

Comme Uhjltd était traîné vers la tour, où on lui enchaînerait les pieds et les mains jusqu'à ce que ses ravisseurs aient décidé de son sort, il aperçut soudain Ilya derrière eux. Jamais dans sa vie il n'avait saisi un regard si plein de remords, lorsqu'elle couvrit son visage en larmes de ses deux mains, tandis qu'on l'emmenait. Dans son cœur, Uhjltd sentit une joie secrète: elle l'aimait, voilà tout ce qui comptait. Son but était secondaire.

Pour Ilya, toutefois, le sort du prisonnier était devenu sa principale préoccupation. Elle savait qu'elle devait redresser un grand tort et trouver un moyen de libérer le bédouin. Elle savait où aller pour trouver de l'aide. Son institutrice d'autrefois connaissait bien le gardien Endessoseu qui pouvait leur donner, à toutes deux, accès à la tour. Ensemble, il serait peut-être possible pour Ilya et la vieille femme de desserrer les chaînes qui à l'heure actuelle retenaient sans doute les poignets et les chevilles du pauvre Uhjltd au mur de la tour. C'était une coutume détestable et primitive introduite par Crésus, que quelque temps encore avant la capture d'Uhjltd, Ilya était prête à approuver. Mais telles sont les inconstances curieuses du cœur lorsqu'il est atteint des flèches soudaines de l'amour que la logique ne trouve plus de place pour s'y poser.

Ce n'est que le troisième jour, au lever du soleil, qu'Ilya et sa complice purent gagner l'entrée secrète de la tour où le bédouin incarcéré, affaibli par un régime de pain et d'eau, succombait sous de lourdes chaînes. En voyant Ilya toutefois, ses forces lui revinrent avec la plénitude de la joie. En peu de temps, ses deux libératrices réussirent à défaire ses chaînes et à le libérer.

Il s'attarda un moment, ne sachant comment exprimer la profondeur de sa gratitude et de son amour.

Ilya le pressa de partir, lui indiquant le parapet de la tour.

Lorsqu'il eut retrouvé le sol, Uhjltd émit un sifflement strident pour appeler son cheval de bataille aux aguets dans les champs déserts attenants. Mais au moment de partir, se retournant vers le mur de la tour où se tenaient maintenant ses complices, il vit une chose affreuse: les gardes, avertis de la fuite d'Uhjltd, accouraient derrière les deux femmes qui ne s'y attendaient pas et les poussaient vigoureusement vers le parapet.

Irenan, la vieille institutrice, fut saisie brutalement et emmenée, probablement à la torture. Quant à Ilya, dont le rang royal commandait apparemment une punition moins prolongée mais également brutale, elle fut sans cérémonie projetée par dessus le parapet.

Uhjltd n'hésita pas un instant, malgré le danger évident que cela représentait de s'exposer à la furie des gardes. Il retourna rapidement à l'endroit où sa libératrice blessée gisait ensanglantée et la plaça devant lui sur sa monture. L'enserrant de ses bras, il partirent au galop à toute vitesse sous une grêle de pierres et d'injures. Les injures n'atteignirent pas Uhjltd et sa compagne apeurée, mais les pierres blessèrent Uhjltd au dos, à l'épaule et à la jambe, la même jambe qui avait déjà été sérieusement endommagée lorsqu'il avait sauté du mur de la tour.

Cependant, ils continuèrent. Il n'y avait pas d'autre choix – jusqu'à ce qu'ils puissent atteindre un endroit d'une relative sécurité où ils pourraient se reposer et panser leurs plaies.

Ce lieu de refuge, Uhjltd le sentait, pouvait se trouver parmi les falaises et rochers des collines ondulantes aux abord des plaines du sud.

Effectivement, comme la nuit tombait, ils trouvèrent une caverne bien cachée dans un profond ravin. À l'intérieur, une grotte invitante contenait une source d'eau fraîche et claire. Uhjltd s'agenouilla en ce lieu et éleva la voix dans une prière de remerciement. Il sentit sur son épaule le toucher délicat d'Ilya qui le rejoignait dans la méditation tranquille qui suivit.

Jour après jour, et comme les liens de leur amour se resserraient, la guérison de leur corps progressa avec une rapidité miraculeuse. Puisant dans ses dernières années de formation chez les prêtres égyptiens du peuple de sa mère, Uhjltd éleva ses propres énergies psychiques et Ilya, sous sa direction, y arriva bientôt aussi. Ainsi ils s'imposèrent mutuellement les mains pour s'entr'aider.

Le deuxième jour, Uhjltd découvrit une cachette de provisions recouverte de pierres, à l'extérieur de l'entrée. Il y trouva des dates séchées, des figues et des sacs de grains amassés dans des peaux de chevreaux hermétiquement fermées, apparemment laissés là par une caravane qui passait avec l'idée de satisfaire ses besoins futurs lors d'un prochain passage. Il y avait aussi des huiles et des épices. Uhjltd appela Ilya, et ils remercièrent Dieu de ce nouveau bienfait.

Mais durant cette soirée, au moment où la lune montait dans le ciel, ils allaient être touchés par le chagrin et la tragédie. À cent mètres environ de l'entrée de leur caverne, une jument noire qui avançait d'un pas chancelant finit par s'arrêter; attachés sur le dos de la bête il y avait deux corps apparemment sans vie.

Ilya s'aperçut avec horreur que l'un d'eux, immédiatement reconnaissable, était celui de son institutrice d'autrefois, Irenan, alors que l'autre, bien que trop abîmé pour être du même coup identifiable, était le vieil ami d'Irenan, le garde Endessoseu qui avait aidé, dans le complot secret, à libérer Uhjltd de sa prison. Il était heureusement déjà mort. Mais, comme il y avait encore un souffle de vie dans la forme inconsciente d'Irenan, Uhjltd et Ilya préparèrent à la hâte un lit de douces herbes du désert pour qu'on puisse l'y étendre. Ensuite Ilya pansa tendrement ses blessures et la baigna. Ensemble, ils appliquèrent les arts guérisseurs connus du bédouin qui soulageraient la douleur de la vieille institutrice et aideraient les forces spirituelles à guérir ses blessures.

De temps en temps, pendant les jours qui suivirent, Irenan reprit brièvement conscience et on lui donna de l'eau et de la nourriture. Mais, chaque fois qu'elle reconnaissait Ilya, elle lui reprochait ses souffrances et la mort d'Endessoseu. Il n'est pas surprenant que cette incapacité de pardonner ait empêché sa guérison.

Quant aux restes d'Endessoseu, Uhjltd avait élevé un monceau de pierres du désert pour les recouvrir, et ce fruste mémorial devint un lieu de prière quotidienne.

C'est le sixième jour qu'Uhjltd remarqua une petite troupe de cavaliers traversant les plaines. Même à distance, il reconnut ceux de sa tribu et courut vers eux.

Uhjltd se réjouit de reconnaître parmi eux son plus jeune frère, Ulado, et leurs retrouvailles furent touchantes. Mais à mesure qu'Ulado lui racontait tout ce qui était arrivé dans le camp depuis le départ d'Uhjltd, il devint clair pour lui qu'il ne pourrait plus y revenir et qu'il devait à jamais en balayer la poussière de ses pieds.

«Certains de tes gardes loyaux se sont maintenant retournés contre toi, mon frère», dit Ulado, «et Oujida se bat avec d'autres pour prendre le commandement. Ils avaient tous compris que tu étais ou bien mort ou bien captif. Pire encore, la terre de prière que tu avais sanctifiée pour le culte du matin et du soir a été désacralisée: les chameaux y sont maintenant attachés et l'ont recouvert de fumier! Pris de dégoût, nous sommes partis tous les cinq.»

À ce moment-là, pris entre la colère et la peine, Uhjltd eut une vision soudaine. Ce qu'il devait faire était devenu clair.

Un bras passé autour des jeunes épaules d'Ulado, l'ancien chef s'adressait maintenant à la petite bande restée loyale:

«Dans ce lieu», leur annonça-t-il, «je bâtirai une grande ville parmi les collines et les plaines. Son nom sera Is-Shlandoen. Seuls ceux qui cherchent la voie de la paix et de la fraternité pourront y venir. Elle deviendra un grand centre de guérison et de culte; le commerce y progressera également, car j'ai l'intention d'offrir denrées et protection à toutes les caravanes qui passeront. Ce ne sont pas les riches qui feront grandir cette ville mais les démunis et les rejetés tels que nous.»

Ulado regarda autour de lui, quelque peu interloqué par les paroles visionnaires de son frère. Tout ce qu'il pouvait voir c'était une vaste étendue de plaines vides et de collines, mais il savait qu'Uhjltd disait toujours vrai et qu'il voyait souvent des choses que d'autres ne voyaient pas.

«Dis, mon frère», demanda vivement Ulado, «que dois-je faire pour commencer?»

«Retourne au camp de notre père», dit Uhjltd, «et ne parle qu'à ceux qui méritent confiance. Dis-leur de défaire leurs tentes et de nous rejoindre!»

Le groupe serait parti sur-le-champ pour obéir aux ordres de son chef, mais Uhjltd les retint. Il leur parla d'Ilya et d'Irenan qui avaient préparé son évasion et qui étaient maintenant avec lui dans la caverne des collines.

«Bientôt, Ilya et moi devrons nous rendre en Égypte pour faire certaines provisions et en rapporter d'autres qui nous seront utiles. Alors, amenez plus de chevaux, ainsi qu'une de nos femmes qui puisse veiller sur celle qui est gravement blessée et qui dort en ce moment.»

Les cinq partis, Uhjltd retourna à la caverne où Ilya l'attendait. Cette nuit-là fut une nuit d'amour.

De cette première union bienheureuse de leurs corps où l'âme rencontrait l'âme dans le désir et l'appel que seuls peuvent comprendre deux êtres qui ont été unis depuis le début des temps, jaillit la semence qui produirait une autre incarnation du Maître: l'entité Zend.

> *Leurs corps lavés à la source de la caverne et huilés, (ils) retrouvent leur couche de fourrures et de là ils surveillent la lente descente du soleil sur les sables du désert. Dans cette heure de crépuscule ils trouvent tout d'abord la réponse du corps au corps dans l'éveil de l'âme et se fondent en un, offrant en cadeau au monde celui qui, issu de leur union et sous la forme et la stature du grand chef (Zend), donna la première philosophie de vie et d'amour au monde.* (288-6)

La ville des collines et des plaines grandit et prospéra. Sous le commandement puissant d'Uhjltd et animée de l'idéal commun qui inspirait ses habitants, des merveilles s'accomplissaient dans ce qui était devenu une entreprise communale dédiée au service de l'homme et de Dieu.

En appliquant aux plaines sèches les mêmes techniques d'irrigation que celles qui étaient déjà communes en Égypte, Uhjltd fit dévier les ruisseaux des montagnes toutes proches dans des canaux spéciaux qui irriguaient la terre, de sorte que les récoltes puissent croître et les arbres fruitiers fleurir. Entre-temps, les collines se révélèrent riches en pierres précieuses et en minerais qui devinrent bientôt d'un commerce profitable. Des caravanes faisaient la navette entre l'Inde et l'Égypte, de la Mésopotamie à la Syrie, ainsi que des Carpates à la Grèce (ou terre athénienne).

Par-dessus tout, Is-Shlan-doen devenait célèbre en tant que centre d'études spirituelles et l'on pratiquait également les arts de guérison sous la tutelle de ce chef remarquable qu'était Uhjltd; elle était aussi un refuge pour les opprimés de tous les pays et s'était transformée en vagues de tentes soulevées par le vent. Les nombreux restes éparpillés de clans brisés qui trouvèrent leur chemin vers Is-Shlan-doen embrassèrent la terre, sous leurs pieds, et l'appelèrent Paradis.

Mais si, pour quelques-uns, la ville était un paradis terrestre, pour le roi persan, Crésus, elle était devenue une menace intolérable. Le plus gros de son commerce avec le monde extérieur s'était maintenant détourné vers le beau domaine d'Uhjltd. Pire encore, certains de ses sujets les plus fidèles commençaient à se plaindre des difficultés inhabituelles qu'ils rencontraient, n'ayant plus les bienfaits des revenus et des privilèges antérieurs. Quelques-uns osèrent même parler des meilleures conditions de vie qu'il y aurait à Is-Shlan-doen.

Le roi en colère expédia des troupes pour attaquer cette nouvelle menace à sa sécurité, mais ses troupes démoralisées furent coup sur coup repoussées par les forces supérieures d'Uhjltd. Finalement, Uhjltd décida que ce chef persan oppressif, qui avait rejeté ses offres de paix, devait recevoir une leçon à la manière bédouine. Avec une grosse suite de guerriers fidèles, Uhjltd attaqua et conquit la place forte de Crésus. Pour assurer des relations plus paisibles à l'avenir, Crésus II fut forcé d'abdiquer et son jeune fils Crésus III monta sur le trône à sa place. Des traditions commerciales et des rapports amicaux furent établis entre la citadelle persane et Is-Shlandoen et, en réalité, certains Perses conquis décidèrent de se soumettre au chef charismatique et doux qui les avait vaincus.

Entre-temps, dans les débuts du développement d'Is-Shlandoen, Uhjltd choisit de remettre à sa vieille mère respectée, Slumdki, plusieurs secteurs du gouvernement civil. Elle avait été exilée en Égypte depuis que son mari, Eujueltd, avait choisi de s'allier à la faction agitée du clan d'Oujida, et, durant les années qui lui restaient, Slumdki allait devenir, en fait, une reine gouvernante:

> *L'entité alors parmi les peuples de nomades, la mère du chef qui* conquit *les peuples persans, donnant beaucoup au chef, Uhjltd, durant cette période, au moyen de conseils, d'avis et venant comme une aide à ces peuples qui étaient soumis, et enseignant beaucoup dans ce pays. Par exemple, alors qu'il y eut des condamnations, et qu'il y eut des malentendus quant au but des raids, ou à la conquête des peuples, l'entité en voulait* peu *à ces peuples et devint leur chef, la Reine, de cette terre divisée. Sous le nom de Slumdki.* (2708-1)

Quant à Inxa, la fille abandonnée d'Oujida, Slumdki en prit d'abord soin après le suicide tragique d'Élia. Cependant, elle était de plus en plus soumise à la protection vigilante et affectueuse d'Ilya et commença à aider à éduquer et à former Zend, encore enfant. Quand Uhjltd et Ilya eurent leur second fils, Ujndt, Inxa fut heureuse d'en avoir la garde.

Au sujet du rejeton d'Uhjltd et Ilya, nous trouvons le texte suivant:

> *L'entité (288, Ilya) n'a eu durant cette période que deux enfants, tous les deux des garçons. Ils devinrent plus tard des chefs ou des leaders dans les activités destinées à former des enseignants — tels que dans les enseignements de Zend, et à les répandre à travers d'autres pays.* (288-48)

Mais apparemment, il y eut une fille *adoptive*, en plus des deux fils naturels. Miss (993) qui apprit dans sa lecture de vie qu'elle avait été, avec Edgar Cayce durant l'expérience égyptienne, membre de «la maisonnée du roi, et de la suite du prêtre au temple appelé beauté». Elle découvrit qu'elle avait également participé au cycle persan où elle assuma un rôle choyé comme membre «du foyer du chef ou du leader Uhjltd, qui mena ces peuples, et en tant que fille de ce chef. Du nom d'Uldha.»[6] (Peut-être était-elle une fille naturelle née à Uhjltd d'une liaison précédente, datant de sa rencontre avec Ilya. Mais s'il en est ainsi, nul indice de cette relation ne peut être trouvé dans aucune des nombreuses lectures qui touchent le cycle persan. Aussi, il semble plus probable, compte tenu des nombreux réfugiés qui venaient à Is-Shlan-doen, qu'Ilya, se rappelant ses premières années avec la fille adoptive du Roi Crésus, ait choisi d'adopter une de ces orphelines et de l'élever comme une des siennes en souvenir de cette relation d'enfance.)

Quant à l'entité Inxa, les racines karmiques de son cycle persan sont fascinantes à étudier. Compagne de Ra sous le nom d'Isris dans son incarnation antérieure, elle avait été le canal par lequel Iso, l'âme sœur de Ra, descendit dans le plan terrestre. Cette enfant avait dû être abandonnée quand le roi décida que Ra et Isris devaient être exilés en terre nubienne pour avoir offensé la loi décrétée par le prêtre lui-même contre les mariages multiples. Iso, on s'en souviendra, mourut à un âge tendre, se sentant esseulée et sans but. Maintenant, c'était l'Isris d'autrefois, ou Isis, qui naissait dans des circonstances semblables, sous l'aspect de la fille de (369, Élia), la femme légitime de Ra dans sa vie précédente. À la suite du suicide d'Élia (369), durant l'expérience persane, Inxa, qui n'avait plus de mère, se trouva également abandonnée par son père, Oujida. Cependant, à la fin, c'est Ilya (l'Iso d'autrefois) qui lui vint apparemment en aide, faisant en fait d'Inxa la pupille du foyer d'Uhjltd et la gardienne de ses fils, jusqu'à l'âge où elle pourrait se marier.

(Oh! comme la loi est inexorable dans son exécution!)

Une autre entité dont la tendre Inxa eut apparemment à s'occuper, fut l'institutrice gravement blessée, Irenan, qui avait aidé Ilya en organisant la fuite d'Uhjltd de la prison. Bien que ce ne soit pas complètement clair dans les lectures, on croit que cette entité était (295) dont le ressentiment actuel vis-à-vis de (288) (qui avait été Ilya), même s'il datait d'antagonismes plus anciens nés durant l'époque atlante, avait sans doute pris racine en partie durant ce cycle persan, si l'on en croit la suite de questions et réponses qui touche l'incarnation persane de (295):

Q-4. (Concernant mes liens karmiques avec 288):

R-4. En Atlantide. Beaucoup de choses créant des conflits – et les *manières* de s'exprimer sont ces influences dans le présent. En Perse, de même qu'en France. Elles (288 et 295) sont nécessaires l'une à l'autre, de sorte qu'elles puissent rencontrer ces épreuves. Bien que moins profondément, elles les *rencontrent* en Lui qui disait, «Je ne te condamne pas, si tu ne pèches plus!» (Note: Madame (295) s'était fait dire qu'elle avait été Marie-Madeleine pendant l'incarnation du Maître en Jésus.) Plutôt donner la vie que le plaisir. Plutôt la joie que la douleur.

Q-5. Qu'arriva-t-il en Perse?

R-5. L'entité se révolta contre les conditions dues à des associations durant cette expérience.

Q-6. Et je quittai?

R-6. Et le corps quitta.

Q-7. Quelle est l'association contre laquelle je me rebellai?

R-7. Contre la compagne (Ilya, 288) de l'enseignant (Uhjltd, 294). (295-9)

Dans une lecture inhabituelle donnée en 1934 touchant le développement de l'âme sœur impliquée dans les présentes associations de (294), (295) et (288), une note d'avertissement menaçante fut incluse dans la réponse touchant la demande spécifique de Madame (295) quant à son lien avec «le travail d'Edgar Cayce dans cette vie»: «Ses (celles de Jésus) bénédictions ne furent-elles pas données lorsqu'Il ne te condamna point?» – voilà la réponse donnée en partie. «Sache que ta place, tes buts, ton développement, sont étroitement reliés aux développements du travail... n'abandonne pas ces paroles qui sont pour toi paroles de vie!»[7]

Malgré l'avertissement, Madame (295) quitta, abandonnant son rôle dans le travail pour des raisons insignifiantes, comme elle l'avait fait en Perse.

Les commerçants grecs, sujets astucieux, lorgnaient depuis longtemps, avec envie, vers Is-Shlan-doen.

Chez eux, ils parlaient à leurs chefs militaires du grand butin que représenterait une ville aussi prospère, si seulement on pouvait la prendre. Mais on reconnaissait qu'Uhjltd était un chef puissant et que le fondement de sa puissance reposait avant tout sur la nature particulière de ses enseignements. C'était une idée étrange au sujet de la fraternité de l'homme et de la Paternité de Dieu et le peuple était fortement unifié grâce à ses convictions religieuses. Il suffirait de trouver le moyen de miner ces enseignements spirituels, centre de l'imprenable Is-Shlan-doen, pour que la base puissante d'Uhjltd se mette à crouler autour de lui. Ensuite, une armée de guerriers athéniens pourraient facilement envahir la ville divisée.

Le premier contingent de jeunes filles grecques arriva aux portes d'Is-Shlan-doen sans éveiller les soupçons. Elles étalèrent leurs charmes sous les yeux satisfaits des hommes d'Uhjltd dont certains s'éloignèrent de leurs tâches quotidiennes afin de poursuivre une occupation plus futile. Leurs techniques étaient subtiles, bien sûr. Des chants et de la musique ayant une certaine affinité avec l'esprit communautaire de l'endroit, les aidèrent dès le début à faire des convertis. C'était si innocent et si anodin. Mais plusieurs personnes autour d'Uhjltd devinrent soupçonneuses, tout comme le chef lui-même. Cependant, Uhjltd insista pour que l'on renverse simplement les rôles et que l'on convertisse les belles visiteuses aux manières d'Is-Shlan-doen. À la surprise générale, la technique de «contre-insurrection» d'Uhjltd commença à s'avérer bonne. Certaines des filles furent vraiment impressionnées par le nouveau style de vie vertueux qu'elles observaient autour d'elles et par le bienfait évident créé chez les habitants d'Is-Shlan-doen. Elles décidèrent de se chercher des compagnons et de s'établir, oubliant les buts subversifs qui les avaient amenées là. D'autres, cependant, n'oubliaient pas leur premier objectif.

Les Grecs continuèrent à arriver. Parmi eux, il y avait maintenant autant d'hommes que de jeunes filles. Xuna, qui allait devenir le compagnon fidèle d'Inxa, en était. Uhjltd lui-même en vint à apprécier et à faire confiance au jeune homme, car il était aussi bon instructeur pour ses fils Zend et Ujndt que leur institutrice, Inxa, qui les aimait énormément, mais devenait sénile. Les garçons apprenaient maintenant deux fois plus et plus vite qu'avant. Mais alors qu'Ujndt avait tendance à unir l'idéalisme au jugement pratique – des qualités qui allaient un jour faire de lui un chef très efficace dans le domaine séculier – Zend montrait une tendance plus mystique. Bien qu'il fût destiné à être une grande figure religieuse, les lectures mentionnent chez lui un excès de zèle qui l'aurait retardé quelque peu dans cette incarnation-là.[8] Comme tout homme, le Maître était une entité en évolution qui descendit encore et encore et qui, à certaines occasions, «n'a pas observé la loi entière».[9]

C'est à peu près à cette époque que la reconstruction d'Is-Shlan-doen (nommé Toaz par les Grecs) commença. Les tentes furent graduellement remplacées par des structures permanentes de bois ou de pierre. Trop absorbés par cette activité, Uhjltd et ceux qui, autour de lui, avaient des rôles administratifs, ne se rendaient pas compte des forces de subversion qui grandissaient, particulièrement chez les Grecs rusés et les Perses dont le nombre était maintenant assez substantiel.

Le bras droit d'Uhjltd, Esdena, qui avait reçu en Égypte l'initiation spirituelle, était, à tel point un homme de paix, qu'il n'y a pas de mot pour le qualifier. Bien que certains aient essayé, de temps en temps, de mettre sa loyauté à l'épreuve, elle était inébranlable:

> *Certains essayèrent de dominer ou de créer des conflits entre le chef Uhjltd et l'entité, Esdena, qui faisait partie du peuple de la mère (d'Uhjltd). Car Esdena* aussi *fut parmi les initiés venus d'Égypte qui participèrent aux activités commencées là. Il venait des initiés pour entrer au pays où il y avait eu ces formations pour plusieurs de ces enseignants à travers la terre. L'entité profita beaucoup de cette expérience.* (826-2)

Il en était ainsi pour l'émissaire et secrétaire personnel d'Uhjltd, lorsqu'il était l'employé du monarque persan. S'il avait été au courant d'un complot, tramé par le peuple – de connivence avec les Grecs – pour renverser Uhjltd, il l'en aurait sûrement avisé. Cette entité, nommée Edssi, était, malgré plusieurs erreurs, loyale envers son nouveau roi.

Interrompant leurs devoirs officiels, Uhjltd et Ilya prirent un assez long repos pour faire une de leurs rares visites à la famille d'Ilya, avec laquelle ils s'étaient réconciliés et qui résidaient dans la lointaine cour de Perse. Ce faisant ils ignoraient qu'ils succomberaient.

La nature exacte de la trahison menant à l'assassinat d'Uhjltd et d'Ilya n'est pas connue, pas plus que l'identité de l'individu ou du groupe responsable. Mais un sérieux soupçon pèse sur le compagnon grec d'Inxa, qui s'appelait Xuna. On ne sait pas avec précision s'il avait été parmi ceux qui accompagnèrent Uhjltd et Ilya lors de leur visite à la cour persane ou, plus vraisemblablement, parmi ceux qui avaient fourni des renseignements privilégiés sur l'itinéraire choisi à une bande particulière d'assassins auxquels on avait secrètement permis d'entrer dans le château-fort du roi persan. Mais ce qui est clair c'est que l'assassinat, qui devait avoir lieu à la cour persane, fut réglé de façon à coïncider avec un raid des armées athéniennes (les Grecs) sur Is-Shlan-doen, raid dans lequel, bon nombre de lieutenants d'Uhjltd, Edssi inclus, furent assassinés. L'allusion aux attaquants parle, très à propos, du «peuple du compagnon de l'entité (Inxa)», c'est-à-dire des compatriotes de Xuno et comme Inxa doutait des véritables allégeances de Xuno, elle s'enfuit aussitôt après le raid avec deux des enfants d'Uhjltd, Ujndt et Uldha, vers un endroit sûr. À propos de Zend, on dit entre-temps, qu'à la suite «des invasions par ceux de la terre athénienne», il fut protégé par l'entité Iahn,[10] un partisan d'Uhjltd, qui l'aida à s'établir dans une autre partie du pays, «une place de refuge», dont Zend «devint le chef dans cette expérience.»[11]

La cour persane est identifiée, ne serait-ce que de manière indirecte, comme l'endroit où eut lieu le double assassinat. Dans une lecture qui renvoie au temps où Ilya était jeune fille avec Élia, la fille adoptive de Crésus II, – événement qui se produisit sous l'influence du père d'Ilya (un frère du roi) –, il est dit que c'était «en ce lieu où l'entité passa ses jours d'enfance avec (Élia)» que «la vie, telle que connue, fut (plus tard) enlevée par les armées venues du sud et de l'est». Ce passage est suivi d'une référence à «l'aversion (présente) vis-à-vis des instruments coupants, car c'est ainsi que la destruction corporelle eut lieu.»[12]

Dans une tout autre lecture se référant à l'assassinat, il est question de l'implication d'un ami fidèle dUhjltd et d'Ilya. On pourrait facilement soupçonner que le traître fut un Grec; en effet, c'est en tant que Troyen que Cayce descendit sur terre dans son incarnation suivante, sous l'aspect d'un guerrier «plein de vengeance avec l'intention de détruire», et ceux contre qui il combattit n'étaient autres que les Grecs.

Voici le passage approprié, suivi d'un autre, qui vont clore notre récit du tragique événement:

> *Et c'est seulement avec la trahison des autres, qui suivit après coup, qu'il s'incarna en femme. D'où la peur des couteaux dans une vie (288) et la méfiance vis-à-vis de l'amitié dans une autre (294).*
>
> *Nous trouvons encore le mâle (294), tentant, avec des forces redoublées, de détruire, qui vient comme le guerrier (période troyenne), alors que l'autre (288)*

demeure longtemps en terre de Nirvana, attendant la venue de son autre soi. (288-6)

Les deux souffrent physiquement, et tous deux à présent portent au corps une marque, signe de ces conditions. Sur le corps femelle, juste au bas du sein gauche, vers le côté et au bord du sein lui-même, dans la proximité contraire du sein. (288-6; Note: (288) a confirmé la présence d'une telle marque.)

Si Is-Shlan-doen succomba aux envahisseurs, elle dû être reprise plus tard par le reste des fidèles d'Uhjltd. L'entité (2709) est identifiée comme étant celui qui devint le roi des nomades après la mort d'Uhjltd et fut connu comme Uhjltd le Second. Mais il régressa lorsqu'il infligea des punitions à «ceux qui étaient innocents» (on suggère peut-être ici un massacre général des Grecs), même s'il gagna plus tard «en étant le serviteur d'autrui», et «le *chef* d'un grand pays et de grands peuples.»[13]

«Ô Roi, ô Uhjltd», ce message est proclamé dans l'une des lectures d'Edgar Cayce touchant une série de rêves et de visions dont il avait cherché l'interprétation: «il doit y avoir purification corporelle de ces éléments qui empêchent de répandre la plus grande lumière sur ceux qui doivent le suivre dans toutes directions.»[14]

Dans la référence qui reproche à Cayce son incarnation persane comme Uhjltd le Roi, il y a la reconnaissance d'un rôle inhabituel dans le développement de l'âme au cours de cette incarnation-là. En fait, dans une lecture plus tardive, le cycle persan est cité comme source première d'une grande part de son talent actuel qui lui permet de laisser «l'esprit charnel» en état de transe, «pour que parlent les oracles – ou ce qui touche ce Trône.»[15]

Mais si Cayce éleva son niveau de développement spirituel durant le cycle persan, et ceci suite à la période, également digne d'éloges, où il était Ra, ses incarnations suivantes virent un modèle contraire s'installer, comme il semble arriver souvent dans la mise à l'épreuve et la purification de chaque âme. Car, bien qu'il fût autrefois prêtre et roi, «il erra, cependant, au prochain retour sur terre et au suivant également.»[16]

8. Le siège de Troie

Tout a commencé par la pomme d'or de la Discorde. On ne pouvait rien attendre d'autre d'un cadeau aussi douteux, don d'une déesse vengeresse.

Il est quand même surprenant que les lectures d'Edgar Cayce apportent maintenant à l'antique légende de Troie non seulement une confirmation de sa vérité profonde (comme plusieurs historiens l'ont depuis longtemps soupçonné), mais, à son dénouement, une tournure ironique et bizarre.

Pour ceux qui en furent les acteurs, les suites karmiques de la tragédie troyenne apparurent au vingtième siècle lorsqu'au moins deux des principaux protagonistes – Hector et Achille – se réincarnèrent dans des rôles étrangement distincts. De plus, leur entrée en scène à des moments différents, dans des lieux et des rôles également dissemblables, a fini par être à l'origine d'un grand nombre d'événements majeurs de la vie d'Edgar Cayce.

Il n'y a pas de quoi s'en étonner particulièrement. Après tout, Cayce lui-même avait participé au drame initial. Soldat répondant au nom de Xénon il défendait la porte principale de la citadelle attaquée lorsqu'elle succomba, à l'extérieur, aux ruses subtiles des Grecs, et à l'intérieur, à celles de leurs complices troyens. Pris d'une humilitation et d'une rage mortelle, Xénon se sentant perdu, s'ôta la vie.

Cet acte impétueux d'«effacement» – c'est ainsi que les lectures appellent le suicide – devait hanter l'entité à travers toutes ses vies successives. Il devait revenir sans cesse au niveau conscient sous une forme de culpabilité ou une autre, jusqu'à ce que, incarné en Edgar Cayce, l'entité apprenne enfin à l'affronter, à le dépasser dans la patience et l'amour, en se pardonnant à lui-même et aux autres. Le sage conseil reçu dans l'une des lectures de la Recherche de Dieu est peut-être ce qui exprime le mieux la leçon: «Tiens-toi à côté et regarde le "moi" passer.»[1]

Paradoxalement, cela implique encore un acte d'«effacement de soi», mais dans un sens diamétralement opposé, selon les lectures de Cayce. Plutôt que d'obéir au moi inférieur et d'accomplir un geste pitoyable d'auto-destruction, comme dans le cas d'un suicide, la volonté humaine, dans un acte de reddition volontaire, se soumet à la Volonté Divine et permet ainsi au Soi Supérieur en nous de reprendre sa maîtrise première. Il suffit de jeter un regard au dévouement dénué d'égoïsme qu'il a manifesté dans cette incarnation, en réponse à l'appel hautement spirituel d'entrer au service de Dieu et de l'homme, pour pouvoir penser qu'il a opéré un renversement total de l'expérience destructrice de Troie. Aussi je pense qu'il devient éminemment intéressant de noter que les lectures de Cayce emploient parfois le terme «effacement de soi» dans son sens positif ou spirituel, en voulant parler de la conquête du moi inférieur, alors qu'ailleurs, comme on le voit dans ce chapitre, le mot est utilisé avec une connotation négative ou un sens contraire, impliquant une auto-destruction du corps physique.

Il est clair qu'Edgar Cayce connaissait intimement les deux pôles de «l'effacement de soi», car tous deux faisaient partie de son expérience tout au long du cheminement de l'âme.

Les dieux et les déesses, ainsi que la pomme d'or, peuvent être vus comme les expressions fantaisistes d'une fable historique et par trop humaine, mais ils colorent les événements en fonction de l'époque où ils ont eu lieu, ajoutant ainsi une dimension uniquement «grecque» qu'il est difficile d'ignorer en racontant fidèlement ce drame ancien.

Tout commença quand l'ondine Thétis se maria au noble Pelée, un mortel. De leur divine union devait surgir un guerrier invincible du nom d'Achille. Toutes les déesses furent invitées aux noces, sauf une. Elle s'appelait Éris ou Discorde et se manifesta en offrant une pomme d'or, lancée parmi les invités abasourdis. Son joli cadeau portait une inscription: Pour la plus belle.

On demanda à Jupiter de choisir parmi les trois finalistes – Junon, Minerve et Vénus. Il refusa sagement l'honneur et le trio dut chercher un juge mortel. Sur le mont Ida, elles trouvèrent un jeune homme gracieux, Pâris, malheureux fils pasteur du Roi Priam de Troie.

Pâris rejeta les promesses de gloire et de sagesse émanant de Junon et de Minerve. Il nomma plutôt Vénus la plus belle des déesses. La récompense qu'elle lui fit était l'amour de la plus belle des humaines, Hélène. La seule difficulté résidait dans le fait qu'Hélène était déjà l'épouse de Ménélas, roi de Sparte. Mais quand Pâris navigua vers la Grèce à la recherche d'Hélène, elle trouva ses charmes irrésistibles et consentit aussitôt à s'enfuir avec lui. Le résultat était à prévoir. Le scandale secoua la Grèce entière comme un séisme et marqua le début des interminables guerres troyennes qui durèrent neuf années. Durant ce temps, les expéditions répétées des guerriers grecs irrascibles – héros jeunes et vieux – cherchèrent à venger l'honneur de Ménélas et à reprendre à son ravisseur troyen la belle Hélène, dont la légendaire beauté fut immortalisée par ces vers: «Était-ce là le visage qui mena au combat des milliers de navires?»

C'est vers l'*Iliade* d'Homère, qu'on doit se tourner pour avoir un récit complet du conflit interne qui secoua chacun des deux camps avant la chute de Troie. En réalité l'*Iliade* commence à la fin d'une guerre de neuf ans, quand une querelle entre Achille et Agamemnon força le premier à se retirer temporairement de la bataille épique et à menacer de retourner en Grèce. C'est donc son compagnon le plus proche, Patrocle, qui le remplaça, mais il fut tué par Hector dans une rencontre avec les forces troyennes devant les portes de la ville. Dans une crise de furie et de remords, décidé à venger la mort de son ami, Achille retourne alors mener un combat féroce et sans merci. Sa cible, bien sûr, est tout d'abord l'illustre Hector, qui, avec sa mère Hécube, femme du Roi Priam, semble être la vraie force régnante chez les Troyens et avoir usurpé le pouvoir du vieillard. Le frère d'Hector, Pâris, amant d'Hélène qui les jeta tous dans cette galère, semble avoir été un bon guerrier et un bon séducteur, mais guère plus! C'est une de ses flèches empoisonnées qui fit tomber Achille, après que celui-ci eût tué Hector de façon cruelle dans une lutte d'une incroyable férocité.

La défaite et la disgrâce d'Hector furent évoquées par Edgar Cayce dans un rêve d'une clarté inhabituelle qu'il eut le 19 septembre 1933. Comme ce rêve est encore plus visuel que le récit d'Homère et qu'il implique Cayce lui-même, nous le citons ici dans son intégrité:

> *Je vis le combat entre Hector et Achille, reconnaissant ces individus comme ceux que je connais maintenant en tant que (5717) et (900). Ils étaient tous deux beaux de visage. Tous deux avaient des bouclettes noires tressées sur leurs têtes, qui me rappelaient la Méduse. Les cheveux semblaient être leur force. Je m'aperçus qu'Achille était très poilu, alors qu'Hector n'avait des poils que sur le cou – d'une couleur différente de celle des cheveux. Je vis Hector traîné au travers de la porte que je gardais, vers une grande arène. Il fut traîné autour de l'arène plusieurs fois. Même s'il perdait, et avait perdu, beaucoup de sang – tachant le sol et les pierres à mesure qu'il passait, je m'aperçus qu'il n'avait pas tout à fait perdu conscience. Finalement les chevaux – conduits par Achille – prirent un virage rapide et la tête d'Hector alla s'écraser près de moi, contre le pilier de la porte; la cervelle en jaillit. Avant qu'il ne perde la vie, ses muscles et ses nerfs se mirent à trembler et je vis les oiseaux de proie manger de gros morceaux de sa cervelle.* (294-161)

À la suite de cette bataille de titans, la chute même de Troie ressemble au calme après la tempête. Mais elle apporte une fin dramatique et justement célèbre à cette histoire.

Les Grecs, se trouvant encore dans une impasse, employèrent une stratégie qui fit tourner les événements en leur faveur. Ils façonnèrent un grand cheval de bois, posé sur des roues et le firent rouler jusqu'à la porte principale qui menait à la citadelle troyenne. Là le cheval fut présenté comme une offrande propitiatoire des Grecs avant qu'ils n'abandonnent le combat. Pour parfaire la supercherie, les Grecs cachèrent leur flotte. Les Troyens réjouis, convaincus que les Grecs étaient enfin partis, relevèrent la porte et roulèrent le grand cheval dans la ville comme un trophée. Mais à l'intérieur du ventre de l'animal de bois se cachait un petit contingent des meilleurs guerriers grecs. À la faveur de la nuit, pendant le sommeil des citoyens, ils sortirent par un panneau secret et relevèrent la porte pour leurs camarades armés qui étaient de l'autre côté. Les Troyens, totalement surpris, n'eurent pas le temps d'organiser une résistance efficace. La ville tomba et le siège de neuf ans cessa. Hélène, repentante, retourna dans les bras languissants de Ménélas à Sparte, et lorsque les vainqueurs se furent vengés en répandant suffisamment de sang troyen, un traité de paix fut négocié entre la Grèce et Troie.

Les lectures d'Edgar Cayce, en racontant le passage où Cayce vécut sous le nom de Xénon, fixèrent l'époque comme allant de 1158 à 1012 av. J.-C., même si nous soupçonnons que le prophète voulait plutôt situer la fin de la période en 1112 av. J.-C. Cela donnerait au malheureux Xénon, qui s'ôta la vie au début de sa vie d'adulte, quarante-six ans d'existence plutôt que cent quarante-six, ce qui est plus vraisemblable.

Cette révision de date nous éloigne très peu de la date hypothétique des guerres troyennes (env. 1140-1130 av. J.-C.), telle qu'elle fut compilée par Eratosthène, qui basa ses calculs sur des généalogies de vieilles familles royales conservées dans la tradition et le folklore grecs.

Les faits archéologiques suggèrent que le château-fort de Troie fut une véritable ville antique, située dans le nord-ouest de l'Asie Mineure près des Dardanelles, ville qui fut détruite puis reconstruite à neuf reprises. La Troie du «bon Roi Priam» – allusion, empreinte de favoritisme, faite par Homère au père d'Hector – fut apparemment celle de la septième reconstruction.

Dans le récit homérique, Achille est présenté comme un personnage négatif et plein de vengeance, alors qu'Hector est dépeint comme l'un des plus nobles caractères de l'antiquité. Mais ce préjugé ne correspond pas a ce que nous disent les lectures de Cayce sur les deux protagonistes. Hector y est décrit comme un «usurpateur» et un «sans cœur»,[2] alors qu'Achille apparaît comme «quelqu'un qui progresse moralement»[3] et qui est désireux de «libérer les peuples oppressés et de mettre sur un pied d'égalité le menu peuple et ses oppresseurs».[4] En fait, Achille avait apparemment réussi à gagner secrètement le soutien de plusieurs Troyens, citoyens ordinaires, qui non seulement détestaient les misères que Pâris leur avait imposées mais se rebellaient dans leur cœur contre un régime d'oppression. Les lectures semblent suggérer qu'ils n'ont fait qu'attendre le moment opportun pour jeter leur dévolu sur les armées d'Achille afin de renverser éventuellement le groupe de tyrans placés au pouvoir par Hector.

Dans une lecture pour M. (2886), qui avait été semble-t-il, parmi ces Troyens qui soutenaient secrètement les efforts d'Achille pour anéantir le règne oppressif d'Hector, nous trouvons des signes clairs de désaffection générale:

> *Dans l'(incarnation) qui précède, nous sommes dans cette période où il y eut des guerres intérieures et extérieures, c'est-à-dire la période troyenne. L'entité est alors parmi ceux qui défendaient la ville et (cependant) se trouvait parmi ceux qui s'insurgèrent avec celui (Achille) qui détruisit l'usurpateur, le sans cœur – Hector. Et l'entité profita de cette expérience, mais perdit sous d'autres aspects suite à l'orgueil*

> *qu'elle tira des pouvoirs qu'elle avait acquis. Elle progressa quand elle fut au service et concrétisa l'*idéal *qui en motiva certains durant cette période. Mais elle perdit en remettant aux autres ce qu'elle détestait en elle-même.*(2886-1)

Toutefois, un autre passage fait reproche à la fois à Hector et à Achille, il renvoie à «la beauté et, cependant, à la sauvagerie de ce peuple à l'époque troyenne, lorsqu'Achille et Hector dans leurs activités n'apportèrent au petit peuple que la revanche de l'un sur l'autre à travers les effets de leurs actes mutuels.»[5] Il semble donc que ce fut une période où les masses ne pouvaient compter que sur une loyauté fragile et très incertaine.

Dans un récit qui diffère quelque peu de celui d'Homère, une des lectures ressemble à un roman d'espionnage: une assistante d'Hélène, à l'intérieur de la citadelle troyenne, enseigne à son fils comment ouvrir les portes, au moment propice, pour laisser entrer Achille. Si nous interprétons cela correctement, cela veut dire qu'Achille était encore en vie lorsque Troie fut prise et qu'il ne reçut pas la blessure mortelle au talon que la flèche de Pâris lui infligea avant la bataille finale. Cela indique aussi avec clarté la complicité d'une certaine portion de l'armée troyenne. Bien que les lectures confirment l'histoire du fameux cheval de Troie, en en identifiant même le constructeur, M. (470), il semblerait que son contingent caché de soldats ait eu d'autres missions spéciales à accomplir et qu'il ait laissé l'ouverture de la porte à un collaborateur troyen, selon un arrangement prévu.

Enfin, dans une lecture pour celui qui, dans l'armée d'Achille, était Cajhalon, identifié aujourd'hui à M.(470) et qui «était le bâtisseur et le manipulateur du cheval», on évoque «le siège qui eut lieu à la suite de cette conflagration».[6] Quel commentaire curieux! Devons-nous en déduire que le fait de mettre le feu au gigantesque «cheval de guerre» était prévu dans la statégie grecque? S'il en est ainsi, cela aurait été une façon astucieuse de divertir l'attention des troupes troyennes du péril bien plus grand qui les attendait dans l'obscurité complète de cette nuit fatale.

C'est sans doute aux Troyens que nous pouvons attribuer l'aphorisme historique «Méfions-nous des Grecs lorsqu'ils apportent des cadeaux»! Et d'après ce récit, c'est le suicide de Xénon (alias Cayce) qui rappelle le plus tragiquement l'amertume de leur surprise.

En octobre 1923, un homme d'affaires de Dayton, Ohio, décrit comme quelqu'un de court et de fort, avec des épaules larges, des cheveux bruns et des yeux bleus profonds, entra dans le studio de photo d'Edgar Cayce à Selma, Alabama. (À cette époque, le médium, peu connu, tentait de survivre comme photographe professionnel, car il avait du talent dans ce domaine et venait juste de déménager sa jeune famille de Hopkinsville à Selma.)

L'arrivée de l'étranger devait marquer le début d'une relation unique et plutôt extraordinaire (malgré son assez courte durée), dont les nombreuses conséquences n'auraient pu être imaginées à l'époque. L'étranger était venu voir Edgar pour autre chose qu'une séance de photographie, car il avait entendu parler des pouvoirs uniques de Cayce. En somme, il demandait plusieurs lectures psychiques et était prêt à payer suffisamment les services d'Edgar en ce domaine. Edgar consentit.

Cet homme, comme tant d'autres dans ce récit, ne peut être identifié que par le numéro du dossier. Dans certains cas, cette procédure est due au fait que l'individu est encore vivant. Dans le cas actuel, c'est par déférence pour la parenté de l'entité. Je demande au lecteur de m'excuser de lui présenter ce nouveau personnage, simplement comme M. (5717).

À cause de ses intérêts ésotériques, l'entrée en scène de (5717) devait marquer un tournant dramatique dans la carrière de M. Cayce comme médium. En fait, la toute première allusion non équivoque à la réincarnation – sujet strictement tabou dans les cercles les plus respectables de l'époque – eut lieu dans la lecture initiale que reçut (5717). On lui dit qu'il avait été moine dans une vie antérieure.

Ce qui ne fut pas dévoilé à l'époque, mais exprimé plus tard, c'est qu'il avait également été l'entité Hector dans une incarnation beaucoup plus ancienne.

En tant qu'Hector, on lui dit qu'il avait eu des liens avec Edgar Cayce et deux autres hommes de sa connaissance, (5453) et (4121), pour «des fins destructrices». Maintenant ils devaient tous travailler à des fins constructives.[7]

Cependant, il ne devait pas en être ainsi. Malgré la dette évidente due à (5717) pour avoir ouvert les talents psychiques d'Edgar Cayce à un nouveau champ de découvertes, avec les résultats si gratifiants que cela comportait pour les générations à venir, la relation n'a pas duré. Bien sûr, la situation financière de (5717) s'était détériorée plutôt soudainement, ainsi que son intérêt, et après environ un an à Dayton, où il avait été attiré suite à des promesses qui ne devaient pas être tenues, Cayce se retrouva seul et déçu. Les deux autres hommes (5453) et (4121) virent aussi des promesses et des espoirs semblables s'évanouir et ceci toujours dans le cadre de leur relation avec l'homme qu'ils avaient déjà connu dans le rôle de leur chef troyen, Hector. C'était comme si le vent mauvais du karma inachevé remontait du passé pour les hanter....

Peut-être chacun d'eux passait-il ce qui pourrait au mieux être décrit comme un «test» de croissance de l'âme. Il serait donc peu sage de vouloir blâmer un seul individu ou un ensemble de circonstances pour ce qui est arrivé. «Ne blâmer personne» est une injonction souvent répétée dans la philosophie de Cayce[8] dont le pendant est «Perdre son moi en Lui».[9] On peut en effet concevoir que, sans les nombreuses croix que certaines relations lui ont fait porter au cours des années, Edgar Cayce ne se serait pas élevé aux niveaux spirituels qu'il a connus et qu'aujourd'hui personne ne se souviendrait plus de lui.

Avant de vous présenter le prochain personnage central de ce chapitre, un point très curieux vaut la peine d'être noté. L'incarnation troyenne de Cayce fut marquée par l'absence évidente de tous les personnages impliqués dans les cycles persan et égyptien – sauf deux. Nous en rencontrerons un très prochainement. L'autre était Mme (369) qui fut sa première femme, Asura, dans le cycle égyptien et aussi la fille adoptée de Crésus dans l'expérience persane. À Troie, elle se présente comme celle qui s'occupait des besoins des portiers (dont Cayce était, bien sûr, sous l'aspect de Xénon, puisqu'il était chargé de la porte principale). En dehors de cela, ce ne sont que des personnages mineurs des cycles égyptien et persan qui réapparurent dans la période troyenne. Selon une analyse soignée des diverses lectures et de la nature des liens antérieurs, il semble que la plupart aient eu des rapports karmiques à régler avec Edgar Cayce dans ce cycle tragique de Troie. Ceux qui étaient de tendance plus «positive» semblent avoir préféré se tenir loin de la confusion troyenne. Les poussées destructrices de Troie n'étaient tout simplement pas destinées à faire partie de leur karma personnel. (C'est du moins une explication plausible pour ceux qui, comme moi, veulent expliquer l'inexplicable.)

Après la sortie hâtive de M. (5717), c'est M. (900), celui qui avait été Achille, qui entra en scène. (Le lecteur se souviendra peut-être quel avait été son rôle précédent, celui de l'Égyptien Aarat, que l'on monta contre le jeune roi et qui conseilla l'exil de Ra en Libye.)

Il n'est pas surprenant que Cayce et son ennemi d'autrefois Achille, aient été destinés à se revoir encore dans le présent. Dans une des lectures qui lui avaient été précédemment adressées, Edgar Cayce s'était fait dire «qu'il y a, qu'il y a eu, et qu'il y aura plusieurs autres dans le monde actuel qui furent en contact avec les forces terrestres (dans l'expérience troyenne), et que le contact sera et a été descendu dans la sphère présente.»[10] (Nous avons fait déjà allusion à la nature essentiellement mineure et négative de la plupart des liens antérieurs, qui atteignent peut-être deux douzaines de personnes ou plus.) Mais les retrouvailles devaient utiliser les avantages du moment à des fins constructives, et non pas servir à réveiller de vieilles inimitiés. Ainsi, pour (900) et Edgar Cayce, ce devait être une «épreuve par le feu», pour ainsi dire, puisque chacun chercha à trouver en soi ce qui avait été semé et à découvrir le seul but qui puisse les unir complètement.

En 1920, un jeune homme mince de descendance juive, qui allait plus tard se convertir au catholicisme, (900), avait été présenté à Edgar Cayce par un ami commun, David Kahn. M. (900) et son frère cadet, (137), des agents de change de New York, venaient originairement d'Altoona, Pennsylvanie, et bien qu'encore dans la vingtaine à l'époque, étaient en voie de devenir riches. C'était une double fortune pour Edgar Cayce, qui n'avait pas seulement trouvé deux bienfaiteurs, mais, ce qui était encore plus important, deux hommes qui semblaient profondément fidèles à l'esprit des lectures et dotés de la curiosité intellectuelle et de l'esprit pratique requis pour pouvoir l'aider dans l'utilisation de ses dons psychiques de la façon la plus productive et la plus constructive. Leur premier pas fut de suivre le conseil donné par les lectures, c'est-à-dire de déménager à Virginia Beach. Il était aussi question de bâtir un hôpital, un rêve chéri depuis longtemps par M. Cayce.

Mais à mesure que les années passèrent, il y eut des différends. Malgré le contrôle presque total qu'ils exerçaient à l'époque où M. Cayce donnait des lectures sur des sujets choisis par eux, et touchant souvent des matières de nature strictement personnelle, la somme des secours financiers offerte pour l'avancement de l'«œuvre», comme elle était appelée, fut vraiment décevante. À mesure que (900) insistait de plus en plus pour exercer un contrôle quasi dictatorial sur les activités journalières du médium ainsi que sur l'administration de l'organisation reliée à l'œuvre, des rancœurs finirent par se développer. Finalement, les relations furent rompues et chacun partit définitivement de son côté.

Sur les ruines de ses rêves brisés, M. Cayce commença pourtant à rebâtir et la majeure partie de l'œuvre restait encore à venir. Une autre crise venait de passer. Cayce, semble-t-il, sinon (900), avait «affronté l'épreuve» de sa rencontre au vingtième siècle avec quelqu'un qui avait été un ennemi antérieur, Achille — un noble ennemi tout de même et quelqu'un dont il avait pu apprendre beaucoup tout en en supportant les pressions humiliantes.

Des intuitions psychologiques sur le lien karmique entre M. (900) et M. Cayce, en partie avant l'ère troyenne, sont fournies par les extraits suivants tirés d'un article intitulé «Données historiques et liens avec (900)», daté du 23 juillet 1929, et qui est une compilation des lectures de vie faite par le Comité Historique de l'Association des Investigateurs Nationaux, dont les trois membres étaient Hugh Lynn Cayce, Thomas J. Sugrue et Gladys Davis:

Liens de (900) *avec* (294)

ÉGYPTE. Durant cette période, Ra Ta (294) *fut élevé au rang de grand prêtre du pays et jusqu'à la division il donna beaucoup aux peuples à travers ses enseignements psychiques. Vous avez pris le parti du roi* (341) *contre le prêtre* (294) *et il naît tout naturellement de cela un certain sentiment de désaccord sur le principe plutôt que sur les réactions personnelles. Vous et* (294) *avez dû travailler ensemble avant et après la division. De cela vient le respect mutuel du talent de l'autre pour expliquer les vérités spirituelles au peuple, mêlé à des points de vue conflictuels quant à la cause de certaines conditions.*

TROIE. Durant la période troyenne (294) *fut l'un des portiers de Troie. Il étudiait naturellement la chimie et s'enflammait facilement. Il surgit naturellement de cette situation un certain antagonisme puisque vous étiez l'un des chefs des armées envahissantes.*

Actuellement, cela pourrait prendre quelquefois chez vous la forme d'une colère irraisonnée. Prenez-y garde et comprenez d'où cela vient. N'essayez pas de jouer Achille (900) *avec lui, car vous le trouverez dans des attitudes aussi têtues que les Troyens qui ont tenu pendant sept* (sic) *longues années (neuf ans).*

(900-275 Suppl.)

Une interprétation de rêve donnée pour M. (900) le 5 septembre 1927, nous fournit peut-être une clé permettant de découvrir quelle direction prenait la relation entre Edgar Cayce et son adversaire d'autrefois. Voici le passage en question:

> *Il (le rêve) ne signifie pas la fin du jour, mais plutôt que l'individu (900 dans ce cas) a été si durci, si touché, si étouffé par les diverses circonstances et conditions, qu'il est incapable d'acquérir la vision convenable et faire le travail qui doit être fait pour développer le soi dans le sens de ce qu'il y a de plus élevé.* (900-340)

Entre-temps, dans une lecture «clé» donnée à M. (900) sur son incarnation grecque en tant qu'Achille, nous apprenons qu'il descendait des milieux aristocratiques de la société athénienne d'alors et qu'il avait été formé très tôt aux arts martiaux, domaine dans lequel il avait rapidement surpassé tous les autres. Cependant, c'était aussi «quelqu'un qui se développait moralement, comme il apparaît dans son lien avec les prisonniers». Il montrait également une «capacité mentale exceptionnelle». La mort légendaire d'Achille, due à une blessure empoisonnée à la cheville, est confirmée ainsi: «L'entité quitta alors la vie dans un combat individuel, blessé à la cheville, où s'installa la gangrène qui empoisonna le système.»[11]

On trouva une semblable lecture-clé sur l'incarnation troyenne de Cayce en tant que Xénon, lecture qui apporta bien des éclaircissements sur de nombreux points. C'est en effet dans cette lecture qui se réfère à 1158 av. J.-C. comme à la date apparente de la naissance de Xénon, que le sens de «58» en rapport avec des cycles antérieurs de trouble et de changement devint clair: «Car il y a toujours eu pendant une période de cinquante-huit (-58) un cycle, une unité, un âge, une année, une période ou époque où le conflit fut entretenu.» Ensuite, la lecture élabora sur ce thème, montrant comment cela mena éventuellement Xénon à sa perte, et les faiblesses de l'entité devaient être cernées et dépassées dans cette incarnation. Voici les passages les plus pertinents:

> *Ainsi dans cette expérience le conflit fut engendré entre Grecs et Troyens. Pendant ces événements arriva (celui qui avait été) Ra Ta, Uhjltd, pour ces expériences qui auraient dû amener – ou devait amener – la force, la puissance de résister face à l'adversité...*
>
> *Pendant cette période l'entité fut tout d'abord étudiant: étudiant en chimie, en mécanique, en arts. Cependant, l'entité fut forcée, contre sa* propre *volonté, de participer activement au conflit public.*
>
> *Il y avait eu peu ou pas de chances pour que les armées (de l'envahisseur) fassent une brèche, car les portes défendant la ville contre les ennemis avaient tenu contre toutes sortes d'assauts... Mais alors des conditions se mirent à affaiblir cette force par l'usage de la ruse – qui n'avait pas été l'expérience de l'entité (une allusion, bien sûr, au «cadeau chevalin» des Grecs). Ainsi, l'entité se trouva elle-même, sans force pour maintenir cette unité. Car elle avait fini par dépendre des pouvoirs de l'ego – ce qui est trop souvent la perte d'une âme!»*
>
> *C'est de* cette *manière alors, que l'entité a échoué. Et avec l'échec vint l'expérience d'être un proscrit, comme quelqu'un de déshonoré, de méprisé. Se perdant à la fin par l'autodestruction.*
>
> *Nous avons indiqué que plusieurs de ceux que l'entité contacta alors se seraient rencontrés au présent, et que certains seraient encore des obstacles d'une façon ou d'une autre, que plusieurs fourniraient des expériences lorsque reviendrait le désir d'auto-effacement physique... Et voici le* grand *obstacle, la grande expérience que l'entité doit rencontrer à présent... une régénération à partir de cette expérience.*

Et quant à la façon ou manière dont l'entité peut la rencontrer. Voici: c'est devant chaque âme. En Lui mettez votre confiance...

Comme il y eut l'échec, de même il y a la grâce qui passe à travers Lui, mais encore là l'entité échoua. De sorte que l'éveil spirituel fut donné à certains.

Car pour plusieurs la puissance, le secours, l'aide venus dans leur expérience actuelle n'ont pas seulement été égalés, mais ont surpassé tous ceux qui avaient été expérimentés dans la période de Ra Ta ou d'Uhjltd.

Car une fois ce besoin d'effacement dépassé, il peut commencer un rajeunissement. (294-183)

Le hasard voulut que l'entité (900) – l'ancien Achille – reçut le même présent convoité que Vénus avait accordé à Pâris. Une lecture de vie pour sa belle jeune femme (136), révéla qu'elle était une réincarnation d'Hélène de Troie. On pourrait spéculer sans fin sur les facteurs karmiques particuliers qui ont permis de les ramener ensemble dans cette vie. Mais ce fut, malheureusement, un mariage qui ne dura pas; et peut-être fallait-il s'y attendre. En ce qui concerne Edgar Cayce, la fin de l'histoire, quoique bizarre, eut un heureux dénouement dont l'entité bénéficia. En voici le récit:

On ne peut donner un plus bel exemple à un autre, ni un avis plus sage, que celui qui est tiré des profondeurs de sa propre expérience. Ainsi, quand la famille éprouvée de M. (378) – l'ancien Hept-supht, l'initié atlante – approcha M. Cayce en avril 1934, craignant que la disparition soudaine de M. (378) fût liée à une tentative de suicide, M. Cayce a pu puiser dans la leçon apprise de sa propre expérience tragique, à Troie; il communiqua d'«âme à âme» avec son ami (378) le poussant à éviter la voie de l'auto-effacement. Ses rencontres «hors du corps» furent fréquentes et urgentes avec cette âme chancelante, dont Cayce pouvait suivre les pensées et les pas de tous les jours, jusqu'à ce que, finalement, les appels spirituels prévalent sur l'impulsion auto-destructrice, et que l'homme, sans savoir pleinement ce qui l'avait changé, revint à lui.

Pour Edgar Cayce, cet incident d'une vie sauvée était une façon de transformer l'obstacle d'autrefois en tremplin pour l'avenir.

9. Le sage de Samos

Dans un rêve étrange survenu lors de sa soixantième année, au matin du 14 mars 1938, Edgar Cayce vécut une réminiscence partielle d'une expérience de vie antérieure qui ne se trouve mentionnée nulle part dans les lectures. Le rêve concernait un épisode dramatique qui eut lieu en Égypte, il y a probablement deux mille cinq cents ans et dans lequel Edgar Cayce s'identifiait au savant et sage grec, Pythagore. (env. 580 à 500 av. J.-C.).

Aucune interprétation du rêve ne fut demandée, ce qui est dommage. Cependant, voici dans son entier le récit de la vision reçue par Cayce, que nous considérons comme assez extraordinaire:

> *J'étais un médecin-chirurgien-chimiste en Égypte – non pas à l'époque de Ra Ta, mais à un autre moment, plus tard. J'opérai la femme de mon ami après qu'elle fût morte et ainsi je sauvai son enfant qui n'était pas né – une petite fille. Je la plaçai sous verre et lui donnai de la nourriture (une infusion à base de foin, de feuilles et autres ingrédients) à travers le cordon ombilical et les viscères que j'avais tirés de la mère et qui entouraient encore le bébé – les poumons, le cœur, le foie, les reins, etc. Les gens dehors protestaient, cherchant à m'assaillir mais craignant de nuire au bébé. Je savais qui étaient ces gens d'alors et qui ils sont maintenant, mais je ne*

m'en souvenais plus en m'éveillant. Pourtant, une portion du rêve me revint lorsque je regardai un magazine durant la journée et que je vis le nom de Pythagore qui paraissait semblable à mon nom d'alors. (294-189)

Comment expliquer un rêve si inhabituel? Tout d'abord, considérons le rêveur. Nous savons, après examen des abondantes lectures psychiques et des interprétations de rêves laissées par Edgar Cayce, que son «vrai» monde, à l'instar du grand psychologue C.-G. Jung, était autant, sinon plus, dans le domaine psychique de ses rêves, visions et dans ses états de transe ou ses expériences hors du corps, plutôt que dans les expériences charnelles qui seraient la seule «réalité» chez la plupart d'entre nous.

Notons également dans ce cas particulier, la référence importante au cycle égyptien de Cayce comme prêtre Ra Ta et à la fille qu'il avait eue autrefois dans cette incarnation-là (probablement l'entité 2329) connue comme Aris-Hobeth, ou «Favorisée»). En effet, ce n'était pas la première fois que Cayce se trouvait étrangement réuni en rêve avec cette entité qui semble être la même enfant, mais dans des incarnations autres que celle de l'Égypte ou que celle d'aujourd'hui. Quelques mois auparavant, il avait noté un rêve prémonitoire d'une dimension extraordinaire, où l'Aris-Hobeth de naguère et lui-même se rencontraient dans le «Nouvel-Âge» rêve qui confond l'esprit. Ce sera le sujet du chapitre suivant. (Je pense qu'on peut dire, avec un semblant de logique, que ces deux rêves impliquant Cayce et une petite fille d'autrefois reliée à son expérience égyptienne comme Ra Ta – le premier prémonitoire, l'autre rappelant un épisode de vie antérieure du temps de Pythagore – ont tendance à se renforcer mutuellement, donnant à chacun un certain degré de véracité.

Enfin, ce fragment de rêve est beaucoup trop «vivant» et convainquant pour être facilement mis de côté comme une simple fantaisie ou comme étant symbolique. Nous sommes tentés de l'accepter tel quel, telle une répétition authentique, en état de rêve, d'un événement réel tiré d'une vie antérieure, malgré la nature extraordinaire du contenu.

Nous devons considérer chez Edgar Cayce la grande réceptivité des *mois* mental et spirituel au monde psychique, qui affectait parfois les détails, même les plus insignifiants, de sa vie consciente. Il semble donc peu vraisemblable qu'il ait pris ce magazine particulier simplement par hasard ou qu'il soit par hasard encore, tombé sur la page contenant le nom de Pythagore. Nous suggérons plutôt qu'il y a une forte probabilité que ce soit son Moi Supérieur qui l'ait guidé tout au long.

Néanmoins, la vérification réelle de ces choses appartient à l'observation et au jugement pratiques. Pour cela, il devient nécessaire de voyager dans le passé et d'examiner les fragments historiques que nous pouvons trouver concernant la vie et les voyages de Pythagore, tout en cherchant des similitudes pouvant relier l'ancien sage grec de Samos au célèbre «prophète endormi» de Virginia Beach. À première vue, cela peut sembler une tâche impossible! Mais nous avons devant nous nombre de révélations étonnantes, tirées des pages de l'antiquité, touchant la légendaire figure de Pythagore, qui fut un contemporain, au milieu du sixième siècle avant Jésus-Christ, de Gautama Bouddha en Inde, de Confucius et Lao-Tseu en Chine, et du «dernier» Zoroastre en Perse. (Pour ce qui est de ce dernier, – à ne pas confondre avec celui du même nom qui le précédait au temps d'Uhjltd et de Zend – on nous dit que les auteurs grecs reconnaissaient au moins six Zoroastres, dont le dernier, selon Lucius Apuleius, fut un contemporain de Pythagore. Le sage grec a, dit-on, séjourné et étudié avec le mage persan après avoir été emmené captif à Babylone par les armées de Cambyse et ensuite relâché.[1]

Cependant, avant de commencer sérieusement notre recherche, nous devons enlever quelques obstacles sur notre chemin.

Pour un regard sceptique, la définition de son moi onirique comme «médecin-chirurgien-chimiste» peut sembler dès l'abord discréditer l'identification postérieure de Cayce à Pythagore. Pourquoi? Parce que du point de vue historique on le place dans une catégorie sociale beaucoup plus élevée. Pythagore était, par ordre d'importance un savant, un sage, et un enseignant. Toutefois on peut dire qu'Edgar Cayce, qui n'était sûrement pas un érudit, ne s'intéressait pas du tout aux concepts traditionnels ou historiques. Il choisissait simplement les termes les plus appropriés pour décrire comment il se voyait réellement dans le rêve, où il était «médecin-chirurgien-chimiste». De plus, puisque Pythagore était un maître praticien des arts thérapeutiques et que sans doute il avait une connaissance pratique de la chimie (comme Cayce, rappelons-nous en, puisqu'il avait étudié le sujet à Troie, alors qu'il était Xénon), cela justifierait la dénomination employée ici de «médecin-chimiste». Quant au troisième terme «chirurgien», il est connu que toute pratique de la chirurgie était essentiellement contraire aux principes de Pythagore, qui enseignait la compassion envers toute forme de vie. Toutefois, il y a une distinction subtile à faire ici. Le «médecin-chirurgien-chimiste» dans le rêve de Cayce n'opérait *pas* sur une forme *vivante*, mais sur un cadavre. Son motif était sûrement humanitaire, à savoir sauver la vie d'un fœtus encore en croissance, ce qui aurait pu justifier que Pythagore s'écartât des principes qu'il reconnaissait et qu'il faisait siens. (Mais si l'on en croit la réaction hostile de la foule à l'extérieur, une chirurgie aussi radicale à cette époque – même pour sauver la vie d'un enfant à naître – était hautement impopulaire.)

Ici une autre question nous harcèle. La foule agitée vue par Cayce incluait-elle ses propres fidèles qui le désapprouvaient? Était-ce des Égyptiens (puisqu'il était en Égypte à l'époque) ou simplement des Grecs de la communauté locale? Cette dernière suggestion est la plus plausible, bien que nombre de ses propres élèves non initiés et de ceux qui le suivaient, aient pu être présents. De toute façon, en relatant son rêve, Cayce avait dit: «Je savais qui étaient ces gens alors et *qui ils sont maintenant*, mais je ne pus m'en souvenir après mon réveil.» (Un commentaire étonnant!) Finalement, l'ami de Pythagore dont la femme était morte avant d'avoir pu enfanter, pourrait être Pythamax, un Crétois, comme nous le verrons plus tard. Ceci nous conduit à croire que la foule hostile était probablement surtout composée de Grecs qui connaissaient à la fois Pythamax et Pythagore, mais nous ne pouvons savoir si certains membres de l'école pythagoricienne s'y trouvaient aussi.

Il reste un dernier problème à résoudre avant de poursuivre.

Comme Pythagore était un Grec ionien, de l'Île de Samos, existe-t-il des indices historiques de son séjour en Égypte? Et même s'il y était, comment la présence d'autres colons grecs en terre pharaonique à cette époque s'accorde-t-elle avec les faits historiques? Très bien, en fait! Car en 572 av. J.-C., Amasis II devint le seul roi d'Égypte après la mort d'Apries et poursuivit la politique de son prédécesseur qui avait accueilli les étrangers. On dit que des multitudes de Juifs se rassemblèrent en Égypte lorsqu'Amasis II leur offrit des privilèges commerciaux intéressants et, ce qui est encore plus important, une certaine liberté qu'on ne pouvait trouver en terre grecque à cette époque.

Cependant, ce n'était pas comme marchand, bien sûr, que Pythagore avait émigré en Égypte, ni parce qu'il était en quête de liberté personnelle, même si cela lui importait beaucoup. Il y alla plutôt comme chercheur de sagesse. L'historien philosophe britannique du dix-septième siècle, Thomas Stanley, s'inspirant des écrits de Jamblique et d'autres chroniqueurs anciens, raconte que le jeune Pythagore reçut tout d'abord l'enseignement de Thalès, à Milet.[2] Mais avec la venue au pouvoir de Polycrate le Tyran, Thalès conseilla à Pythagore d'aller en Égypte pour accroître sa sagesse en étudiant auprès des prêtres initiés à Héliopolis, Memphis et Thèbes. Il le fit et demeura en Égypte trente-deux ans, étudiant l'astronomie (qui aurait été de «l'astrologie» à cette époque) et autres sujets, tout en passant les initiations de tous les mystères religieux des Égyptiens. Sa sagesse grandissait et Pythagore commença sans doute à attirer des disciples. Mais sa renommée s'étendrait plus tard, lorsque l'école pythagoricienne de Crotone, en Italie, deviendrait un centre mondial d'enseignement.

(Incidemment, cela ne rappelle-t-il pas les activités de Ra à son retour d'exil, ou le centre établi par Uhjltd à Is-Shlan-doen?)

Pythagore était connu pour ses pouvoirs psychiques et ceci suggère une possibilité intéressante. À l'âge d'environ soixante ans, quelque vingt ans après son départ d'Égypte, on dit que Pythagore épousa une belle et intelligente jeune disciple, du nom de Theano. (Son âme soeur (288), peut être?) Elle fut une compagne idéale pour ce grand sage et leur relation était particulièrement étroite. Lorsque Pythagore, déjà très âgé, fut assassiné à Crotone par une troupe de tueurs, ce fut cette même Theano qui prit en charge la poursuite de l'œuvre du maître et la divulgation de ses enseignements. Selon Porphyre, *elle était la fille de Pythanax, un disciple crétois de Pythagore*. Ce Pythanax était-il l'ami non identifié du rêve de Cayce, dont la femme mourut en enfantant? Le sage aux dons psychiques, qui avait déjà identifié la femme de son ami comme sa propre fille durant une incarnation antérieure en Égypte (Aris-Hobeth, la fille favorite de Ra, selon nos spéculations précédentes), avait-il eu une prémonition touchant l'identité et le destin de l'enfant prématurée – si clairement reliés aux siens? C'est une hypothèse plausible et, si elle est juste, cela expliquerait bien qu'il ait risqué sa vie et sa réputation pour sauver le fœtus grâce à la pratique audacieuse d'une chirurgie nouvelle – *chirurgie qui a même pu être réalisée psychiquement*. C'est certainement possible, en autant que Pythagore ait été initié aux mystères d'Isis et qu'il soit devenu un maître reconnu, ou un adepte.

Bien que ses enseignements principaux nous soient parvenus intacts, que savons-nous aujourd'hui de Pythagore lui-même? Très peu, malheureusement. Mais le peu que nous savons est fascinant, tout simplement parce que cela nous révèle, quoique rapidement, un homme dont l'être intérieur et le développement psychique ont des traits remarquablement semblables à ceux d'Edgar Cayce, tel que nous le percevons à travers les lectures.

Pour commencer: «Le peu que nous savons de façon certaine à propos de Pythagore» rapporte une source, «inclut le fait qu'il pouvait se rappeler vingt vies antérieures, et même davantage.» (Voilà déjà un parallèle extraordinaire entre Pythagore et Cayce.) Mais nous pouvons aller plus loin. Dans *Age of Fables*, Bulfinch cite Ovide qui décrit Pythagore s'adressant sur ce sujet à ses disciples en ces termes: «Les âmes ne meurent jamais, mais toujours, en quittant une demeure, elles passent dans une autre. Moi-même je peux me rappeler qu'au temps de la guerre de Troie, j'étais Euphorbe (*sic*), le fils de Panthus et que je suis tombé sous l'épée de Ménélas. Récemment, comme j'étais dans le temple de Junon, en Argos, je reconnus mon bouclier accroché là-haut parmi les trophées. Tout change, rien ne périt.»[4]

Bien que le récit d'Ovide ne coïncide pas avec celui de Cayce, si, de fait, Xénon était une des incarnations précédentes de Pythagore, on peut affirmer avec une certaine justesse que le poète romain a pu habiller un fait réel touchant Pythagore avec des détails fantaisistes de son cru. Il est connu que plusieurs des fables populaires des *Métamorphoses* d'Ovide, dont est tirée la citation précédente, se trouvaient dans cette catégorie. L'essentiel selon mon point de vue est que l'on attribue à Pythagore et à Cayce des incarnations troyennes, car cela peut avoir son importance.

S'inspirant de la fable d'Ovide, Jamblique et d'autres historiens de l'antiquité mentionnent également l'incarnation troyenne de Pythagore, bien qu'il y ait des différences en ce qui concerne les détails et le lieu de cette incarnation et de plusieurs autres qui lui sont attribuées. Il est à noter cependant, que certains des proches disciples de Pythagore ont maintes fois répété qu'il avait été une incarnation d'Apollon,[5] le fils de Zeus, qui est, dans la légende, identifié au soleil et au Moi Supérieur. Cela nous rappelle l'incarnation égyptienne de Cayce en Ra ou Adonis, ce qui évoque un symbolisme identique, comme on l'a mentionné dans un chapitre précédent.

Un lien encore plus étroit entre Pythagore et Cayce nous est donné par C.-G. Jung, qui s'inspire de la *Vita Pythagorica* de

Jamblique pour raconter ce fait fascinant: le Mont Carmel – connu des étudiants de Cayce pour son lien historique avec les Esséniens – était également considéré comme une «montagne sacrée» par les Grecs et les Romains païens et «Pythagore se retirait souvent dans la solitude sacrée du Carmel».[6] Cela coïncide avec les renseignements donnés ailleurs sur le fait que Pythagore demanda à être initié à la sagesse sacrée des Juifs, des Chaldéens et des Perses, de même qu'il voyagea en Égypte et en Inde pour être initié aux enseignements secrets. Il fut sans doute un adepte dans l'art de la méditation et nous pouvons logiquement conclure que ses retraites fréquentes dans «la solitude sacrée du Carmel» lui permettaient de s'abîmer dans de profondes méditations d'où il tirait les intuitions spirituelles qui le guideraient dans ses actes à venir. En fait, un auteur affirme que «Pythagore disait à ses disciples qu'il était meilleur de commencer sa journée dans la méditation silencieuse, pour ainsi recueillir son âme.»[7] (Cayce, bien sûr, donnait toujours le même conseil.)

La tradition dit que la première visite de Pythagore au Mont Carmel, dans ce qui était alors la Phénicie, eut lieu durant sa jeunesse alors qu'il était en route vers l'Égypte, après avoir quitté le lycée de Thalès. Pendant le voyage qui suivit, de la Phénicie jusqu'à la côte d'Égypte, voyage qui dura trois jours et deux nuits, on raconte qu'il demeura assis sur le pont en état de transe, ne prenant ni sommeil ni nourriture et suscitant l'émerveillement des matelots. (Aujourd'hui, nous appellerions cet état, état de *samadhi*, ou de conscience cosmique.)

Selon Porphyre, Pythagore réussissait a interpréter les rêves de manière remarquable. Ici encore, nous trouvons un parallèle unique avec Edgar Cayce: la publication des lectures comprend deux ouvrages consacrés à l'interprétation des rêves.[8] De plus, le sage de Samos fut un maître dans l'art de la divination et de la prophétie. La «Roue de Pythagore» a survécu comme un des plus extraordinaires exemples de numérologie ésotérique jamais inventé, comprenant des correspondances avec les lettres de l'alphabet, les sept planètes, les jours de la semaine et les signes du Zodiaque. Pour ce qui est de la capacité de prophétiser, Pythagore enseigna à ses disciples que c'était un «don divin» accordé comme «récompense d'une vie consacrée à l'ordre et à la vérité.»[9] (Il n'avait sans doute aucun intérêt pour des praticiens égocentriques, probablement aussi nombreux alors qu'aujourd'hui.)

Dans un autre parallèle avec le médium et voyant de Virginia Beach, Pythagore pratiquait l'art de guérir avec grand succès et à cette fin, il instruisait ses disciples dans l'usage des diverses herbes. Il mettait l'accent sur des régimes spéciaux, de même qu'il recommandait l'exercice de la modération en toutes choses. (Pour quelqu'un qui a étudié les lectures d'Edgar Cayce touchant les sujets sur la santé, tout ceci paraîtra très familier.)

Une de ses méthodes les plus révolutionnaires pour guérir les maux concernait le pouvoir thérapeutique de la musique. On dit du reste que Pythagore préparait des harmonies spéciales pour différentes maladies. Cela rappelle, bien sûr, ce que les lectures nous disaient de l'usage de la thérapie musicale dans l'Égypte ancienne, lorsque le grand prêtre Ra employait l'«harmonisation de la musique» dans le Temple du Sacrifice pour purger plusieurs de ceux qui avaient été enfermés dans des formes grotesques durant la première partie de leur évolution. «Car les vibrations tant dans la musique que dans les sphères», disait Cayce dans une des lectures – et son emploi ici de l'expression «musique des sphères» demande qu'on y porte attention, nous y reviendrons – «purifiaient en harmonisant les vibrations et les forces destructrices telles qu'elles avaient été manifestées dans la nature, c'est à dire arrachant à la matière ce qui empêchait l'individu, l'âme, de connaître et d'être un avec la Force Créatrice.»[10]

Sans doute, la plus importante et la plus durable contribution de Pythagore à la pensée et à la culture occidentale fut celle qu'il fit dans les domaines de la philosophie et de la science. En fait, c'est Pythagore qui inventa le mot *philosophe* qu'il définissait comme «quelqu'un qui cherche à trouver», par contraste avec le sage, qui est «quelqu'un qui sait». Ainsi,

Pythagore révéla le cœur de sa sagesse: l'humilité. Mais aujourd'hui, en reconnaissance de ses réalisations élevées, il est plus justement et universellement considéré comme «le Sage de Samos». Nous utilisons ici ce titre honorifique.

Sa philosophie a été résumée dans les fameux «Vers Dorés de Pythagore», qui enseignèrent la doctrine de la connaissance de soi, de la tempérance, et de la «vertu sacrée». «Crains-toi toi-même avant tout», disent les versets qui font pressentir tout au long le type de sagesse et de recherche de l'âme qu'évoquent les lectures d'Edgar Cayce:

Ne te blesse pas toi-même: avant d'agir avise.
Ne permets pas que le sommeil te grise,
Avant de repasser trois fois les actes de ce jour:
L'erreur, l'action commise, ou celle omise?

«Les hommes viennent d'une race divine», disent en résumé les versets, «et la nature divine leur dit ce qu'ils doivent embrasser.»

En conclusion, le disciple pythagoricien devait «garder son âme libre de la tache du corps» et s'abstenir de viande «au temps de la prière et de la purification». Ensuite, «dépouillé de la chair jusqu'à s'élever dans l'éther, dieu de vie, divin, jamais plus mortel.»[11]

Les lectures d'Edgar Cayce, deux mille cinq cents ans plus tard, répètent les mêmes conseils de différentes manières. En voici une incorporant, dit-on, une des paroles perdues du Christ: «Vous aussi vous êtes des dieux *en progrès*», dit Celui qui marcha parmi les hommes comme le plus grand Enseignant de tous les âges, de toutes les expériences.»[12]

Un autre aspect des enseignements pythagoriciens était l'usage symbolique de la lettre Y comme représentant «la voie qui bifurque». Chaque voyageur sur le chemin de la vie parvient au point où il, ou elle, doit choisir soit la voie de droite menant à la vertu et à la sagesse, soit la voie de gauche menant vers le vice et la mondanité. Cayce parla de ces deux voies, la première représentant le développement de l'âme par opposition à la deuxième qui symbolise la régression. Ainsi, dans les lectures de vie, on trouve régulièrement l'alternance de ces deux expressions qui évaluent le progrès ou le retour en arrière d'une entité dans ses vies antérieures: «l'entité a progressé» ou «l'entité a perdu.»

«Pythagore était probablement le premier à soutenir que la terre était ronde», écrit Louis Mac Neice dans son livre *Astrology*.[13] Il était aussi le premier savant dans l'histoire à comprendre l'unité entre l'humanité et l'univers et à saisir la nature héliocentrique de notre système. C'est à Pythagore que l'on doit l'expression bien connue, «la musique des sphères» – expression qui, curieusement, se retrouve dans nombre de lectures, où elle se présente avec tout le naturel et la force d'une parole tout à fait originale. Pythagore inventa aussi l'usage du mot *kosmos* (suggérant la notion d'un arrangement ordonné et d'une perfection structurale), pour qualifier l'univers ou macrocosme dont la réplique miniature est l'homme, ou microcosme. Enfin, c'est également Pythagore qui introduisit dans le monde grec le pentagramme mystique, ou l'étoile à cinq branches – 5 étant le chiffre sacré d'Hermès – et qui l'adopta comme emblème de l'École Pythagoricienne.

Les Pythagoriciens étudiaient la géométrie, la musique et l'astronomie (astrologie) comme autant d'aspects du cosmos divin, reliés entre eux. Une connaissance fondamentale de ces trois sujets était considérée comme obligatoire pour quiconque cherchait à se faire accepter en tant qu'élève de Pythagore. Un petit cercle intime d'étudiants – ceux qui avaient passé le troisième et dernier degré d'initiation des enseignements – l'appelaient par son nom, alors que tous les autres disaient de lui: «Cet Homme» ou «Maître».

Les contributions de ce génie suprême aux fondements de la science moderne sont profondes et étendues. Il n'est pas nécessaire ici de les évoquer. Mais la connaissance des nombres doit sûrement être mentionnée.

Pythagore avait une compréhension phénoménale de la science des nombres, sous ses aspects à la fois ésotériques et exotériques. Il était apparemment le premier des grands philosophes à avoir atteint une conscience intuitive des principes numériques sous-jacents à toute la création. Musicien accompli (on le dit inventeur de la lyre, bien que les lectures de Cayce suggèrent une ancienne version égyptienne de cet instrument), l'idée semble être soudain venue à Pythagore que la musique et les mathématiques, dans leur essence, étaient une. Cela le conduisit à découvrir les proportions numériques sous-jacentes aux intervalles musicaux que les Grecs appelaient consonnants et qu'ils utilisaient comme la base de leur gamme.

De plus, c'est Pythagore qui créa le symbole de la «tétractys» ou encore Décade Pythagoricienne, qui correspond au symbolisme incorporé dans l'«Arbre de Vie» de la Kabbale. La tétractys, qui consiste en dix points arrangés sur quatre étages (quatre points sur la rangée du bas, ensuite trois, deux, et finalement, un au sommet), forme un triangle équilatéral. Il est défini dans le *Dictionary of Symbolism*[14] comme suit: «Le nombre parfait» des Pythagoriciens et des numérologues, composé de la Monade Divine (Un), de la dyade (Deux) de la triade primordiale (Trois) et de la tétrade fondamentale (Quatre).»

Bien sûr, on ne peut affirmer avec certitude que Pythagore et Edgar Cayce furent la même entité dans différentes incarnations. Toutes les correspondances présentées ici, impressionnantes et convaincantes malgré tout, sont, en dernière analyse, simplement circonstantielles.

Ce point concédé, il serait toutefois approprié d'ajouter une autre coïncidence (si on peut l'appeler ainsi) avec laquelle nous pourrions conclure.

Dans les lectures données par Edgar Cayce, se dessinait souvent un modèle familier dans lequel le karma accumulé d'une entité l'entraînait dans un cycle descendant afin qu'elle affronte une bonne partie de la récolte négative qu'elle avait semée. Ensuite suivait un cycle de développement positif, puisant encore une fois dans les réalisations des vies antérieures afin de conserver «l'équilibre» de l'âme, pour ainsi dire, avant de l'exposer encore au karma négatif qui restait à effacer. Fidèle à ce modèle cyclique, comme nous l'avons observé dans l'incarnation troyenne de Cayce en Xénon, l'entité a retrouvé plusieurs compagnons qui épuisaient un karma semblable. C'est, bien sûr, une loi universelle: ce qui se ressemble, s'assemble.

Un autre phénomène observable dans les lectures concerne les âmes qui se réincarnent en groupe, pour le meilleur ou pour le pire, selon la nature de leurs liens antérieurs. C'est dans ce but que nous avons dévoilé la «coïncidence» à laquelle nous avons fait allusion précédemment. (Car après Troie vint Samos – un cycle ascendant.)

Parmi tous ceux qui, au cours des années, sont venus chez Edgar Cayce pour des lectures, une seule personne paraissait associée de près à Pythagore. (S'il y en eut d'autres, formant un «groupe» typique à travers les lectures, elles ne furent simplement jamais identifiées avec cette période historique.) Il s'agissait de Mme (1472), une femme d'un développement spirituel hors du commun, qui avait été une grande force pour le bien dans plusieurs de ses vies antérieures, contribuant ainsi à l'avancement de l'humanité, tout comme Cayce l'avait fait lui-même. En fait, elle joua son premier rôle dans notre histoire durant le cycle de Ra Ta. Princesse des Carpates, elle rapporta à son peuple les enseignements de Ra, de Saneid et des autres êtres extraordinaires de ce rassemblement unique. Durant la période précédant immédiatement la venue de Jésus, elle fut directrice chez les Esséniens, qui avaient prédit l'arrivée d'un Messie et fait les préparatifs voulus. Elle devint institutrice du jeune Jésus, L'envoyant finalement en Égypte, en Perse, et en Inde pour apprendre des trois mages qu'elle avait précédemment connus.

Maintenant elle apprenait qu'elle avait étudiée sous Pythagore et qu'elle s'était apparemment enrichie à son contact. Pourtant, on ne lui donna pas davantage d'information sur cette incarnation, et on ajouta «il y a beaucoup de choses que nous voudrions vous donner, mais vous n'êtes pas totalement prête à les recevoir maintenant.»[15]

Sur cet appel à l'humilité, il est certainement temps pour nous de clore ce chapitre.

10. Un tableau à la grecque

Un tableau est, par définition un «portrait vivant» dans lequel un ensemble silencieux et immobile de personnages est disposé sur scène, habituellement pour représenter un événement aux conséquences dramatiques ou historiques.

Telle est donc la nature de ce chapitre. Il n'y a pas d'action – pas de texte, pas de trame narrative – simplement, le tableau lui-même, immobile, encadré, d'après lequel les spectateurs devront reconstituer dans leur esprit, du mieux qu'ils le pourront, la suite réelle ou imaginée des événements qui ont pu réunir ou diviser le groupe de personnages placés devant eux.

Nous sommes dans la Grèce antique et Socrate est mort. Xénophon et Platon, deux de ses plus brillants disciples, ont immortalisé leur noble maître – l'un avec une série de «dialogues», qui allaient également immortaliser leur auteur, et l'autre avec l'*Apologia Socratis* et autres œuvres bien connues sur Socrate. Entre-temps, Philippe de Macédoine a amené à sa cour l'illustre Aristote, un ancien élève de Platon, pour qu'il soit le tuteur de son fils, le futur Alexandre le Grand, destiné à marquer les pages de l'histoire de sa fulgurante ascension. Ces événements se situent globalement entre le cinquième et le quatrième siècle av. J.-C.

Nous en arrivons maintenant à notre tableau, dont le choix de figurants est tiré des lectures d'Edgar Cayce et couvre plusieurs générations allant de l'époque de Socrate à celle d'Alexandre. Il est impossible de savoir quels sont les fils karmiques qui les ont tous conduits à s'incarner en même temps par des voies qui peuvent parfois se croiser, être indirectement reliées ou ne pas l'être du tout mais qui semblent indiquer cependant quelque destin commun où chacun joue un rôle unique, même s'il est mineur.

Edgar Cayce bien sûr en faisait partie. Nous le rencontrons, à l'époque d'Aristote, dans le rôle d'un chimiste du nom d'Armititide.[1] Il assista probablement Aristote dans ses fonctions de précepteur à la cour de Macédoine, sans toutefois jouer un rôle majeur. Mais il a certainement fini par connaître assez bien le jeune Alexandre. (Les notes de Gladys Davis suggèrent la possibilité que le prophète endormi ait pu vouloir dire «Archimède», plutôt qu'«Armititide», mais cette conclusion semble exclue du fait que le fameux mathématicien vécut un bon siècle après Aristote et qu'il ne fut jamais connu comme «chimiste».) Non, je pense que nous devons accepter le personnage d'Armititide, bien qu'il soit moins connu, et concevoir que Cayce ait eu un cycle de développement relativement «passif» dans cette incarnation qui a dû être immédiatement suivie par celle où il fut Pythagore. Une grande vie suivie d'une vie humble semblerait former une suite convenable dans l'évolution bien équilibrée d'une âme. De plus, il a pu y avoir, pour ainsi dire, du «rattrapage» à faire; il faut se rappeler que Cayce, dans son incarnation troyenne de Xénon, avait tout d'abord étudié la chimie avant d'être forcé à jouer le rôle du soldat défendant les portes de la ville. De toute façon, nous le laissons pour l'instant «côté jardin» de notre tableau, une fiole de chimiste dans une main et un sac de poudres dans l'autre...

Si les deux ou trois courtes lignes (incorporées, en fait dans une lecture donnée pour un autre – M. 5717) et touchant l'incarnation d'Edgar Cayce sous les traits d'Armititide, semblaient suggérer le peu d'importance relative de cette incarnation sur l'ensemble de son développement spirituel, il n'en était pas ainsi pour l'entité qui avait été le noble Xénophon. Il partage, dans notre tableau, le centre de l'avant-scène avec un autre grand conducteur d'hommes – qui fut son contemporain tardif – Alexandre le Grand. Mais alors que ce dernier devait dépasser Xénophon en réputation, son registre d'âme dans cette incarnation fut, selon les lectures, un de ceux qui *régressèrent*, alors que Xénophon *progressa.*

Il est probable que Xénophon aurait aimé avoir une vie tranquille et studieuse comme chroniqueur des enseignements de Socrate et comme historien de son époque. Le destin toutefois en a décidé autrement. Après les Guerres du Péloponnèse, apparemment déçu par la détérioration de la démocratie athénienne, Xénophon devint général dans les forces mercenaires de Cyrus le Jeune lors de sa tentative pour renverser son frère Artaxerxès II, roi de Perse. Mais quand Cyrus fut tué à Cunaxa, sa cause échoua et Xénophon conduisit alors la brillante retraite tactique de quelque douze mille Grecs pendant une marche de treize cent miles vers Chrysopolis à travers un territoire hostile. Consigné plus tard en détail dans son fameux chef-d'œuvre en sept volumes: l'*Anabase*, le récit de cette longue retraite est présenté comme un excellent exemple de bonne tactique à tous les commandants militaires. Cependant, à cause de son amitié pour Sparte, on enleva à Xénophon sa citoyenneté athénienne. Il se retira à la campagne, dans une propriété à Scillus, près d'Olympie, consacrant ses jours à l'agriculture et à l'écriture. En 369 avant J.-C., sa citoyenneté athénienne lui fut rendue et il déménagea à Corinthe.

Ces informations de base sur Xénophon ont pour but de préciser sa vie, ses réalisations et de fournir au lecteur les connections géographiques et historiques nécessaires pour établir le lien entre Xénophon et certains autres figurants de notre tableau.

La lecture de vie disait de Xénophon, maintenant connu comme M. (2903): «L'entité alors était en cette partie d'elle-même qui conduisit les armées (grecques)», ajoutant qu'«il menait aussi les peuples vers la plus haute compréhension du soi, et cherchait à les éduquer pour amener chez eux les meilleures influences. Alors, quant au nom de Xénophon, en cela nous trouvons au présent l'impulsion et la capacité de diriger les vies des autres de façon pour que le meilleur puisse leur advenir.»[2]

Dans une vie antérieure, il fut dévoilé que M. (2903) avait été un des douze conseillers du Roi Araaraart II, et qu'il avait eu une influence constructive. Appelé Conraden, il avait tout d'abord été historien et chercheur – activités qui allaient évidemment bien lui servir dans l'incarnation où il serait Xénophon. Bien qu'il soit, de nos jours, représentant pour une compagnie d'assurance-vie, sa lecture de vie suggérait qu'il aurait dû être ministre et ajoutait qu'il aurait été excellent à ce poste.

Après la mort de Socrate qui préféra boire la ciguë plutôt que de renoncer à la vérité et de donner raison à ses juges athéniens, sa veuve, Xantippe, se trouva dans le besoin et demanda de l'aide à Xénophon. La femme de Xénophon, Airdarel, accepta et employa Xantippe comme couturière. C'est ainsi que Normaline, la fille cadette de Socrate et Xantippe, devint familière avec le principal biographe de son célèbre père; Xénophon, tout comme Platon, avait été disciple de Socrate durant ses dernières années et il s'asseyait souvent aux pieds du grand maître, mais la petite Normaline entra peu en contact avec les participants de ces banquets intellectuels.

La Normaline d'antan, maintenant (538), et la compagne de Xénophon, Airdarel, connue comme (760) obtinrent des lectures de vie qui décrivaient leurs rôles respectifs à l'époque grecque. Leur rôle dans notre tableau sont relativement mineurs, mais nous ne devons pas les ignorer pour autant. Nous les trouvons assises à droite de la scène, un peu en arrière. (Comme nurse d'Alexandre, (538) tient un jouet.)

L'entité (538), le lecteur s'en souviendra, était tout d'abord apparue sur la scène égyptienne sous les traits d'Isis, compagne de Ra; plus tard, dans le cycle persan, elle fut Inxa et devint l'instutrice des enfants d'Uhjltd et de Ilya. En comparant ces deux rôles antérieurs avec l'expérience grecque, la lecture indiquait que «les plus grandes influences et activités ont été et sont en relation avec les séjours de l'entité pendant son expérience égyptienne dans «la ville située dans les collines et les plaines». La lecture ajoutait qu'il y avait «un plus joyeux entendement des buts et idéals», ainsi qu'«un plus grand avancement», dans les deux incarnations antérieures et apparemment une grande capacité de «supporter plusieurs épreuves du point de vue matériel», par opposition à l'incarnation grecque où elle était la fille souvent confuse et étonnée de Socrate. Sur cette période plus désespérante et malheureuse, la lecture spécifiait: «nous trouvons que les influences rationnelles du point de vue matériel deviennent parfois des obstables plutôt que la plus grande expression de la spiritualité.»[3] Cependant, elle ajoutait que «ce n'était pas obligatoirement des périodes qui retardaient», puisque de cette expérience grecque «il est venu cette force nécessaire pour apaiser l'intérieur» afin que les «plus grandes forces» puissent s'exprimer.

Il semblerait, en somme, que l'incarnation grecque de (538) ait été essentiellement passive, peut-être un peu comme l'était Edgar Cayce à cette époque, dans le rôle d'Armititide le chimiste — ne contribuant guère mais ne gênant pas non plus à la construction de l'individualité de l'entité durant ce séjour.

Quant à l'entité (760), qui avait été la femme de Xénophon, Airdarel, on indiqua par ces mots qu'elle avait eu un cycle profitable: «Dans cette expérience nous voyons l'entité développer l'influence que nous percevons maintenant dans la capacité de conseiller et d'être écoutée là où d'autres ne réussissent pas.»[4] Il fut révélé incidemment qu'elle avait été la fille du Roi Arart I et donc une sœur du jeune roi Araaraart II, pendant le cycle égyptien.

Pour finir, un fait intéressant: Xénophon et Airdarel se réincarnèrent en frère et sœur et furent l'oncle et la tante de (538). (Ainsi nos rencontres passées nous réunissent toujours!)

Un des proches associés de Xénophon, qui avait partagé ses premières conquêtes militaires ainsi que la fameuse retraite, s'appelait Xéron. Ce fut une expérience dans laquelle l'entité, maintenant incarnée en M. (5249) «progressa spirituellement, perdit matériellement, et perdit ensuite son espoir spirituel en condamnant autrui.» D'où l'avertissement: «Dans cette activité, faire attention, malgré le lieu ou la position, que l'idéal ne soit pas changé.»[5] Dans ses incarnations précédentes, cette même entité avait été l'un des membres du Conseil des

Quarante-Quatre aux temps d'Asapha et d'Affa et était venue de l'Inde pour assister aux rassemblements. Plus tard, durant la période de Ra Ta, attiré vers l'Égypte à la nouvelle des réformes qui s'y faisaient, elle vint sous l'identité de Kudn, mais échoua et partit.

Encore une fois, l'entité, comme tant d'autres, aborde l'expérience grecque avec un rôle plus ou moins «négatif» ou insatisfaisant; ce qui semble nécessaire pour apprendre les leçons de la vie. Ainsi s'acquièrent l'humilité et la patience qui s'appliqueront plus tard à des rôles plus positifs.

Plaçons Xéron, une lance à la main, quelque part dans l'ombre, derrière son chef, Xénophon, et un peu vers la droite. Voilà sa position discrète dans notre tableau.

Alexandre le Grand arrive en scène comme un jeune lion. Sous son casque luisant, nous voyons son visage audacieux, féroce et plein de promesse. Il se tient un peu à gauche, un pied en avant.

L'entité (1208), un neveu adoré de Gladys Davis, n'avait que trois jours lorsque celle-ci reçut une lecture de vie. Ainsi, ce neveu devait grandir pleinement familiarisé avec les implications de son passé dans la formation des événements du présent. À un certain point de vue, ce devait être difficile d'apprendre à un âge tendre, comme le fit (1208), que ses incarnations précédentes incluaient deux grands personnages historiques, de caractère et de réalisation totalement différents. Incarné en Alexandre le Grand, il avait eu la chance — avec son tuteur Aristote — d'apporter beaucoup de lumière au monde de son époque grâce aux énergies combinées d'un intellect bien formé, d'un idéal, et de tous les dons physiques d'un chef-né. On disait dans la lecture qu'il aurait pu faire du monde une seule nation, mais qu'à la place, utilisant le pouvoir pour se faire plaisir et s'exalter, il perdit de vue son but premier et «s'emballa» pour ainsi dire. «*Ici* l'entité a régressé.»[6]

Elle revint une fois encore sous les traits du chef idéaliste Thomas Jefferson. On peut dire que l'entité progressa sur tous les plans, ainsi d'ailleurs que la jeune nation qu'elle servait si bien.

Actuellement, l'usage de ses talents antérieurs était laissé au choix. En fait, il en est toujours ainsi avec chaque entité. Mais avec une âme hautement douée, la prise du pouvoir attire des conflits possibles. On pourrait être tenté, dans ces circonstances, de n'être qu'un spectateur – comme cela fut le cas de certains autres figurants de notre tableau – et de simplement regarder passer la vie. En somme, on pourrait conclure au sujet de la présente incarnation de (1208) qu'elle était relativement passive. Toutefois, d'une période d'observation de soi et d'inactivité relative peuvent sortir de grandes leçons pour l'avenir.

Arlebon, un associé d'Alexandre, se réincarna en M.(3657). Dans sa lecture de vie, il apprit qu'il avait eu une grande aptitude pour la mécanique et qu'il avait été, à lui tout seul, une sorte d'«équipe d'ingénieurs». La lecture disait de lui: «Si l'entité prenait le temps de s'appliquer –et avait de l'intérêt pour ce qui fait tourner les roues – elle pourrait plus que tout autre créer ce qu'on appelle le mouvement perpétuel. Mais n'essayez pas – vous avez commencé trop tard.»[7] (Hélas, pauvre Arlebon!) Cependant, pour quelqu'un qui voudrait entreprendre la tâche, la lecture ajoutait ces instructions alléchantes: «L'usage d'éléments tels que le mercure avec la force de l'électricité, ou du poids, est le bon principe, comme l'entité l'a entrevu plusieurs fois. Mais il vous faut suffisamment de terre pour en faire une force négative.»

Assurément, Arlebon mérite une place dans notre tableau à côté de son chef distingué – un pas ou deux vers la gauche et un vers l'arrière, avec beaucoup d'espace pour tenir un étalon de mesure et d'autres instruments d'ingénieur devant lui.

Enfin, nous arrivons à l'entité Eoso, qui avait vécu sous le règne persan «lorsque le roi avait été détrôné par les officiers des armées grecques sous Alexandre.»[8] Comme officier du chancelier du roi, l'entité fut emprisonnée et en ressentit de la rancœur contre ses ravisseurs. (En fait, on pourrait difficilement lui en vouloir.) Nous avons sur son incarnation présente comme M. (2698) peu de renseignements et ne pouvons que lui assigner une position au fond de notre tableau à la grecque, où il doit s'asseoir, pauvre diable, dans l'inconfort des chaînes. S'il avait une leçon à apprendre dans cette expérience (comme nous le pensons), nous espérons qu'il l'apprit vite, afin de pouvoir être libéré plus tôt de ses boulets.

En conclusion, il n'y a pas de preuve que l'âme sœur d'Edgar Cayce, (288), ait choisi de s'incarner avec ce groupe. Si elle a une place dans le tableau, c'est probablement sous l'aspect d'une faible aura quelque part autour de l'humble chimiste Armititide, sorte d'aide invisible ou d'ange gardien de l'Au-delà. C'est précisément dans ce rôle qu'elle servira son autre moi dans l'incarnation suivante où il serait Lucius de Cyrène, à l'époque où le Maître foula la terre et fut acclamé comme le Messie.

Cette expérience fait l'objet du chapitre suivant.

11. Lucius de Cyrène

«Oui», commençait la lecture, «nous avons des archives de cette entité maintenant appelée Edgar Cayce, ainsi que de ses expériences sur le plan terrestre en tant que Lucius de Cyrène – connu dans la première partie de l'expérience comme Lucius Ceptulus, de descendance grecque et latine et issu de la ville de Cyrène.»[1]

Ainsi arriva-t-il que, à la fin de sa soixantième année, un Edgar Cayce humble et étonné devait apprendre qu'il avait été identifié à ce «Lucius de Cyrène» mentionné dans les Actes 13:1, et encore dans Romains 16:21, qui s'avéra être un des «soixante-dix autres» disciples élus par le Seigneur et envoyés en avant-coureurs «deux par deux devant Sa face en chaque ville et place où Il devait Lui-même passer.»[2] Bien plus tard, il fut choisi par Jean le Bien-Aimé pour être évêque du troupeau à Laodicée.

Pour Edgar, qui était maintenant au sommet de sa carrière psychique, cette révélation tardive était comme le fameux baume de Giléad. Il avait traversé plusieurs feux et enduré toutes sortes d'épreuves et de tribulations dans son effort pour faire connaître l'œuvre de sa vie au monde en attente (cette œuvre qui a été en réalité identifiée dans une des lectures comme «l'œuvre du *Maître* des maîtres»).[3] Et maintenant qu'il était à la veille d'atteindre ce but si longuement attendu, sa joie fut comblée par cette lecture qui l'identifiait à un collaborateur du Christ lors de la dernière incarnation du Seigneur en Jésus de Nazareth. Rien ne pouvait le gratifier davantage. La raison en était simple: dès sa tendre enfance, Edgar avait étudié la Bible avec dévouement, particulièrement attiré vers le Nouveau Testament, où l'histoire de la vie et des enseignements du Maître ainsi que les actions accomplies ensuite par Ses Disciples pour former la première Église avaient toujours été pour lui des paroles *vivantes*. En effet, peu importe le nombre de fois où il avait relu ces pages précieuses, Edgar avait toujours été étrangement ému. Maintenant, il comprenait enfin pourquoi: il avait été un participant actif et un témoin de ce drame sacré.

Cependant, pour que Cayce ne s'étonne pas que cette incarnation particulière, si importante et chargée de sens pour lui, n'ait pas été révélée plus tôt, la lecture fournissait une explication pleine de piquant: «Si cette lecture avait été donnée au début, l'entité s'en serait enorgueillie»! Il est évident que chaque entité, que chaque individu, doit atteindre la maturité nécessaire par l'application des principes choisis et à travers les leçons apprises, avant d'être prête à recevoir dans un véritable esprit d'humilité certaines révélations qui pourraient autrement s'avérer un obstable au développement de l'âme.

C'est peut-être dans ce contexte que la lecture concernant la vie de Lucius de Cyrène ne négligea pas certaines des faiblesses qu'Edgar Cayce avaient eues dans cette incarnation-là. Il apprit, par exemple, que, pendant sa jeunesse, «Lucius était plutôt connu comme un bon à rien, comme quelqu'un qui ne tenait pas en place, il était, dirait-on aujourd'hui, un *soldat de fortune*.» (De plus, cette description s'accordait de façon inquiétante avec l'esquisse faite de lui sous les traits de John Bainbridge, tel que les lectures le présentent bien plus tard lors de sa double venue sur la scène américaine – et où l'entité n'a pas progressé.) En résumé, on l'accusait d'«instabilité».

Comme beaucoup d'autres, dans la société gréco-romaine de son temps, Lucius vivait hors mariage avec une femme – il avait une maîtresse. Elle s'appelait Vesta et faisait partie de la noblesse romaine. Ce fait a, du reste, pu influencer leur décision d'éviter le mariage. En se mariant officiellement à un plébéien, Vesta aurait perdu certains privilèges royaux alors que les exigences moindres d'une liaison lui permettraient de conserver la totalité des avantages de sa naissance royale. De toute façon, la Lecture 1523-6 renvoie par euphémisme à la relation de Lucius et de Vesta comme à celle d'«associés» – une relation qui devait continuer jusqu'au «contrat de mariage de Lucius avec Mariaerh», une Samaritaine plus jeune qu'eux.

Entre-temps, les lectures révèlent que Vesta donna à Lucius au moins deux enfants – un fils et une fille. La dernière, cependant, naquit apparemment *après* que Lucius ait déjà pris Mariaerh pour épouse légitime. Suite à cette situation, certains conflits surgirent qui allèrent jusqu'à diviser les membres du groupe de Lucius, aussi bien que sa propre famille. (C'était comme si les spectres de Ra Ta et d'Isris s'étaient levés pour le hanter.) De plus, Mariaerh resta sans enfant durant les premières années de son mariage avec Lucius, cela devait mener à toutes sortes d'interrogations et d'amertumes, fortement exacerbées par les prédications de Paul contre le mariage. C'est durant ces périodes de disputes, alors que Lucius avait déjà été élevé au rang d'évêque de sa congrégation laodicéenne, que Jean adressa ces paroles, désormais célèbres, à ce troupeau querelleur, divisé: «Je connais vos œuvres, et vous n'êtes ni chaud ni froid. J'aimerais bien que vous soyez froid ou chaud. Et parce que vous êtes tiède, je vous rejetterai.»[4]

Cependant, avec le temps, les différends s'apaisèrent. Lorsqu'un fils, Sylvius, naquit à Mariaerh et Lucius, leur mariage devint enfin l'union sacrée annoncée par leurs premières promesses.

Les lectures confirment ce que les biblistes ont longtemps soupçonné – à savoir que c'était Lucius de Cyrène qui écrivit l'Évangile de Luc.[5] Il écrivit probablement aussi les Actes des Apôtres, bien qu'aucune mention n'en soit faite. Toutefois, la plupart des autorités en la matière attribuent aux deux textes le même auteur, à cause de similitudes et de l'énoncé du premier verset des Actes qui renvoie à un «traité précédent». Mais alors que l'on pense que «Lucius de Cyrène» et «Luc» furent probablement la même personne, dans la mesure où le nom de «Luc» est un dérivé de Lucius, les lectures d'Edgar Cayce révèlent que Luc était en fait un oncle de Lucius, le frère de sa mère, Merceden. Luc aussi venait originairement de Cyrène. Quoiqu'appelé habituellement «le médecin bien-aimé», on nous dit que Luc «était le jeune médecin qui n'acheva jamais ses études ni ne pratiqua, même s'il était connu comme médecin.»[6] On nous dit également, dans la même lecture, qu'il était «près du beau-frère de Pilate et vint à connaître beaucoup de choses qui arrivèrent.»

(Ainsi, ce sont avant tout les souvenirs de première main de Luc qui forment probablement la base de cet évangile qui lui est attribué, bien que, si Cayce dit vrai, il fut en réalité écrit par son neveu.) La confusion historique entre oncle et neveu est expliquée ainsi:

> *On confond souvent Lucius et Luc, car ils étaient parents. Lucius et Luc étaient attirés l'un vers l'autre, et avec la conversion de Saül (ou Paul, tel qu'il est devenu), ils suivirent de plus en plus près ses activités.* (294-192)

Cyrène, capitale de Cyrénaïque, avait été longtemps une ville prospère, peuplée de Grecs et de Juifs parlant grec, qui vivaient parmi les Libyens sur la côte nord de l'Afrique dans la région que l'on appelle maintenant Tripoli. Léguée à Rome en 96 avant J.C., la Cyrénaïque devint province romaine et fut rattachée à la Crète. C'était un rattachement très naturel, étant donné que la plupart des autochtones grecs de Cyrène étaient venus de l'île méditerranéenne.

Cela ne devrait pas nous surprendre de trouver qu'Edgar Cayce, en Lucius, avait des racines chez les Libyens. C'était en territoire libyen qu'il avait été exilé alors qu'il était le prêtre Ra Ta, c'était là que les Nubiens et Libyens s'étaient alliés à lui. Maintenant, dans un cycle beaucoup plus tardif, il se trouvait à nouveau attiré vers la même terre — bien que dans un lieu quelque peu différent — sans doute cette attirance était-elle due aux associations karmiques.

Cependant, il semblerait que son père, Philippi, probablement pour ses affaires, décida de déménager sa jeune famille à Laodicée, dans la province de Phrygie en Asie Mineure qui se trouvait sous domination romaine. Laodicée, ville encore plus prospère que Cyrène, était réputée pour sa laine noire et sa communauté bancaire. Située sur l'ancienne grand-route menant d'Éphèse à la Syrie, Laodicée occupait un plateau presque carré dont la population polyglotte comprenait des Syriens parlant grec, des Romains et des indigènes romanisés, ainsi qu'un contingent de Juifs riches et bien en vue.

On comprend facilement pourquoi Philippi avait déménagé dans un nouvel environnement aussi prometteur. Il n'était du reste pas le seul à venir de Cyrène: son beau-frère, Luc, les avait rejoints dans l'exode, mais apparemment pour s'installer à Jérusalem ainsi que d'autres anciens Cyrénéens, dont Étienne le converti chrétien, plus tard lapidé, et Simon qui, dit-on, avait porté la croix du Sauveur quand Il s'était senti fatigué.

Ce fut probablement durant une visite à Jérusalem pour voir son oncle et homonyme, Luc, que Lucius, encore tout jeune, rencontra le Maître et L'entendit parler aux foules rassemblées. Il fut extasié. Le simple Nazaréen, parlant un araméen populaire, pouvait quand même toucher l'esprit et le cœurs des masses comme aucun orateur entraîné ni aucun prêtre savant n'aurait pu le faire. Mais ce n'était pas seulement Son don de parole et Sa façon enchanteresse de présenter de grandes vérités avec de simples paraboles qui exaltaient Lucius, mais plutôt l'aura indéfinissable d'autorité spirituelle qui se dégageait de cet homme. Sa figure divine, d'apparence souriante et compatissante, n'avait qu'à regarder les malades et les infirmes pour qu'ils soient guéris; mais l'instant d'après, le regard perçant et sévère de ces yeux bleu gris pouvait commander aux démons de quitter un possédé et ils s'enfuyaient. Lucius désirait ardemment connaître davantage cet homme. Aussi devint-il «comme quelqu'un qui s'accrochait, avec la compréhension et l'intention que ce serait là le moment où il y aurait une rébellion contre les légions romaines, les Romains étant en autorité,»[7] une rébellion menée par celui qui était maintenant ouvertement acclamé comme le Messie promis. Ainsi hélas, Lucius, comme tant d'autres parmi les premiers disciples de Jésus, allait mal interpréter la vraie mission du Maître. Il fit partie des soixante-dix choisis pour aller, deux par deux, annoncer Sa venue dans les endroits où le Maître devait bientôt passer et Lucius croyait encore dans son cœur que tout son travail n'était que le prélude à un grand soulèvement social qui allait être bientôt annoncé. «Non pas la paix, mais l'épée», avait dit une fois le Maître et Lucius, comme tant d'autres auditeurs de l'époque, y compris certains des douze, avait mal compris le sens spirituel de ses paroles. Telle était la façon de réagir des jeunes zélotes et des exaltés.

Ce n'est que plus tard, lorsqu'il apprit la nouvelle en revenant de Laodicée, que Lucius pris pleine conscience de la gravité de la mauvaise interprétation qu'il avait faite de la mission salvatrice du Messie. Des récits de Sa crucifixion et de la résurrection qui suivit se répandirent comme une traînée de poudre, même dans les provinces éloignées, et les fidèles revinrent vers Jérusalem comme la grenaille est attirée par l'aimant. Lucius et sa sœur cadette, Nimmuo, étaient parmi ces voyageurs avides qui allaient rejoindre les apôtres assemblés dans l'attente d'autres visites divines.

Ils étaient là le jour de la Pentecôte. La meilleure description de l'événement se trouve dans ces paroles, tirées d'une lecture de vie pour l'entité (2390), qui était alors Nimmuo:

> *Alors vint le jour de Pentecôte, où l'entité entendit le discours de Pierre. Elle vit Jean, Jacques et les autres Apôtres assis – pour ainsi dire – en état de transe. Lorsque l'Esprit était descendu comme en langue de feu et s'était tenu sur ce groupe de Douze.* (2390-3)

En cherchant à expliquer le phénomène de la Pentecôte, Cayce reçut la réponse suivante à une question sur sa propre lecture de vie concernant cette incarnation comme Lucius:

Q-2. Expliquez, s'il vous plaît, comment tous entendirent dans leurs diverses langues le message donné par Pierre en une seule.

R-2. C'était l'activité de l'Esprit, et ce que voulait et veut signifier l'Esprit dans les expériences des individus durant cette période.

Car quelqu'un qui venait de Cyrène entendit un mélange de grec et d'aryen, alors que – même si Pierre parla en araméen – d'autres qui étaient Hébreux entendirent la langue hébraïque, et les Grecs la langue grecque, voyez-vous? (294-192)

Il est clair que le miraculeux «don de langue» de Pierre n'a rien à voir avec le concept pentecôtiste actuel de la glossolalie, qui est habituellement un baragouinage inintelligible qui semble d'origine plus émotive que spirituelle. Dans ce contexte, l'entité (2205) qui devait apprendre dans sa lecture de vie qu'en tant que fille aînée du centurion Cornelius, elle avait été une proche amie de Luc et de Lucius, se fit dire:

> *Vous avez appris plus tard que ce n'était pas nécessaire de parler en langues, mais avec cette langue de l'amour – qui est le langage de tous ceux qui cherchent Sa face.* (2205-3)

Selon toute probabilité, c'est le jour de la Pentecôte que Lucius rencontra pour la première fois sa future femme, Mariaerh, une Juive samaritaine, dont les parents furent associés de près à Elizabeth, la mère de Jean le Baptiste, et à d'autres «saintes femmes» qui étaient actuellement à Jérusalem. Mariaerh fut, en effet, parmi les dix premières personnes qui furent baptisées en ce jour mémorable.

L'engagement de Lucius vis-à-vis de la propagation de l'évangile grandissait en même temps que son amitié pour Mariaerh. Il ne se contentait plus de «suivre», comme par le passé, mais était devenu un disciple fervent et cherchait à se faire accepter des apôtres, qui, pour la plupart, doutaient de lui parce qu'il était du «groupe étranger». Des Douze, seul Thomas se montra désireux de l'accepter. Plus tard, lorsque les persécutions commencèrent et qu'il fallut choisir ceux qui partiraient comme diacres dans les provinces, Lucius fut encore rejeté, cette fois à cause de ses liens étroits avec le converti non-éprouvé du nom de Paul, ou Saül, connu comme citoyen romain, malgré ses prétentions à être de descendance juive. Cependant, avec le ministère de Paul et lorsque le fruit de ce ministère atteignit les oreilles des membres de l'Église-mère à Jérusalem, ainsi que celles de la congrégation surtout juive d'Antioche, l'attitude s'adoucit vis-à-vis de Lucius car il n'avait pas seulement été accepté par Paul mais aussi par la majorité de l'Église de Césarée où Paul et lui prêchaient. Lucius décida alors de revenir dans sa propre ville, Laodicée, accompagné de son épouse, Mariaerh, pour y établir son ministère.

Comme Vesta, son ancienne maîtresse romaine, se trouvait également à Laodicée, les liens anciens se renouèrent. Pebilus, le fils né de cette union, grandissait maintenant et on aurait pu croire que Lucius ne faisait qu'assumer son rôle de père. Cependant, les prêches de plus en plus embarrassants de Paul contre le mariage de ceux qui devenaient évêques dans l'Église, rendit, comme on l'a dit plus haut, le lien marital entre Lucius et Mariaerh encore plus fragile. Finalement, la naissance de Susana, fille de Lucius et de Vesta, mena apparemment à une séparation. Mariaerh, abandonnée et sans enfant, partit pour Béthanie, où elle fut consolée par Marie, la mère du Seigneur, par Élisabeth et la vieille Judy, l'institutrice essénienne du jeune Jésus. Entre-temps, dans la propre famille de Lucius, ainsi que dans sa congrégation, on prenait parti. Il fallut sa mère, Merceden, pour lui faire reprendre ses sens, elle qui avait déjà remis Paul (ce «vieux garçon» comme on l'appelait ironiquement) à sa place:[8]

> *On n'a jamais besoin de justifier, on n'a qu'à Le glorifier. Comme vous avez si bien proclamé à travers Laodicée, comme vous avez si bien consolé Timothée aussi bien que Pierre, André, et que vous avez ramené à lui Lucius.* (2574-1)

Ainsi, la paix revint à Laodicée, et Mariaerh en larmes retrouva les bras de son mari repentant. En temps et lieu, ils eurent un fils, comme on l'a dit plus haut dans ce chapitre. Maintenant c'était entre Lucius et Paul, mais aussi entre Paul et les chefs de l'Église de Jérusalem et d'Antioche que naissaient des différends, résultat du contenu agressif des enseignements de Paul. (Tout cela démontre la fragilité inhérente à la nature humaine, y compris aux saints eux-mêmes.)

Mais si les idées de Paul sur le mariage étaient trop extrêmes, le principe était bon, le célibat pouvant aider le chercheur spirituel mûr pour le vivre, surtout s'il devait être un modèle pour les autres chercheurs. Au Dr (866), un Hindou instructeur de yoga, Cayce offrit ce sage jugement: «Celui qui se marie fait bien; celui qui ne se marie pas fait mieux.»[9]

C'est un choix laissé à l'individu, ce qui est juste. Dans le cas de Lucius, cependant, c'était une question non de continence mais de fidélité. Les vœux de mariage, de toute façon, avaient précédé son épiscopat et ne pouvaient être ignorés impunément. C'est en cela que le jugement de Paul semble étroit.

L'heureux résultat de la réunion de Lucius et de sa femme, dont ils n'auraient pu saisir à l'époque le sens karmique, fut un rapprochement bienvenu avec l'apôtre André qui avait combattu Lucius et qui maintenant le défendait.[10] Comme lors du châtiment subi naguère, la même entité qui l'avait envoyé en exil, Araaraart II en Égypte, était maintenant prête, une fois encore, à collaborer avec le prêtre – ou ici l'évêque – «qui revenait». Dans leur prochaine rencontre, ils seraient père et fils et une fois de plus, la coopération serait la clé de la relation entre Edgar et Hugh Lynn.

Mais tout cela a un aspect secondaire intéressant. Dans le rapprochement définitif d'André et de Lucius, durant cette période de conflits de la première Église, quels rôles ont pu jouer les entités (538) et (288) qui vivaient alors dans l'Audelà? «Car elles devinrent alors ce qui pourrait s'appeler des anges gardiens» nous dit-on, et plus spécifiquement on ajoute que «l'entité individuelle (538) veillait sur les activités d'André pendant l'expérience de Palestine.»[11]

Jetons maintenant un regard sur certaines des relations karmiques impliquant Lucius et ceux qui furent peut-être les plus proches de lui dans cette incarnation-là.

Il y avait tout d'abord sa sœur cadette, Nimmuo, connue aujourd'hui comme l'entité (2390). Durant l'expérience égyptienne, en tant que prêtresse Tar-Ello, elle fut une des compagnes tardives de Ra vieillissant. Ensuite elle apparut durant la période d'Uhjltd, comme l'une de ceux «de la maisonnée du chef» qui aidèrent «à renverser le courant dans le sens du bien» lorsque les jeunes filles grecques tentèrent de saboter les diverses activités de Is-Shlan-doen.[12] De même, lorsque des conflits s'élevèrent autour de Lucius et de Vesta à Laodicée, alors que «plusieurs – *plusieurs* – remirent en question les intentions de Vesta auprès de Lucius»,[13] Nimmuo, qui au début avait «senti et encouragé ce personnage royal (Vesta), même contre Paul qui avait pris le parti de Mariaerh» devant l'épiscopat[14] de Lucius, prit finalement le parti de la neutralité. Paul devait plus tard se mettre du côté de Vesta contre ceux de la maison même de Lucius, au moment où il devint évêque. On dit alors de Nimmuo que «l'entité se tint solide comme un roc – seule avec la *vérité* qui consistait à ne condamner personne!»[15] Bref, elle eut une influence vraiment apaisante en un temps de conflit et de trouble. (Son nom, comme il convient, signifiait «quelqu'un d'envoyé».)[16]

Vesta, l'«associée» romaine de Lucius, avait été en Égypte parmi ceux qui avaient eu des contacts fréquents avec le grand prêtre Ra à la fin de sa vie. (Elle devait plus tard le connaître plus intimement; comme à l'époque de Lucius, elle serait encore sa maîtresse durant la seconde incarnation, sur la scène américaine, de John Bainbridge.) Entre-temps, elle devait être Vesta, une femme d'un très grand charme, capable de susciter l'envie et l'admiration, et chez qui, vers la fin de sa vie, le spirituel l'emporta sur le sensuel; elle devint diaconesse dans l'Église de Laodicée et vécu jusqu'à un «âge très avancé».[17] Dans l'incarnation actuelle, elle demeure un soutien fidèle et actif de la continuation de l'œuvre d'Edgar Cayce. Cependant, les rivalités anciennes ont le don de se manifester inconsciemment car un jour elle m'annonça, avec un petit rire forcé, que sa première et unique rencontre avec l'entité qui fut Mariaerh, sa rivale auprès de Lucius, avait suscité chez celle-ci une antipathie immédiate qui lui avait fait, peu après, quitté Virginia Beach pour n'y plus jamais revenir.

Les enfants de Lucius et de Vesta que nous connaissons (en omettant (3180) dont la mère n'est pas clairement identifiée) étaient Pebilus, un fils, et Susana, une fille. Il est stupéfiant d'apprendre qu'ils finirent tous deux par obtenir des lectures de vie du médium qui avait été autrefois leur père.

L'entité qui avait été Pebilus (maintenant M. (1990) s'incarna comme neveu de M. (1523), sa mère antérieure (Vesta) durant la vie à Laodicée. La lecture de vie révélait qu'il avait été, semble-t-il, parmi les immigrants atlantéens en Égypte après le retour d'exil du prêtre Ra Ta. Durant cette expérience, il accéda au pouvoir. Plus tard, en Perse, il s'incarna sous le règne de Crésus et obtint la charge de chancelier royal; il abandonna plus tard ce rôle pour suivre les enseignements d'Uhjltd. En ce qui concerne son expérience en Terre Sainte comme rejeton de Lucius et de Vesta, nous voyons que Pebilus «fut parmi ceux qui furent bénis comme enfants par le Maître»,[18] ce qui peut bien expliquer pourquoi il choisit d'apparaître dans un cycle plus tardif comme prêtre sur la scène américaine du début, le Père Shaughnessy. C'est là qu'il allait entrer en contact avec ses parents de naguère, encore pris dans une relation illicite, sous les noms de John Bainbridge et Mae Umbor. Le bon père Shaughnessy qui ne jugeait pas les autres de haut, joua le rôle d'enseignant et d'ami, répandant – avec les bénédictions habituelles – douceur, bonté et patience.

Quant à la fille, Susana, devenue maintenant (3685), elle aussi avait été présente avec Cayce durant les cycles égyptien et persan. Dans le premier cycle, elle servit dans le Temple de la Beauté, alors que dans le dernier, elle fut une des jolies jeunes filles grecques qui se convertirent aux enseignements d'Uhjltd. Il ne faut pas être surpris de la voir réapparaître dans l'expérience de Bainbridge et des autres, que l'on appelle expérience Dearborn et dans laquelle on dit que l'entité, qui était alors une certaine Claire Inchworth, progressa – bien qu'elle ait trouvé l'expérience «repoussante».[19]

Il y a peu de choses sur Merdecen, la mère de Lucius.[20] (Il faut la distinguer de Sophia, qui fut la mère de la jeune demi-sœur de Lucius, Nimmuo, et apparemment la seconde femme de Philippi.) Dans la lecture de vie qui la concerne, cependant, on apprend qu'elle avait été Hes-It-Pet, servante dans le Temple de la Beauté, pendant le cycle égyptien de Cayce. Il a dû s'établir entre eux un lien particulier durant cette incarnation, pour que l'âme appelée Cayce la choisisse comme canal d'entrée sur le plan terrestre au moment de son incarnation sous la forme de Lucius.

Cela nous conduit à Mariaerh, femme légitime de Lucius.

Elle aussi avait pris part à l'expérience égyptienne, où elle fut Shu-Tun, une des indigènes d'Égypte qui choisit de s'exiler avec le prêtre. Durant la période persane, elle apparut également et fut une des jeunes filles grecques qui plus tard devinrent de fidèles disciples des enseignements d'Uhjltd.[21]

Au-delà des liens familiaux de la période laodicéenne, regardons l'entité Silas, qui traverse les pages du Nouveau Testament en compagnie de Barnabé et de Paul, avec Lucius, Timothée et Luc et qui est connu dans cette présente incarnation comme M. (707). Ayant épousé la fille de Nicodème à l'époque de l'Église primitive, il s'était incarné précédemment durant la période persane sous les traits d'Eujueltd, le père du Roi Uhjltd. Le renouvellement de leur relation nous donne une leçon: tous deux disciples du Christ, il furent unis, cette fois-là, par une sainte amitié et toujours prêts à s'entraider.

On nous dit que Cayce s'incarna sur terre, sous l'aspect de Lucius, après avoir traversé le royaume de Jupiter. Cette influence planétaire lui conféra une «activité de type universel». Bien qu'imprécise au début, cette tendance universaliste, acquise au cours du séjour jupitérien, finit par prévaloir. «Car l'entité a insufflé par respect pour l'Évangile», nous dit-on, «amour, activité et espoir à des choses dont la nature est devenue comme universelle.»[22]

12. Parmi les Arawaks

«Je ne me vis pas comme un être physique, mais je savais que je faisais partie de l'ordre universel des choses.»[1]

Une affirmation peu ordinaire, comme souvent cela s'est produit chez Edgar Cayce. Cette identification impersonnelle de lui-même avec la totalité de l'être, comme une partie ou une représentation de l'ensemble, est la clé du rêve étrange et allégorique qui suit.

Ce rêve était un curieux mélange de fantaisie et de réalité. Utilisant des espèces variées du royaume animal comme emblèmes symbolisant les jeux changeants d'attitude, de comportement et d'expérience qui font partie du développement des âmes sur terre à mesure qu'elles comprennent l'unité de toute énergie, le rêve mêlait plusieurs transmigrations symboliques de créatures avec ce qui correspondait apparemment aux véritables manifestations charnelles de l'entité appelée Edgar Cayce et incarnée sur terre dans une suite de formes humaines. (Dans l'une de ces incarnations, par exemple, nous le voyons sous l'aspect de Xénon, le guerrier troyen. En fait, c'est le passage onirique cité au chapitre 8, où Cayce est, par les yeux de Xénon, le spectateur impuissant du duel mortel où s'affrontent Hector et Achille.)

Dans chacune de ces incarnations, sous une forme physique changeante, il y a de la part de l'âme une recherche symbolique d'âmes semblables qui ont partagé les leçons tirées de la phase allégorique précédente où elles avaient un aspect animal, manifestant la loi universelle selon laquelle «qui se ressemble, s'assemble». En dernière analyse, toutefois, l'âme doit continuellement être confrontée aux diverses phases d'expérience, c'est ce qui est symbolisé par la descente simultanée en escargots, oiseaux, vaches ou autre. Ces projections animales, bien sûr, comme le montre l'interprétation ultérieure du rêve, devaient être comprises comme de simples représentations correspondant aux variations des traits humains ou des types de caractères. Comme l'a si bien formulé une lecture qui renvoie au même thème mais sous un aspect différent, cela ressemble à ces expressions populaires tirées de la personnification de traits d'animaux: «doux comme un agneau, agile comme un chat, têtu comme une mule, ou des choses semblables.»[2] Bref, «ceci n'indique pas qu'il y ait une transmigration ou transmutation de l'âme de l'animal jusqu'à l'humain.»[3]

Récapitulons le rêve brièvement:

Tout d'abord, Cayce se voit sous forme d'escargot, parmi d'autres escargots. Il est soudain mangé, étant devenu la proie de ces êtres énormes qu'on lui a appris à craindre. Ensuite, il s'incarne en homme et meurt des suites de la fièvre causée par un parasite trouvé dans les escargots. (La leçon est claire: c'est l'illustration vivante du cycle karmique en action!) Quant à l'identité de Cayce dans cette malheureuse incarnation, nous n'avons pas d'indice. Poursuivons donc.

Ensuite, il se voit poisson nageant dans l'océan. Avec plusieurs spécimens de son espèce, il est attrapé dans un immense filet. Comme il s'aperçoit qu'on se prépare à le manger, il perd conscience. Et soudain, il a repris son aspect physique, associé à d'autres humains connus auparavant sous d'autres formes de manifestations. Une transition rapide, et il se trouve changé en vache, avec un petit veau. Le veau est effrayé par un chien de berger mais il est sauvé par le berger qui s'avère être David. Le chien rend la vache enragée, mais Cayce est immédiatement transformé en chien mais est incapable de comprendre l'hostilité naturelle des chiens vis-à-vis des vaches. Toujours sous l'apparence d'un chien, il se casse une patte et est abattu par son maître dans un geste de compassion. Le lieu de l'action change, nous sommes dans une arène à l'extérieur de la porte centrale de la citadelle troyenne où Cayce se voit gardien en train de regarder fixement le duel fatal entre Hector et Achille, comme on l'a vu plus haut. Encore une fois, il passe dans le monde invisible: «Il y avait plusieurs âmes près de moi qui avaient été dans des corps physiques, mais j'en reconnaissais très peu. Je rencontrai enfin quelqu'un que j'avais connu auparavant, et nous décidâmes d'aller vers une mère oiseau – nous fûmes couvés par un roitelet, comme de très petits oisillons.»[4]

Plus tard, toutefois, un chat s'empare de la couvée entière et ils jurent de se venger de tous les félins.

Nous arrivons maintenant à la partie du rêve qui concerne une incarnation au temps de Colomb, qui intéresse particulièrement ce chapitre. Nous y trouvons Cayce dans une des tribus des Antilles parlant l'arawak, sans doute sur une des îles lointaines d'Hispaniola. Sur le vaisseau de Colomb, il reconnaît un ancien compagnon:

C'était apparemment le temps où Colomb découvrit l'Amérique, car je faisais partie du peuple de la terre où Colomb accosta. Puis je rencontrai, parmi les gens de Colomb, l'individu qui avait été avec moi en oiseau. Nous avions hâte de faire un tour en bateau avec les gens venus accoster, parce que nous semblions les seuls à pouvoir parler. Mais cela ne nous fut pas permis. Alors on tenta de revenir de l'île (extérieure?) à la terre ferme (probablement une référence à l'île principale d'Hispaniola.) Une tempête s'éleva et nous fûmes noyés. (294-161)

(Comme à-côté intéressant, mentionnons que dans une des lectures racontant la noyade de Cayce dans son second cycle de Bainbridge, il est dit que «la destruction de ce corps physique le fut souvent par les forces soudaines – l'eau destructrice».[5])

En essayant d'interpréter certains aspects embrouillés de l'extrait de rêve cité plus haut et renvoyant à la période de Colomb, je pense que nous devons tout d'abord séparer l'allégorique du réel. Sans doute y avait-il quelqu'un à bord du vaisseau de Colomb (venu accoster probablement avec un petit groupe) dont l'âme pouvait communiquer au plan psychique avec l'âme de Cayce suite à une association dans une vie antérieure – *non* comme oiseaux au sens littéral, mais au cours d'une expérience (qui a pu être le séjour planétaire de deux esprits, plutôt qu'une incarnation terrestre) qui avait créé entre eux, un lien commun leur permettant de se chercher et de se retrouver. Il est assez probable, de plus, que cet individu était un compatriote Arawak, non un Européen. Le premier accostage de Colomb eut lieu aux Bahamas, avant d'atteindre la masse terrestre plus grande d'Hispaniola, qu'il prit pour Cipango ou Cathay (le Japon ou la Chine), il nota dans son journal qu'il captura des Arawaks. Captif ou non, on peut raisonnablement supposer que l'individu aperçu par Cayce était un Arawak venu d'une des autres îles, et qu'il avait sûrement servi de guide ou d'interprète aux blancs. Cayce a pu être un des chefs des Arawaks de l'endroit et en se liant d'amitié avec le voyageur, il a pu avoir quelques informations sur les pâles étrangers venus dans leurs grands bateaux aux ailes blanches. Utilisant une sorte de langage par signes, il a pu ensuite établir une certaine communication avec eux. Il est facile d'imaginer l'attrait puissant exercé par les trois grands vaisseaux de la flotte expéditionnaire de Colomb sur les observateurs émerveillés qui les auraient pris pour des oiseaux géants s'avançant gracieusement sur les grandes eaux. C'était donc très attirant «de faire un tour en bateau avec les gens qui avaient accosté». Mais le fait que ni Cayce ni son nouveau compagnon n'aient eu la permission suggère que les deux amis étaient *tous deux* des indigènes. (Si le «compagnon» avait été un Européen, lui – ou elle – n'aurait pas été regardé de si haut.) Ainsi les deux aventuriers décidèrent apparemment de suivre le vaisseau européen dans un de leurs propres canots. Mais «une tempête s'éleva», et ils «furent noyés».

Si l'on accepte que Cayce s'était en effet incarné dans le Nouveau Monde au temps de Colomb, nous devons poser la question inévitable: que faisait-il parmi les Arawaks?

La réponse exige un peu d'histoire.

Les Indiens Arawak, dit-on, sont originaires des Andes. Mais dans un mouvement migratoire, certains s'établirent peu à peu dans la chaîne antillaise qui comprend la majeure partie des Antilles. C'était des gens simples, inoffensifs, qui vivaient d'une agriculture rudimentaire, de la pêche et du ramassage de mollusques. Ils n'étaient pas pour autant incultes, loin de là. Avant que Colomb ne retourne en Espagne, après son voyage à Hispaniola, il établit une petite colonie de prisonniers espagnols à Santo Domingo. Les indigènes de cette région étaient des Tainos, une tribu parlant l'Arawak, et Colomb demanda à un frère nommé Ramón Pané d'étudier la religion Taino. Les notes du Père Pané révèlent un niveau très avancé de croyance et de rituel dont la source reste inconnue, bien que certaines autorités l'aient attribuée à la civilisation maya. Les Tainos avaient aussi un système élaboré de hiérarchie sociale et de gouvernement, leur société se divisait en quatre classes: esclaves, peuple commun, nobles et chefs. Paisibles, ils n'avaient pas de quoi se défendre contre les agresseurs espagnols qui, très tôt, effacèrent toute trace de cette culture.

C'est donc dans une société de ce type que Cayce s'est vraisemblablement incarné pour apporter aux tribus Arawak le sens de l'unité et de l'idéal, probablement en prenant le rôle d'un chef. C'est ce que suggère la facilité avec laquelle il se faisait l'interprète des Blancs, accompagné de sa nouvelle amie parlant l'Arawak qui devait être une femme de noble lignée venue d'une des tribus avoisinantes. (Elle avait été son «compagnon», souvenez-vous, dans l'expérience allégorique où ils étaient des «oiseaux»!)

Avant de le quitter dans ce cycle relativement peu connu, il faut remarquer que dans une incarnation un peu plus tardive qui devait la ramener dans le Nouveau Monde, la même entité, sous l'apparence d'un soldat anglais fortuné du nom de Bainbridge, ramena avec elle un cadeau Arawak. Bainbridge fut un guide pour certains membres de son peuple perdus et sans appui sur cette étrange terre nouvelle appelée l'Amérique, d'autre part se lia très vite d'amitié avec les Indiens de diverses tribus qui le considéraient comme un des leurs.

13. Les deux vies de John Bainbridge

Errante, désireuse, curieuse, explorant sans repos,
Questionnante, confondue, informe, fiévreuse, au cœur jamais heureux,
Pourquoi, âme insatisfaite? et vers où, ô vie moqueuse?
Mais sois sûre, ô âme, que les premières intentions demeurent et seront réalisées,
Peut-être que maintenant le temps est arrivé.
Le vrai fils de Dieu viendra chantant ses chants.

–Walt Whitman

Première venue: 1625 ap. J.-C.

John Bainbridge, vagabond et bon à rien.

Voilà les épithètes tragiques appliquées dans les lectures d'Edgar Cayce à cette entité qui vint – non seulement une, mais *deux fois*, semble-t-il – au plan terrestre, émigrant de l'Angleterre vers le jeune continent américain, et chaque fois à la recherche d'elle-même.

Qui était-elle, cette âme troublée, sans repos; qui avait été ce soldat de fortune, cet aventurier à l'instinct de joueur et aux yeux errants et lascifs? Son identité ne nous surprend aucunement, bien sûr: les références des chapitres précédents avaient préparé son arrivée. Mais il est tout de même surprenant qu'une entité qui avait à son actif des réalisations aussi grandes et aussi nobles que celles accomplies dans les rôles de Ra Ta, Uhjltd, probablement Pythagore et Lucius de Cyrène, et qui devait avoir ensuite une autre incarnation remarquable, à savoir celle du fameux médium et voyant Edgar Cayce, que cette entité donc, ait pu si soudainement prendre un «mauvais virage», pour ainsi dire, dans le double cycle américain de John Bainbridge.

Pourquoi? Nous y viendrons en temps et lieu. En attendant, entre les deux vies apparemment gâchées de John Bainbridge, Cayce devait s'incarner pour très peu de temps et être l'enfant désiré de Madame (288) – qui avait été décrite dans les lectures comme son autre moi, ou son âme sœur. (Dans cette vie, (288) avait été la fille légitime quoique non reconnue officièllement, de Louis XIV, le Roi-Soleil. La tragique histoire de cette incarnation criblée de scandales à la cour des Bourbons du dix-septième siècle et impliquant le meurtre volontaire de son enfant sur l'ordre du Roi, sera le point central de notre prochain chapitre, qui inclura des documents peu connus.) L'incarnation française avortée de Cayce, si nos calculs sont justes, dura de 1680 à 1685, alors que sa première apparition comme Brainbridge eut lieu durant la première moitié du dix-septième siècle, il naquit probablement autour des années 1600 – bien que la date de son décès dans cette première venue reste incertaine. Sa deuxième venue où il porta le même nom et suivit certaines traces du premier Bainbridge, peut être fixée à peu près à 1720, son décès ayant lieu trente-quatre ans plus tard, en 1754.

Pour comprendre les origines karmiques des incarnations négatives de Bainbridge où l'âme errante sembla perdre son chemin, il nous faut revenir au cycle égyptien de Cayce, quelque douze mille ans auparavant, pour ensuite retracer la lente maturation du fruit karmique à travers les âges; car la récolte karmique semble être souvent le résultat d'un processus cumulatif.

Malgré ses grandes et mémorables réalisations en grand prêtre Ra, l'entité avait manifesté une faiblesse charnelle évidente au cours de cette expérience. Cela apparut tout d'abord dans la façon un peu facile dont Isris, la danseuse du Temple, agissant sous la poussée malveillante des ennemis du prêtre, avait pu le persuader d'enfreindre sa propre loi, loi établissant la monogamie comme règle du pays, et de la prendre comme maîtresse dans le but de produire l'«enfant parfait». De plus, à son retour d'exil, le prêtre ne semble pas avoir tiré la leçon de cette amère expérience, car pour expier un péché, il ne suffit pas de reconnaître son propre méfait, comme a pu le faire Ra, il est nécessaire de ne pas le répéter. Mais Ra, comme un vrai monarque, utilisa son autorité retrouvée, pour satisfaire ses appétits sexuels avec une suite de compagnes. La première semence destructrice de mauvais karma fut ainsi plantée et nourrie. Bainbridge était destiné à en récolter les derniers fruits.

Entre-temps, pour mieux connaître le karma hérité par Bainbridge, nous devons aussi examiner quelles semences négatives, s'il y en a, avaient pu être semées par Uhjltd. Alors qu'une accumulation énorme de *bon* karma est imputable à cette noble incarnation, comme c'était d'ailleurs le cas pour celle du prêtre Ra, elle avait aussi engendré *du mauvais karma* puisqu'à la fin, malheureusement, l'amertume d'Uhjltd céda à des poussées de colère prometteuses de vengeance. De telles impulsions, nous dit-on, fixèrent une image très négative sur l'écran des pensées du mourant. Le cycle de Troie qui suivit, se terminant par une colère incontrôlée et un suicide ne fit qu'ajouter au fardeau karmique. Suite à de tels actes, l'entité perdit la plupart des acquis faits dans le domaine des idéals et des buts spirituels. Cet éloignement de la vraie voie de l'âme, combiné aux poussées charnelles qui avaient déjà causé la perte de l'entité, expliquent la plupart des traits de caractère négatifs manifestés chez John Bainbridge. Il vint comme une entité poussée par des forces destructrices et portée à servir ses propres intérêts, à l'encontre d'un développemt supérieur et du bien commun. (Un semblable tracé était en fait évident durant la première partie de l'incarnation de l'entité comme Lucius de Cyrène. Mais là, les influences ennoblissantes de Jupiter prirent enfin racine, permettant à l'âme de reprendre sa maîtrise sur le moi inférieur et d'accomplir ainsi sa mission spirituelle dans ce cycle capital au service de Dieu et de l'homme.)

Et qu'advint-il de l'âme sœur, (288)? De même qu'elle avait choisi de ne pas vivre avec Cayce l'expérience fatale de Troie, de même elle resta à part pendant le double cycle de Bainbridge. Peut-être pensait-elle que «l'autre moi» pourrait mieux affronter son karma négatif en étant seul? Peut-être aussi, sa décision de rester encore au «pays du nirvana» lui permit-elle d'agir de l'Au-delà et de jouer un rôle plus important de guide spirituel ou d'intercesseur pour son âme sœur? Mais avant de juger l'âme qui vacille, il est bon de noter cet extrait hautement instructif des lectures touchant le développement et la régression de l'âme. Si ces paroles sont vraies, les variations expérimentées par Cayce sont apparemment communes à la plupart d'entre nous et représentent un schéma d'expérience et d'évolution créé par le Maître lui-même:

Q-5. D'après une étude (des lectures de vie) il semble qu'il y ait une tendance à descendre, venue d'incarnations plus anciennes et menant à un esprit plus terre-à-terre et moins spirituel. Ensuite, une direction ascendante se dessine, accompagnée de souffrance, de patience et de compréhension. Est-ce le modèle normal dont l'achèvement est fait de vertu et d'union à Dieu, fruits de la volonté et de l'esprit?

R-5. C'est juste. Tel est le modèle fixé en Lui (Jésus). (5949-14)

Il y a beaucoup à apprendre, nous dit-on, sur l'ascension évolutive de l'âme vers son Créateur, mais, en revanche, il y a aussi beaucoup à *désapprendre*.[1] Dans une de ses propres lectures de vie, Edgar Cayce se fait dire que «des forces destructrices ont pénétré par les séjours physiques de l'entité, et c'est pourquoi les forces de l'entité qui sont réincarnées, qui rebâtissent, ressuscitent et réétablissent, doivent se manifester dans le présent.»[2]

Un homme doit être jugé selon ce qu'il fait, disait le Maître. Selon ce principe, on peut légitimement conclure que l'âme connue comme Edgar Cayce a réussi à «désapprendre» ou à renverser ces forces destructrices qui lentement étaient montées dans le moi physique et mental depuis les premières transgressions commises pendant sa grande et mémorable incarnation comme Ra Ta. Cependant, c'est le double cycle de Bainbridge – surtout la manière dont il se ferma, comme nous le verrons – qui en marqua apparemment le tournant critique.

Rassasiée de péché et d'égoïsme, l'âme a pu, en quelque sorte, voir «Satan en face» pour remonter et progresser dans un cycle de renouveau où elle fut Edgar Cayce. Le médium et guérisseur contemporain puisait maintenant à la source de sagesse qui coulait en lui et dont les eaux claires en avaient déjà désaltéré bien d'autres lorsqu'il était Ra, le grand prêtre inspiré, ou encore Uhjltd, en Perse, et finalement Lucius dans ses derniers jours (car l'évêque de Laodicée aussi devint guérisseur)[3]. De ses cycles de souffrance dans un grand nombre d'incarnations et des errances de Bainbridge, il était venu à l'entité Edgar Cayce une sagesse encore plus profonde et une capacité de comprendre les manques et besoins d'autrui. Le passage suivant, pris dans une lecture plus tardive, le souligne:

> *Car pour plusieurs, la puissance, l'aide et l'assistance qui sont venues dans leur expérience présente (d'Edgar Cayce) n'ont pas seulement égalé mais dépassé toutes celles qui furent expérimentées dans la période de Ra Ta ou d'Uhjltd.* (294-183)

Même parmi ceux qui acceptent naturellement la doctrine de la réincarnation, plusieurs pourraient être tentés de considérer avec un scepticisme justifié le fait qu'une âme puisse se réincarner *deux fois* sous le même nom, dans une suite de vies très rapprochées (à peu près cent ans entre les deux), et avec un comportement presque identique, qui conduisit même l'entité à retourner dans certains milieux antérieurs.

Inquiétant, n'est-ce-pas? Cependant, le chercheur sérieux peut trouver d'autres cas assez semblables, bien que moins dramatiques, dans les lectures d'Edgar Cayce, cas qui constituent un argument en faveur de la double incarnation de Bainbridge. De plus, ce qui à première vue pourrait paraître complètement improbable, devient, après mûre réflexion, non seulement plausible, mais logique. L'âme troublée, aux désirs insatisfaits, peut chercher, on le comprend bien, une nouvelle chance – une chance de revivre, aussi vite que possible, son cycle précédent d'expérience terrestre, surtout si elle s'était égarée et avait perdu son chemin. Si, les vibrations étant les mêmes, il y avait des changements lors de la deuxième venue, elles dépendraient du libre arbitre de l'entité. Mais alors qu'il est certainement vrai que «le but de Dieu est la croissance continuelle»[4], nous avons déjà noté que la voie d'évolution choisie par l'âme – ou de *régression*, selon le cas – est souvent tortueuse et descend avant de remonter. (En fait, on nous dit qu'«il y a progrès, que vous alliez en avant ou en arrière! Il s'agit de bouger! On peut parfois tourner en rond, mais si l'âme veut grandir, elle ne peut *pas* s'arrêter.»[5] Entre-temps, puisque les noms comme les lieux ont leurs propres vibrations (selon des sources occultes variées et tel que confirmé par les lectures d'Edgar Cayce), on peut facilement comprendre qu'une entité qui doit vraiment expérimenter à nouveau les aspects majeurs d'un cycle antérieur cherche à reproduire les vibrations qu'elle a connues.

Apparemment, il n'est pas rare que quelqu'un ait le goût de retrouver les vibrations familières associées à un nom donné dans une vie précédente, sans pour autant répéter ce cycle. Les fichiers contenant les lectures de Cayce aux quartiers généraux de l'association fondée à Virginia Beach par Edgar Cayce avant son décès, contiennent, sous la rubrique «Noms: Semblables», des douzaines de cas dans lesquels le nom actuel d'un individu est le même ou est semblable au nom qu'il avait dans une vie précédente. Il en est également ainsi pour le prénom, mais moins souvent. Dans le cas où le prénom est semblable, des «apartés» prononcés par Cayce endormi pendant certaines lectures, suggèrent que l'entité qui vient est en quelque sorte capable d'influencer psychiquement ceux qui décideront du prénom. Dans le cas du nom de famille, par contre, nous pouvons raisonnablement conclure que l'âme qui arrive choisit un canal ayant le nom familier et la vibration qu'il lui faut.

En effet, puisque les lectures font ressortir une tendance commune des âmes à se réincarner à plusieurs, travaillant apparemment leur «karma de groupe» de cette façon, nous ne devrions pas être surpris que les âmes qui se dirigent vers les canaux charnels avec lesquels elles ont un lien portent parfois, volontairement ou pas, le même nom qu'auparavant. Par exemple, le grand-père d'Edgar Cayce se réincarna en son propre arrière-petit-fils, en prenant non seulement de nouveau le nom de Cayce, mais en gardant (cette fois comme *deuxième* prénom, plutôt que comme premier) son nom antérieur de «Thomas». Le nom fut psychiquement recommandé par Edgar Cayce pendant une lecture donnée le jour de la naissance, mais probablement à la suggestion de l'âme nouvellement venue. De plus, l'entité (857), qui avait été un ancien colon dans la région de Williamsburg se fit dire dans sa lecture de vie qu'elle avait gardé le même prénom cette fois-ci: «L'entité avait encore le nom de Carol – Carol Fawncet». Dans un autre cas, assez étonnant, une petite qu'Edgar Cayce avait aimée dans son enfance, et qui était décédée à «douze ans et deux», comme disait la lecture en employant une ancienne[6] tournure, réapparut jeune fille, envoyée à M. Cayce par son fiancé pour une lecture de vie. Non seulement son ancienne identité fut découverte, mais on découvrit aussi que son fiancé – qui portait le même nom que celui de sa famille à elle dans une vie antérieure au Kentucky – était une réincarnation de son père d'autrefois. Il était décédé peu après elle et était maintenant revenu dans la famille avec le même nom, bien que dans une localité différente. Le fait qu'ils aient été tous deux guidés vers Edgar Cayce, créant des liens très proches et bénéfiques, est aussi intrigant peut-être, que le fait que le père et la fille aient été tous deux destinés à reprendre ensemble leur vie interrompue sous le même nom qu'autrefois, mais cette fois comme mari et femme.

Ainsi, avec cette digression sur l'apparente «coïncidence» des noms répétés, nous espérons que l'histoire qui suit, celle des deux vies de John Bainbridge, s'appuiera, aux yeux du lecteur, sur une base plausible.

Bainbridge est un nom anglais digne d'attention. Étymologiquement, *bain* veut dire «droit», ou «consentant», alors qu'un pont (*bridge*, en anglais), bien sûr, est normalement un passage au-dessus d'un cours d'eau et peut être vu comme le lien entre deux terres – ou, si vous voulez, deux états de conscience. John dans son sens hébreu, signifie quelqu'un que «Yahvé a favorisé».

Il y eut un John Bainbridge né en 1582 à Ashby de la Zouch au centre de l'Angleterre, médecin et astronome anglais bien connu. Il mourut à Oxford en 1643. On peut raisonnablement croire qu'il a bien pu être le parent mâle de notre personnage principal lors de sa première apparition, le père donnant à son fils son propre prénom. Nous penserions que le fils est né peu après le tournant du siècle – probablement entre 1600 et 1605, en autant que son arrivée dans le Nouveau Monde comme jeune soldat de fortune ait eu lieu en 1625 – les lectures négligent d'indiquer le lieu précis de sa naissance lors de cette première apparition. (Sur sa seconde venue, c'est-à-dire autour de 1720 selon nos calculs, Cornwall est indiqué comme lieu de naissance.) Cependant, pour cette première fois, il a pu naître à Great Yarmouth, dans le Norfold, ou quelque part dans le Lincolnshire, tout près. John Bainbridge n'était pas le seul des fils de ce clan nés britanniques, à émigrer avec les premiers colons sur le continent américain. Jim Bainbridge en était un autre (il a pu être un frère ou un cousin), il arrivait du Lincolnshire et, dans le style de vie un peu débraillé qui caractérisait également l'expérience de John au Nouveau Monde, il «devint une sorte de joueur, porté à voler copieusement les gens qui occupaient alors ces grèves.»[7] L'entité, qui fut sévèrement torturée, y perdit matériellement et spirituellement. Il avait été associé à Edgar Cayce dans le cycle de Ra Ta, comme l'un des douze conseillers du jeune roi, cependant, il avait pris le parti du prêtre et compta parmi les exilés. (Nous pourrions déduire de ce lien antérieur, que leur relation dans la première incarnation de Bainbridge impliquait un lien de famille étroit.) Un autre Bainbridge de cette première période, qui voyageait de Yarmouth vers «cette terre de promesse», comme disait sa lecture,[8] fut l'entité qui avait été le grand chef spirituel Saneid, venu de l'Inde au temps de Ra et Hermès pour aider à répandre les plus grandes vérités qui y étaient enseignées. En Amérique, toutefois, il «trouva peu d'occasions de s'exprimer pleinement» parmi «les types variés ou les individus qui s'exprimaient à travers ceux qui étaient lâchés sur le pays.» S'il était donc, dans cette incarnation, un parent de John et Jim Bainbridge, tous deux moins idéalistes que lui, ils ont dû très tôt se séparer. Il reste logique de croire, à la lumière de ce qui a déjà été dit des groupes d'âmes et de l'évolution du karma de groupe, que ces trois Bainbridge étaient originairement descendus sur terre ensemble dans un but commun, émigrant au nouveau monde à la poursuite d'une occasion spirituelle qui ne se matérialisa jamais. L'un deux tenait à ses hauts principes, apparemment, mais il était incapable d'accomplir par lui-même ce qui exigeait l'aide des deux autres. Ceux-ci, leurrés par les tentations faciles de la chair et par le Diable, continuèrent sur le chemin de l'égoïsme.

Et maintenant, déroulons les archives akashiques.

Aux petites heures du 6 octobre 1925, Edgar Cayce eut un rêve dont il chercha l'interprétation dans une lecture psychique le jour suivant.

Le rêve en soi n'a aucun lien avec notre histoire. Mais l'interprétation fut précédée de cette étonnante déclaration:

> *Maintenant, tout d'abord, nous voyons qu'il n'y a que trois cents ans à la journée près, à l'heure près, dans lesquels le temps et l'espace tels que connus sur terre, ont passé depuis que l'entité atterrit dans ce lieu (Virginia Beach) – vous voyez?* (294-39)

Cette date de 1625 pour la première arrivée de John Bainbridge dans la région de Tidewater s'accorde naturellement avec la série complète de lectures sur ceux des premiers colons ou des indigènes de la région et des environs de Jamestown et de Williamsburg, avec lesquels il avait été apparemment lié de manière directe ou indirecte.

Parmi eux, un dénommé Ralph Rousch, était «parmi ceux qui furent des soldats venus dans ce pays,»[9] et nous pensons que John Bainbridge vint probablement avec une semblable fonction, jouant le rôle de guide et de protecteur auprès des nouveaux colons de sa division. Cette conclusion est étayée par l'extrait suivant tiré d'une lecture de vie pour Mme (69) qui fut présente au cours de cette expérience:

> *Dans l'expérience alors... nous trouvons à cette époque des premiers colons de cette terre particulière (la région de Tidewater en Virginie), où l'entité demeure maintenant. L'entité alors parmi ceux qui furent amenés par Bainbridge, en entrant dans ce pays, vers le sud, en tant que nouveaux colons dans ce qui est maintenant connu comme la station balnéaire du sud (Virginia Beach).* (69-1)

Ces deux entités, M. (5281) et Mme (69), et cela n'a pas à nous surprendre, avaient été associées autrefois à John Bainbridge — alias Edgar Cayce — dans une ou plusieurs de ses vies antérieures. M. (5281) avait fait partie de ceux qui en terre d'Égypte, avaient participé activement à l'œuvre du prêtre Ra à son retour d'exil. Mme (69), pour sa part, comme nous l'avons déjà noté dans notre chapitre sur l'Égypte, assista le prêtre durant sa période d'exil et devint à son retour un agent, un intermédiaire entre Ra, Hermès et le roi. Dans le cycle persan, elle fut une de ces malheureuses jeunes filles de la place forte de Crésus qui furent prises durant le premier raid et périrent dans la longue migration qui suivit.[10] Ces anciens compagnons se retrouvèrent à nouveau, dans la période de Bainbridge, mais nous ne saurons jamais vraiment pourquoi.

C'était en mai 1607, bien sûr — presque deux décades avant l'arrivée supposée de Bainbridge dans la région — que les premiers colons anglais, sous la direction du Capitaine John Smith, arrivèrent à l'endroit qui s'appellerait Jamestown.

Quelque sept ans plus tôt, John Rolfe, le premier cultivateur de tabac de Virginie, avait épousé Pocahontas, la fille du chef algonquin Powhatan, une période de relations paisibles s'était alors établie entre les Indiens et les colons.

Tous ces noms, et d'autres moins connus, surgissent dans les lectures qui évoquent ceux qui eurent affaire directement ou indirectement à Bainbridge dans l'incarnation qui le conduisit tout d'abord sur les grèves de l'Amérique et même dans les vibrations du lieu qu'on connaîtra plus tard sous le nom de Virginia Beach et qui jouera un rôle si important dans la vie du futur Edgar Cayce (ce lieu apparaîtrait aussi dans le second cycle des activités fatales du redoutable Bainbridge).

En 1929, un résident de Norfolk en Virginie, nommé M. (415) approcha le médium de Virginia Beach pour une lecture de vie et apprit qu'il avait été l'entité connue historiquement comme le Capitaine John Smith, bien qu'on lui ait dit que ce n'était pas son vrai nom. (Comme tant d'autres à cette époque, il a pu chercher le Nouveau Monde comme endroit où fuir la loi et la persécution, aussi avait-il trouvé utile de prendre un nouveau nom.) On lui dit qu'il avait beaucoup donné de lui-même durant cette expérience et qu'il avait été «dans la faveur des puissants», ce qui pourrait être une référence au chef indien Powhatan et à d'autres anciens de la tribu, plutôt qu'à la Couronne.[11] Rien n'indique clairement que lui et Bainbridge se soient croisés dans cette incarnation, mais c'est probable. Plus tard, Bainbridge eut une liaison avec une dénommée *Étoile du Soir*, demi-sœur de Pocahontas, apparemment née d'une union entre le chef Powhatan et une des femmes des premiers colons anglais. Ce fut une relation tragique pour la malheureuse *Étoile du Soir*, sa lecture affirmant que «c'est seulement à cause de l'inactivité et de la petitesse de ce Bainbridge que cette entité a perdu, en perdant la foi, l'espérance et la confiance dans les peuples de cette couleur.»[12]

En retraçant les vies antérieures de chacune des entités qui avaient été John Smith et *Étoile du Soir*, nous découvrons des liens karmiques fascinants, mais de nature différente avec Edgar Cayce. M. (415) était venu à la «ville des collines et des plaines» d'Uhjltd comme un de ces Grecs qui cherchaient «non à détruire mais à apprendre». Il perdit apparemment la vie en combattant contre ses concitoyens pour défendre Uhjltd et Is-Shlan-doen. En Égypte, avant cela, il avait «fait partie du gouvernement du roi» et avait été quelqu'un qui «présentait à l'attention du roi les raisons de ramener le prêtre.»[3]

D'un autre côté, Mme (543) semble avoir été associée à Cayce pendant le règne androgyne d'Aczine, ou Asule, à la fin de l'Atlantide, quand ce monarque pouvait se diviser en mâle et femelle. Insatisfaite de sa propre incapacité «à changer son corps de façon à influencer ou séduire ceux que l'entité contactait..., il y eut la première chute et en cela l'entité a perdu.»[14] (Ainsi, bien qu'on ne puisse pardonner à Bainbridge la manière grossière avec laquelle il avait maltraité cette même entité dans l'incarnation de la métisse *Étoile du Soir*, nous voyons clairement qu'elle récoltait en partie ce qu'elle avait elle-même semé.) Durant la période égyptienne de Cayce, cependant, elle avait été du nombre de ceux du pays nubien qui l'avaient fidèlement suivi en Égypte à son retour d'exil. On pourrait dire, en langage populaire, qu'elle avait gagné «une manche» sur Bainbridge, qui cependant ne l'a jamais payée en retour.

Nous arrivons maintenant à une énigme et à un mystère.

Dans une lecture qui était en fait destinée à M. (5717) (l'Hector d'autrefois), mais qui touchait aux cycles «destructifs» de M. Cayce en tant que Bainbridge. On présente ces deux apparitions sur la scène américaine de la façon suivante:

> *Cette incarnation de Cayce (294) fut tout d'abord (partant du présent) impliquée dans des forces guerrières au nord du pays (Midwest américain) dans et près du lieu où se trouve le corps à présent (Dayton, Ohio, au moment de la lecture) – campé à cet endroit. La destruction de ce corps physique a souvent été faite à travers des forces soudaines – l'eau destructrice.*

> *Ensuite l'incarnation juste avant (négligeant l'incarnation avortée en France, de 1680 à 1685) fut comme colon de Jamestown, Virginie. D'où l'appel constant vers les régions côtières.* (5717-5)

Comme tel, le premier paragraphe n'a rien de mystérieux. Il coïncide avec tous les faits connus touchant le cycle de Cayce en tant que second Bainbridge, comme on le verra un peu plus loin dans le chapitre. C'est plutôt le paragraphe suivant qui nous pose une énigme. Nous y trouvons un renvoi à Bainbridge comme «le colon de Jamestown, Virginie.» Il est donc clair que son arrivée sur les grèves de Virginia Beach en 1625 avec un groupe de colons pionniers, avait dû faire partie d'un deuxième voyage le long de la côte de Jamestown et qu'il *n'*était *pas* directement venu d'Angleterre. Ainsi nous voilà avec une question sans réponse: était-il venu à Jamestown en 1609 avec le Capitaine John Smith ou était-il arrivé beaucoup plus récemment dans ces régions? (Si c'est la première option, son nom ne fut pas parmi ceux que l'histoire a retenus.)

Une lecture donnée pour un de ses nombreux «compagnons» – une jeune indienne du nom de Colombe qui, a-t-on découvert, avait connu les premiers colons de l'île Roanoke, dans l'actuelle Caroline du Nord – complique davantage encore le mystère de la date réelle de l'arrivée en Amérique. Cette colonie connue sous le nom de «colonie perdue» comprenait plus d'une centaine d'hommes, de femmes et d'enfants arrivés en 1577. En août de cette année-là, la femme de l'un des colons anglais, Ananias Dare, donna naissance à une fillette du nom de Virginie. Virginie Dare, devint ainsi la première Anglaise née dans le Nouveau Monde. Trois ans plus tard, cependant, quand le chef d'expédition John White revint d'un voyage en Angleterre destiné à rapporter des denrées supplémentaires, la colonie entière avait disparu. Pas une seule trace n'en restait.

C'était en 1590.

Mais lorsque Bainbridge rencontra Colombe, ils voyagèrent ensemble avec certains membres de sa tribu en divers endroits qui deviendraient, plus tard, la Georgie, l'Alabama et le Tennessee. C'était là que la plupart des membres de la soi-disant colonie perdue s'étaient installés avec des Indiens sympathisants, après avoir été forcés d'abandonner leur île par manque de vivres et de sécurité. L'un deux, nommé Henry Desmond, allait plus tard épouser Colombe dont les vagabondages avec Bainbridge se terminèrent comme ils avaient commencé.

Tout cela suggérerait que la première venue de Bainbridge comme colon à Jamestown, a pu être très proche de celle de John Smith en 1607, et qu'il atteignait sensiblement l'âge mûr quand il accosta la première fois avec un groupe de colons se trouvant à nouveau à Virginia Beach en 1625. Cela demeure bien sûr une pure conjecture.

L'un de ces colons «perdus» de l'Ile Roanoke devait devenir la fille adoptive du grand chef Powhatan. Connue aujourd'hui comme l'entité (500), elle n'était autre que la première enfant anglaise née au Nouveau Monde – Virginia Dare. Powhatan, cependant, la renomma Alahoi, et avec le temps elle eut un rôle très actif de guérisseuse et de conseillère parmi ces peuples qui l'avaient adoptée comme une des leurs.[15] (Ce n'était peut-être pas si insolite pour quelqu'un qui avait fait un travail semblable dans ses vies antérieures à la fois avec Uhjltd et avec Ra.)

D'autres personnages traversent encore la scène avec des rôles de «figurants». Il y a Amos Scott, par exemple, qui fut parmi les premiers colons de Jamestown et Williamsburg. Il avait été associé à Cayce dans les périodes à la fois persane et égyptienne – occupant, dans cette dernière, le poste de l'un des douze conseillers du jeune roi. Dans le cycle de Bainbridge, «l'entité a progressé, l'entité a perdu.»[16] Ensuite, il y eut Myra Rouhel (maintenant Mme (405), qui «connut ces personnalités qui ont fait l'histoire: Smith, Pocahontas, Powhatan et Rolfe.»[17] Enfin, nous tournant davantage vers les indigènes américains, nous trouvons l'entité Dwoidel, qui était une jeune indienne décrite comme «bien équilibrée de corps, d'esprit et d'un grand secours» pour son peuple, «jusqu'à ce que quelqu'un traversant le pays, du nom de Bainbridge, éloigna beaucoup le corps de son destin moral et spirituel pendant cette expérience.»[18]

C'est presque le moment de l'entracte. Avant que le rideau ne tombe sur le Premier Acte de notre drame en deux parties appelé Bainbridge, voici un extrait saisissant d'une lecture de vie pour Mme (884), qui avait été Narwaua, «une princesse des tribus de Powhatan, chef de plusieurs nations»:

> *Avant cela, l'entité était au pays de sa présente naissance (Amérique), parmi les peuples de cette terre particulière au moment où entraient d'autres qui produisirent les plus grands changements dans les expériences non seulement de ces peuples, mais un renversement et une transformation à travers les enfants de Bélial échappés (de l'Atlantide) vers les terres (protégées), et les enfants de la Loi de l'Un qui reprenaient de nouveau contact et des relations plus serrées avec ceux-là.* (884-1)

De toute évidence, les ancêtres des Amérindiens étaient ces fils de Bélial d'autrefois, qui s'échappèrent d'une Atlantide perdue vers ce qui est maintenant le continent américain. Les colons qui arrivaient, si nous interprétons comme il faut les paroles de Cayce, n'étaient autres que les anciens enfants de la Loi de l'Un, «revenant encore une fois en contact plus étroit». S'il en est ainsi, cela nous éclaire sur les conflits tragiques et sanglants entre colons européens et Indiens qui surgirent plus tard de cette réunion karmique de forces opposées.

Curieusement toutefois, certains des anciens adversaires ont totalement échangé leur rôle contre ceux de nobles personnages tels que le chef Algonquin Powhatan et ses filles qui apportaient véritablement la paix, alors que les égoïstes tels que Bainbridge (et il y en avait apparemment plusieurs parmi les colons qui ne pensaient qu'à leurs intérêts) rallumèrent le ressentiment et l'agitation partout où ils allèrent.

Deuxième venue: 1742 ap. J.-C.

Lors de la seconde apparition terrestre de John Bainbridge, pendant la première moitié du dix-huitième siècle, l'entité «entra avec les forces de Saturne», nous dit-on.[19]

Saturne, selon l'interprétation donnée par les lectures d'Edgar Cayce, est une sphère planétaire de conscience où une âme peut s'exiler entre les incarnations terrestres dans le but d'«effacer» certains souvenirs d'âme et de «tout recommencer à neuf!»[20] Le lien avec le premier cycle de Bainbridge est assez clair. À la suite de «semblables exaltations des lois de la chair», l'entité cherchait à «trouver (sa) redéfinition, (son) renouveau, dans les sphères de forces relatives à Saturne.»[21]

Bref l'entité chercha la «seconde chance» proverbiale, et la trouva. Ce qu'elle en fit remplit le reste de notre histoire, dans ce drame en deux actes sur les vies de John Bainbridge.

Pour cette deuxième venue, il naquit à Cornwall, Angleterre; son soleil natal était dans le signe du Scorpion, avec «Vénus comme seconde influence».[22] (Dès l'abord, il semblait qu'il serait éprouvé de nouveau là où il avait faibli auparavant, car cette combinaison particulière d'influences astrologiques est extrêmement puissante, et cela pouvait soit le «parfaire» soit le «détruire».

Admettons toutefois que dans le jeu que l'âme s'était tirée (comme le fait chaque âme) avant de s'incarner, les cartes ne semblaient pas avoir été favorables à Bainbridge durant ce second cycle – ni peut-être également durant le premier! Car la Lecture (294-204) décrit Cayce comme plus «matériel d'esprit» dans son expérience de Bainbridge, avec «une plus grande beauté du point de vue physique, mais avec la faiblesse – le rapprochement de la chair et du diable.»

Étrangement, dans les lectures de vie de Cayce qui concernent le cycle de Bainbridge, on cherche vainement (ce que j'ai tenté de faire initialement) des commentaires qui séparent clairement les deux incarnations; leur absence finit par créer une grande confusion et beaucoup d'ambiguïté. Au début, chercher à les différencier me paraissait être la seule façon de procéder, jusqu'à ce que je m'aperçoive que Cayce, lorsqu'il faisait des lectures pour lui-même, était évidemment «arrêté» par les effets du séjour planétaire antérieur «dans les forces de Saturne» qu'il avait fait entre les deux incarnations Bainbridge. Il ne semblait avoir aucune difficulté à retrouver des références akashiques à la première période lorsqu'il faisait des lectures de vie pour d'autres entités qui avaient fait partie de cette expérience. (Et pas de problème non plus dans cette courte interprétation du rêve qui indiquait l'année 1625 comme date de sa première venue à Virginia Beach.) Cependant, je soupçonnais maintenant que le «silence» était complet et total lorsque Cayce devaient faire référence à la première apparition de Bainbridge dans ses *propres* lectures de vie; autrement dit, ces lectures-là renvoyaient apparemment au *second* cycle seulement.

Avec ce postulat, l'extrait suivant tiré de la lecture de vie de Cayce (294-19), qui avait été originellement interprété comme se référant à son «premier retour au plan terrestre» entre le premier cycle de Bainbridge et le second, est maintenant vu sous un éclairage tout différent, révélant un report karmique de Bainbridge à Cayce. Car le texte renvoie à son retour *dans le présent*. Le Cayce actuel, en effet «errait» dans des milieux déjà traversés par Bainbridge, surtout lors de sa *seconde* venue où il était en plus passé par le Kentucky et l'Ohio:

> *Ainsi, le premier retour au plan terrestre et les errances à travers plusieurs des lieux que l'entité expérimenta à l'époque (précédente). Nous voyons alors l'entité au plan terrestre en 1742.* (294-19)

En recoupant les divers faits historiques se référant à la période des activités de Bainbridge pendant cette deuxième venue, il devient assez évident que la date de 1742, mentionnée plus haut, doit être celle de l'arrivée de Bainbridge sur la scène américaine et *non* l'année de sa mort. Cette conclusion deviendra, je pense, évidente pour le lecteur à mesure que l'histoire se déroulera.

Entre-temps, un point de référence nous est heureusement fourni dans les lectures adressées à Mme (1523), ce qui nous aidera à effacer tout doute. Mme (1523) devint la maîtresse de Bainbridge dans une région où se trouvait une forteresse de pionniers et que les lectures identifient assez confusément comme Dearborn, dans le voisinage du Chicago d'aujourd'hui. (En fait, le Fort Dearborn historique ne fut pas construit avant 1804 et fut brûlé lors d'un raid, par les Indiens Potawatomi – à l'instigation des Britanniques – en 1812. Edgar Cayce alors aura pu simplement avoir donné le nom de Dearborn pour identifier le site approximatif d'un fort plus ancien, existant durant la période de la guerre franco-indienne qui éclata en 1754. D'autre part, si les nombreuses allusions aux hostilités franco-indiennes pendant le deuxième cycle de Bainbridge voulaient suggérer l'époque invraisemblable de la Guerre de 1812, lorsque la France était effectivement allié de l'Amérique, cela donnerait à Bainbridge l'âge improbable de soixante-dix ans – si l'on suppose, bien entendu, que la date de 1742 a été l'année de sa naissance plutôt que celle de son arrivée sur la scène américaine. Nous revenons donc à nos spéculations du début qui nous semblent bien plus vraisemblables et que nous verrons corroborées un peu plus loin.)

Si nous considérons alors que Bainbridge et Mme (1523) – connue à l'époque comme Mae Umbor – commencèrent leur liaison, selon les lectures, quelques années avant l'attaque franco-indienne du fort, qui peut être fixé en 1754 ou aux environs, on peut relier logiquement les événements, les dates et les âges en un ensemble crédible. En prenant 1742 comme l'année de l'arrivée de Bainbridge en Amérique, venu au début comme soldat de l'armée du Roi Georges II et arrivant tout d'abord par les côtes canadiennes, nous pouvons estimer raisonnablement qu'il était à l'époque un jeune homme dans la vingtaine. Ainsi, sa rencontre aux frontières canadiennes avec sa dernière maîtresse, Mme (1523), eut probablement lieu aux alentours de la trentaine, en 1751. Sa mort par noyade, en voulant s'échapper du fort attaqué en 1754, aurait eu lieu à l'âge de trente-trois ou trente-quatre ans.

Mais n'allons pas trop vite...

Notre histoire commence, comme nous l'avons dit, par l'arrivée de Bainbridge dans le Nouveau Monde, comme «soldat de l'armée britannique» affecté au Canada. Un peu plus tard, il passe les frontières canadiennes et arrive dans les États-Unis actuels, sans doute en vétéran et aventurier. On nous dit qu'il eut des rapports avec un groupe de marins qui touchèrent terre sur la côte est de l'Amérique, «près de cette station balnéaire appelée Virginia Beach.»[23] (Déjà nous voyons qu'il suivait inconsciemment les traces du premier cycle de Bainbridge.)

Mais le groupe qui accostait fut apparemment attaqué par un raid d'Indiens hostiles, car «lorsque le raid eut lieu, ce John Bainbridge fut amené vers les côtes du Sud. Il s'échappa et avec l'armée avançant dans les terres», il se rendit après quelque temps «au fort alors situé sur les Grands Lacs, dans un endroit maintenant connu comme Chicago.» (Apparemment une référence au fort précédant le Fort Dearborn, détruit plus tard; la lecture (5070-1) renvoie à «ce qui est maintenant Chicago, alors connu comme Dearborn» (sic).) Le récit qui suit, se déroule quelques années plus tard. À la suite d'une attaque du fort qui ne pouvait être repoussée par les forces disponibles, Bainbridge guida apparemment la retraite hâtive des restes dispersés de l'armée, «pendant laquelle on tenta plus tard de traverser la Rivière Ohio, et là (il) rencontra la mort, telle que connue sur terre.»[24]

Toutefois, ce maigre récit d'une histoire par trop colorée ne fait pas la moindre allusion aux «nombreuses escapades qui ont affaire à la nature des relations avec le sexe opposé[25] et qui ponctuèrent sa vie, ni au jeu ou autres vices par lesquels «plusieurs peuples ont souffert à la naissance de l'individu.»[26] On nous dit que l'entité se perdit elle-même et gâcha l'occasion de se développer au plan terrestre, Bainbridge devint un vagabond errant dans le pays. De cette expérience cependant, l'âme tira une vertu que l'entité Edgar Cayce a pu utiliser à de nobles fins, à savoir «la capacité de prendre connaissance du détail, surtout en suivant les instructions venant d'autres esprits ou sources d'inspiration.»[27]

Avant de poursuivre, laissez-moi m'arrêter pour relater une anecdote qui concerne l'effet négatif de Bainbridge sur la vie d'Edgar Cayce. Son fils, Hugh Lynn, me faisait un jour la remarque que son père considérait toujours les problèmes financiers chroniques qu'il avait dans cette vie comme un résultat karmique direct des activités de joueur de Bainbridge, capable d'utiliser ses dons psychiques innés pour tromper les autres joueurs de la table. Un jour, en effet, Edgar en donna l'illustration frappante en répondant à la demande pressante de Hugh Lynn de participer avec lui à une partie de cartes. Il ordonna sèchement à son fils d'effectuer la première donne, puis, parcourant la table des yeux, il nomma les cartes de tous les joueurs, sauf les siennes. À la fin, d'un coup il exposa son jeu sur la table. «Maintenant vous savez pourquoi je ne joue jamais», dit-il sans sourire, et repoussant sa chaise, il se retira du cercle des joueurs étonnés.

Il y en a tellement qui devaient apprendre à travers leurs lectures de vie qu'ils avaient été impliqués karmiquement dans cette seconde incarnation d'Edgar Cayce en Bainbridge, que je ne tenterai pas de les présenter tous.

J'en mentionnerai plutôt quelques-uns, en choisissant ceux dont la perspective peut nous fournir des perceptions plus étendues sur ce cycle «descendant» et nous faire mieux comprendre les mécanismes du karma individuel et collectif.

Tout d'abord, nous rencontrerons un autre monsieur Bainbridge, qui a pu être le descendant de l'un des nombreux enfants illégitimes de cette incarnation-là, et qui était «fait du même bois». Ses premières pérégrinations, en effet, orientées vers l'ouest, semblent avoir suivi une voie identique, bien que, au lieu d'arrêter en Illinois, il soit allé plus loin dans l'ouest, s'engageant alors «avec un esprit combatif à la défense du Fort Lodge de cette époque»,[28] fondé en 1851. On dit de son expérience qu'elle fut évolutive «dans les derniers jours». Au début, à la manière vagabonde de John, il régressa «dans cette gratification des désirs charnels sans respecter le lieu ou la personne.» En cherchant des liens karmiques entre les deux, nous voyons que cette même entité, M. (427), avait été «le compagnon (Timothée?) de l'enseignant (Paul) qui vint à Rome comme prisonnier lié à César», et, à travers leurs voyages spirituels communs, il avait probablement rencontré Lucius au cours de cette expérience.

Entre-temps, à Cornwall, en Angleterrre, une autre personne liée à Cayce, Mme (1472), a pu connaître John Bainbridge ou sa famille alors qu'elle était encore enfant. Elle avait entendu parler de la nouvelle vie pleine de promesses de ce pays de libertés religieuses et politiques – sujets qui la touchaient particulièrement. De toute façon, en 1750, à l'âge de trente-deux ans, elle arriva avec un groupe plutôt distingué, comprenant les Boynton (plus tard appelés les Byrd) et s'installa dans la région de Williamsburg et de Jamestown. Appelée Clémentine, elle œuvrait dans l'enseignement et la religion, comme conférencière, mais surtout dans le domaine spirituel. Il en avait été ainsi lorsqu'elle avait été Judy, en Terre Sainte, puis princesse des Carpates au temps de Ra. Mais bien que son entrée au plan terrestre ait pu être réglée pour coïncider avec celle de Bainbridge et créer une force constructive née de leur union pour servir le bien commun, cela n'aboutit jamais. Bainbridge avait choisi un chemin contraire et on peut douter que leurs chemins se soient jamais croisés après l'arrivée de Clémentine en Virginie en 1750.

Mae Umbor – généralement connue comme Mme (1523) – semble être la seule des compagnes de John Bainbridge avec laquelle il réussit à maintenir une relation relativement stable. Ils se rencontrèrent apparemment à l'auberge Dearborn où «demeuraient la plupart de ceux qui participaient aux activités de la danse.»[29] (L'auberge était dirigée par une certaine Grace Winslow, dont le rôle karmique cette fois-ci était d'être la mère de Mme (1523) en même temps qu'un canal pour l'entrée de plusieurs autres âmes impliquées dans l'expérience de Dearborn.)

Cependant, tout en ayant eu une liaison étroite pendant environ trois ans avant l'attaque fatale du fort en 1754, ni Bainbridge ni sa compagne, Mae Umbor, n'étaient «exclusifs» dans leurs amours. Pour Mae, c'était une question de nécessité: sa vie dépendait de sa position comme danseuse, comme serveuse et «de cette activité dans l'auberge connue sous l'expression "tu sais" – *vous savez!*»[30] Amenée là à l'âge de dix-sept ans par son compagnon, un bon-à-rien [maintenant (M. 4930)] elle fut obligée d'élever une fille, Azilee, née de leur union, son compagnon passant la majeure partie de son temps à jouer et à boire. L'auberge était fréquentée par des pionniers en transit, des marchands, des groupes de colons voyageant plus loin vers l'ouest et un mélange de traînards locaux. La tâche de Mae consistait à leur faire dépenser leur argent.

Toutefois, avec le raid et la mise à feu du fort par les troupes françaises et les Indiens hostiles, Mae et d'autres survivants, sous la direction de Bainbridge, s'enfuirent vers le sud et l'est, cherchant à atteindre la région de Tidewater en Virginie. Leur fuite fut cependant bloquée par les courants tumultueux de la Rivière Ohio. Il fallait tenter de traverser ou être tués par les poursuivants. Mae Umbor fut amenée par Bainbridge sur la rive opposée de la rivière, alors que lui-même périt:

> L'*entité accompagnait Bainbridge lors de la traversée de l'Ohio. Elle réussit à s'échapper – grâce aux efforts de Bainbridge, alors que lui y perdit la vie.* (1523-11)

Mae devait passer le reste de ses jours dans «les activités de colonisation dans les environs de ce qui est maintenant Williamsburg, Jamestown, Norfolk et Yorktown», mais contrairement à la vie dissolue qu'elle menait auparavant, elle devint une dirigeante influente, donnant «de la force aux cœurs nombreux de ceux qui *plus tard* firent partie de la défense du pays en 1812» (pour la période appelée Dearborn). Mais alors qu'approchaient les temps troublés de la Révolution Américaine, l'entité quitta le plan terrestre à quarante-huit ans.

Voici l'extrait final de cette lecture de vie:

> *L'entité ne vécut que jusqu'à l'âge de quarante-huit ans – lorsque les forces troublantes de raids venant de puissances guerrières coupèrent ou achevèrent cette expérience.* (1523-11)

Ceci, en plus d'une référence antérieure au fait que Mae Umbor était tout d'abord allée dans la région appelée Dearborn à l'âge de dix-sept ans, nous aide énormément à fixer temporellement de façon assez précise la deuxième incarnation de Bainbridge, au cas où il resterait des doutes chez le lecteur. Si nous soustrayons quarante-huit ans de 1781 (date probable du décès de Mae Umbor pendant la Bataille de Yorktown, la dernière de ses résidences connues), nous obtenons 1733 comme date probable de sa naissance. Nous avons déjà noté une liaison de trois ans entre Bainbridge et Umbor avant la déclaration de la guerre franco-indienne en 1754, et bien que ce conflit ne se soit pas terminé avant 1763, le raid du fort semble avoir eu lieu durant la première phase des hostilités qui a pris les occupants complètement par surprise. Ainsi, nous pouvons déduire que la liaison de Bainbridge avec la séduisante Umbor commença en 1751, pendant sa dix-huitième année. Comme nous avons déjà calculé que son arrivée vers 1742 en Amérique avait probablement eu lieu au début de la vingtaine, alors qu'il était nouvelle recrue de l'armée, sa mort par noyade en 1754 place sa fin, comme on l'a dit plus haut, autour de trente-cinq ans.

Un mot, en passant, au sujet de la petite fille de (1523) durant cette incarnation, Azilee. Elle avait porté un nom assez semblable, Euzela, durant l'expérience persane, où elle donna beaucoup d'elle-même pour soigner et remplir d'autres activités secourables à Is-Shlan-doen.[31] La vie malheureuse d'Azilee cependant fut courte, nous dit-on sans autre détail.

Une autre des nombreuses compagnes sexuelles de la vie turbulente de Bainbridge fut Mme (369), qui avait été sa première femme durant la période de Ra Ta. Elle était parmi celles qui perdirent la vie dans la traversée de l'Ohio. Elle régressa aussi, dans le sens spirituel «en gardant de la malice et en tentant de se venger.» Sur ce point, sa lecture de vie l'avertit, «cela ne peut se faire!»[32]

Une autre compagne encore, Miss (243), avait été une Indienne dont le mari, Ouiw, était parmi les Indiens qui attaquèrent le fort avec les troupes françaises. Elle s'enfuit en compagnie de Bainbridge, perdant la vie dans les glaces de la rivière en crue. De sa relation avec Bainbridge, on lui dit que l'union avait été «belle» – mais «pas toujours morale.»[33] Les liens karmiques étaient intéressants: elle avait été la sœur d'un prêtre durant la période de Ra Ta. (Son mari indien, Ouiw, avait été l'un de ces gardiens qui, aux portes de Troie, avaient perdu la vie).

En plus d'un chemin jonché de cœurs brisés, Bainbridge laissa aussi, apparemment, derrière lui nombre de rejetons illégitimes. Deux d'entre eux – des filles de différentes compagnes – eurent des lectures d'Edgar Cayce qui démontraient clairement les liens karmiques avec le passé. L'une d'elles s'appelait Mary Bainbridge (250); l'autre, Clara Page Bainbridge (3635), se fit dire qu'elle était «l'enfant de l'une des nombreuses compagnes de Bainbridge – et dans la vie!»[34]

Pour terminer ce chapitre, soulignons que, vu de l'extérieur les deux vies de John Bainbridge pourraient bien sembler avoir été «gaspillées». En fait, comme on l'a déjà noté, les lectures se sont référées à lui comme à un «gaspilleur». Mais chez un homme, il y a plus que l'apparence des choses et un but caché a malgré tout été servi à travers ces incarnations:

> *Comme Bainbridge, l'entité dans le séjour matériel, était un gaspilleur, quelqu'un qui ne considère que lui.* Ayant à connaître les extrêmes de sa propre expérience comme celle des autres. *Ainsi, l'entité fut attirée vers ce milieu. Ou, dit le Maître: «Du côté où l'arbre penche, il tombe.»* (5755-1)

Les problèmes que le tragique Bainbridge sema sur sa route et sur celle des autres furent nombreux, pendant les deux cycles. Cependant, il avait un grand courage et à l'occasion pouvait démontrer une noblesse innée: il finit par donner sa vie pour sauver celle d'une autre.

14. L'enfant de l'amour

Louis XIV, le Roi Soleil, régnait sur la France comme un dieu. Cela n'était pas surprenant. Après tout, il était né à une époque qui encourageait à croire à une royauté de «droit divin» et Louis était un monarque qui prenait plaisir à exercer ses prérogatives, divines ou autres.

Le roi était très sensible à la critique et bien qu'il restât invariablement poli, il pouvait, à la moindre offense, punir sévèrement le malheureux offenseur. Ainsi, on pouvait être sûr que, pendant son long et puissant règne de plus grand monarque d'Europe (1643-1715), tout grave scandale impliquant personnellement le roi ou les membres immédiats de sa maisonnée, avait été éliminé. La plupart des commérages de la cour affectant le roi étaient (sagement) limités à des murmures soigneusement cachés derrière des portes closes, sous peine d'exclusion de la cour – ou pire. Cette forme efficace de censure dura toute sa vie et, puisque Louis survécut à la plupart de ses contemporains, l'histoire rapporte très peu de choses vraiment malveillantes à son égard. On pourrait en conclure que cela confirme simplement la vertu essentielle du plus fameux monarque des temps modernes; ce qui, en grande partie, pourrait être vrai. Louis XIV a été un grand homme d'État, un ferme défenseur de la foi catholique, et un réformateur zélé, malgré sa longue série de maîtresses et de rejetons illégitimes (dont quelques-uns furent légitimés sur son ordre).

Si quelqu'un cherchait à juste titre, les noirs secrets de son règne, il ne pourrait les trouver dans les pages d'un livre d'histoire. Il devrait plutôt se fier aux rumeurs existant dans les écrits posthumes de contemporains tels que le Marquis de Dangeau (dont le journal de l'époque est considéré comme «le plus ennuyeux mais le plus fiable») ou le Duc de Saint-Simon, dont les volumineux mémoires sont quelque peu entachés de préjugés. Enfin, il y aurait les papiers personnels de plusieurs autres chroniqueurs de l'époque, d'importance et d'intérêt mitigés.

En cherchant à travers ces sources officieuses, Nancy Mitford, dans sa splendide biographie du Roi Soleil, a mis à jour ce qui semble être un scandale royal de dimensions vraiment choquantes. Cela mérite d'être examiné. Non pas que je sois attiré par le sensationnel, mais parce que ce scandale a de profondes implications dans l'incarnation française d'Edgar Cayce, où il fut un enfant de l'amour né d'une fille à peu près inconnue du Roi Soleil. Son prénom fut apparemment Gracia et elle eut une liaison secrète avec Jacques, le Duc d'York.

Si l'on considère les préjugés de l'époque et le contexte social, on peut supposer que certains détails du scandale rapporté sont exagérés. D'autre part, broder autour des faits réels a sans doute toujours été l'apanage des rumeurs de cour. Mais malgré cela, si seulement certains éléments essentiels de ce récit sont vrais, il y a de quoi éveiller chez nous un très vif intérêt. Car cela peut aider à clarifier et à corroborer nombre de références historiques non encore vérifiées jusqu'ici, contenues dans les lectures de vie qu'Edgar Cayce a faites pour certains individus qu'on dit avoir été des descendants directs du Roi Soleil ou associés de très près à sa cour. Cela inclurait Cayce lui-même, bien sûr, comme enfant naturel de la liaison déjà mentionnée.

Il faut toutefois préciser quelques éléments historiques que nous puiserons dans les chroniques officielles de l'époque, pour donner un cadre à nos révélations.

Quand l'infante Marie-Thérèse (connue plus tard en France et dans le monde comme la reine Marie-Thérèse) épousa le roi Louis XIV en 1660, son joli minois d'enfant et ses tresses blondes rappelaient le côté Habsbourg de son héritage. Mais son ascendance plus immédiate incluait également des racines latines. Elle était en effet, fille aînée du roi Philippe IV d'Espagne et de Marie de Portugal (qui étaient cousins) et petite-fille d'Isabelle de Portugal. Quelque part dans le fond génétique de ce mélange royal dormaient vraisemblablement des traces de sang mauresque, attribuables à la domination musulmane de l'Espagne et du Portugal pendant de nombreux siècles. Même après la conquête espagnole de la dernière forteresse mauresque, à Grenade, en 1492, l'influence génétique des Maures (pour ne pas mentionner le côté culturel) a persisté. Elle est fortement reconnaissable même aujourd'hui dans le teint basané de nombreux Espagnols, Portugais et Italiens du sud, dont les ancêtres s'étaient librement mêlés aux conquérants bronzés d'Arabie, particulièrement à ceux qui venaient des bastions nord-africains tout proches, de l'autre côté de la Méditerranée.

On peut douter qu'un membre français de la hautaine cour des Bourbons de Louis XIV et surtout que le roi lui-même, aient été de quelque façon ouverts à l'idée d'avoir un héritier royal au teint foncé. En fait, Saint-Simon fait le récit du tragique suicide du Comte de la Vauguyon, un membre appauvri de la cour de Versailles qui «avait une figure superbe, mais était très foncé et d'allure espagnole». Son teint basané semble avoir empêché le roi et ses courtisans de le reconnaître comme ils le devaient.

De plus, on peut facilement concevoir que l'intolérance apparente du roi en ces matières ait eu des racines psychologiques profondes. On croit généralement qu'il avait à la fois du sang juif et mauresque, hérité de la famille d'Aragon. En réaction, il a pu avoir une tendance irraisonnée à éloigner de sa présence tout rappel d'une partie de son propre héritage génétique qu'il détestait quant à lui et craignait à la façon bigote de son temps, imprégnée de forts préjugés raciaux et religieux. Ceci expliquerait en partie l'histoire tragique qui va suivre. Car, si le scandale tel qu'il est raconté par Mitford est exact, nous allons le voir projeter sur d'autres sa culpabilité secrète vis-à-vis des sangs mêlés.

Heureusement, le premier rejeton de Louis et de la reine espagnole bien qu'ayant la peau un peu basanée, selon la description qu'en fit Saint-Simon, fut doté d'une chevelure luxuriante de couleur marron. Le fier papa le nomma Louis à sa suite et le garçon fut connu comme le Grand Dauphin, héritier naturel du trône. Cependant, Louis XIV survécut plusieurs années à son fils, de sorte que le vrai successeur fut le petit-fils du Dauphin, le Duc d'Anjou – un pâle enfant, aux boucles de jais, si l'on en croit son portrait. Né en 1710, il n'avait que cinq ans au moment où il reçut sa succession. Il devint bien sûr Louis XV.

Notons en aparté que ces deux monarques français ont suivi la voie karmique d'Edgar Cayce dans leur réincarnation au vingtième siècle. Celui qui avait été l'arrière-petit-fils du Roi Soleil était maintenant agent immobilier et, dans une lecture de vie, il apprit qu'il avait «régressé» pendant son règne à cause de sa «manière forte» et de «la gratification de plusieurs désirs égoïstes.»[1] Quant au Roi Soleil lui-même, la seule lecture qui le concernait était «physique», reliée à un malaise temporaire. C'est dommage qu'il n'ait pas plutôt demandé une lecture de vie, car on lui avait dit: «Qu'il pourrait donner *beaucoup* quant à ses talents cachés.»[2] (Sa véritable identité ne ressortit qu'à travers une lecture «contrôle» pour Mme (1523), une ancienne maîtresse du Roi Soleil qui était, dans cette incarnation, temporairement mariée avec lui et malheureuse de l'être.

En plus du Grand Dauphin, l'histoire retient cinq autres enfants nés de Louis XIV et de la reine Marie-Thérèse (bien que Saint-Simon n'en nomme que quatre – un second fils et trois filles) dont on suppose que deux moururent dans la tendre enfance, alors que les trois autres, dit-on, sont morts en bas âge. Selon les chroniques, *tous* avaient disparu en 1672.

Les registres historiques sont cependant contredits par les lectures d'Edgar Cayce, on l'a déjà dit. Ils sont *également* contredits par les découvertes de Miss Mitford, que nous réexaminerons plus loin.

Tout d'abord, les lectures. On nous dit que l'entité (288) était la seconde fille du roi Louis XIV et de la reine Marie-Thérèse. À dix-sept ans, elle fut liée au Duc d'York, exilé, qui lui avait apparemment fait une promesse de mariage (en attendant soi-disant l'annulation ecclésiastique de son mariage catholique encore valide), l'avait séduite, puis abandonnée. Cependant, un enfant de l'amour, comme nous l'avons déjà dit, naquit de cette union heureuse mais illusoire.

Voici comment les faits nous ont été présentés la première fois dans l'une des lectures de vie faite pour Mme (288). Elle comprend une série d'erreurs psychiques qui furent ensuite corrigées:

> *À cette époque, c'est à la cour de Louis XV* (sic) *que nous trouvons le séjour terrestre de cette entité, qui faisait alors partie de la maisonnée, étant la seconde fille du roi, née au palais de la femme (alors) légale du monarque, élevée et éduquée dans le monastère ou l'école monastique à la cour du pays, sans être à l'intérieur du palais.*
>
> *À dix-sept ans, nous trouvons que le corps fait la connaissance et la rencontre du Duc d'York, fils* (sic) *du monarque (Charles II) régnant alors sur le pays voisin. Suivit alors la séduction de la jeune fille, et avec la naissance du fils (294) le monarque français renvoie (la fille) de la cour, puisque la mère avait alors perdu la faveur du roi, et dans cet entourage, cela lui amène une grande méfiance des hommes, comme il a déjà été fait mention. Cependant, quand le corps découvre que le Duc a été infidèle, l'amour ne cesse pas dans le cœur mais tout est centré sur le rejeton de cet amour, comme on en a déjà parlé.* (288-5)

Du fait que le roi Jacques II (autrefois le Duc d'York) est décédé en 1701, quatorze ans au moins avant que Louis XV n'accède au trône de France, il devient évident que les renseignements de cette lecture contiennent des contradictions, à moins qu'ils aient été mal compris. De plus, Jacques, Duc de York, n'était pas le «fils» de Charles II, le monarque régnant alors sur l'Angleterre («le pays voisin»), mais son plus jeune frère. Dans une lecture postérieure, les réponses aux questions suivantes ont dissipé la confusion:

Q-12. Quel est mon nom complet durant la période française, et de qui étais-je la fille?

R-12. Louis le quatorzième. Nom complet, Agatha Beille. *(Note: le nom donné ailleurs est «Gracia»; cette contradiction sera expliquée.)*

Q-13. Était-ce Jacques, le frère de Charles le deuxième, avec qui je me suis fiancée?

R-13. Le Duc d'York, Jacques.

Q-14. Pourquoi le mariage n'eut-il pas lieu?

R-14. Pour cause d'influences et de conditions politiques. (288-27)

Il est fort intéressant de savoir que Louis XIV et le Duc d'York étaient cousins germains. Quand ce dernier avait dix-neuf ans, et que Roi Soleil n'en avait que quatorze, Jacques entra dans l'armée française et durant quatre campagnes combattit vaillamment pour sa terre adoptive. Mais lorsque la France s'allia à Cromwell contre l'Espagne en 1655, Jacques, bien malgré lui, déménagea en Hollande espagnole et entra dans l'armée espagnole, avant de rentrer pour de bon en Angleterre. Il avait alors vingt-trois ans. Il est un peu ironique, peut-être, de voir que Louis XIV, qui plus tard fit la paix avec le trône d'Espagne et épousa la fille du roi pour cimenter l'alliance, n'ait pas revu son cousin jusqu'en 1679, alors que Jacques — âgé de quarante-six ans — était encore en exil sur le Continent. Le duc fit apparemment la rencontre et devint amoureux de la propre fille du Roi Soleil née du «mariage de convenance» entre Louis XIV et la fille du monarque espagnol, Philippe IV.

À l'époque, Jacques, dont la première femme mourut en 1671, était déjà marié – cette fois à Marie de Modène, une catholique dévote, comme lui-même. En fait, c'est sa conversion secrète au catholicisme et son mariage avec une catholique qui ont finalement soulevé la colère de l'Angleterre protestante. Ses partisans étaient accusés d'avoir organisé un «complot papiste» et Jacques fut forcé de s'exiler jusqu'à ce que son frère, Charles II, ait pu restaurer la confiance parlementaire en son successeur le plus immédiat. Compte tenu de ces événements, il est douteux que le Duc d'York ait jamais pu entretenir des intentions sérieuses vis-à-vis d'Agatha Beille, la jolie jeune fille dont il trahit l'affection chaleureuse. Cependant, ses fausses promesses ont pu être «à moitié sérieuse». Qu'il l'ait vraiment aimée, toutefois, semble évident d'après les lectures, et son départ soudain, selon toute vraisemblance, fut commandé par les «influences et conditions politiques», comme on l'a indiqué. Car on sait que Charles II donna le signal de son retour secret en Angleterre, et éventuellement en Écosse, en août 1679; mais la fille du Roi Soleil avait perdu son honneur.

Toutefois, un aspect fort curieux de toute cette affaire, comme on l'a déjà noté dans l'extrait précédent de la Lecture 288-5, est que Louis XIV ait cruellement éloigné sa propre fille de la cour. (Cela veut dire, apparemment, le palais de la reine ou le cloître attenant, en autant qu'il n'y ait pas d'indice que sa fille ait jamais été présentée parmi les courtisans du palais de Versailles et qu'en fait, sa première rencontre avec le Duc d'York a dû être une rencontre fortuite pendant une des visites de courtoisie de ce dernier à la reine.) Le Roi Soleil prit son impitoyable décision lorsqu'il reçut la nouvelle de la naissance d'un enfant naturel issu de l'union illicite de sa fille et de son cousin Jacques, bien que nous ayons déjà remarqué qu'il avait agi en partie par animosité envers la reine qui avait perdu sa faveur. Cependant, il semblait ne garder aucune rancœur vis-à-vis de son cousin séducteur. On en eut la preuve quelque dix ans plus tard, lorsque Jacques, – alors Roi d'Angleterre et non plus Duc d'York – connut à nouveau des difficultés dans son pays et fut forcé de s'exiler. L'histoire relate en effet que Louis l'accueillit à bras ouverts à la cour de Saint-Germain. Là, il lui fut permis de demeurer avec la reine et sa famille, y compris le jeune Prince de Galles qui eut une vie dévote et tranquille jusqu'à sa mort l'après-midi du 16 septembre 1701. Durant cette période, l'ancien amoureux et sa bien-aimée ne furent jamais réunis; Agatha avait pris le voile trois ans après avoir été abandonnée par Jacques et mourut au couvent en 1693, à l'âge de trente ans.

Cette troublante série d'événements éveille en nous un certain nombre de questions importantes – qui recevront leurs réponses à mesure que se déroulera le récit.

Dans la biographie de Mitford, la première révélation touchant le destin possible des cinq enfants «manquants» nés de Louis XIV et de Marie-Thérèse après la naissance du Dauphin en 1661 est cette affirmation saisissante, fondée sur des rumeurs courantes que l'histoire ne peut confirmer bien sûr, mais qui gagne quelque crédibilité du fait qu'un air de mystère total entoure la mort de ces enfants: «La Reine était loin d'être stérile», écrit Mitford, elle avait six enfants, mais tous sauf le Dauphin étaient morts en 1672, deux étaient des nourrissons et les trois autres avaient quelques années. *Ils furent assassinés*, non pas par les crises de Madame de Montespan mais par les médecines de la cour.»[3]

À la cour du Roi Soleil, rien d'important n'arrivait sans que ce dernier ne soit au courant ou qu'il ne l'ait lui-même demandé. Même les médecins de la cour dépendaient directement de ses ordres. Par conséquent, si l'un des enfants du roi était tué, c'était sans aucun doute selon ses ordres. Cependant, Louis XIV n'était pas un homme foncièrement mauvais. Un crime détestable comme le meurtre de ses propres enfants a dû à ses yeux sembler de quelque façon très justifiable. La question inévitable alors est pourquoi? Étaient-ils difformes? mentalement retardés? malades? Un ensemble d'explications possibles nous vient à l'esprit. Il est évident que ces enfants tardifs du roi n'étaient pas mis en valeur à la cour comme l'était souvent le jeune dauphin. Il devait y avoir quelque raison de les cacher. (Dans une peinture allégorique et idéalisée de la famille royale par Jean Nocret, appelée «La Famille d'Apollon», nous voyons au premier plan deux angelots, et près d'eux, posé sur un chevalet un «tableau dans un tableau» représentant apparemment deux enfants décédés. Cette représentation tout à fait flatteuse et peu fiable – comprenant dix figures adultes, en plus de nombreux enfants plus âgés, dont le dauphin seulement est clairement identifié comme le descendant direct que Marie-Thérèse donna à Louis – est la seule archive picturale des enfants «perdus» auxquels se réfère Mitford.)

Toutefois, un peu plus loin dans sa biographie, Miss Mitford rapporte encore un autre scandale de nature semblable et donne une solution possible à toute cette affaire clandestine. Une autre rumeur suggère en effet qu'au moins un des cinq malheureux enfants – une fille – échappa à une mort prématurée préparée par les médecins de la cour. Le fait qu'elle fut apparemment «gardée dans un couvent» ressemble beaucoup au récit de Cayce touchant l'existence monastique d'Agatha. Voici la citation révélatrice du livre intrigant de Miss Milford, *Le Roi Soleil*: «Selon différents contemporains, le roi et la reine avaient une fille noire qui était gardée dans un couvent près de Melun. En tout cas, il y avait une petite «Maure»qui vivait là et qui recevait régulièrement la visite de la Reine et des femmes de la famille royale lorsque la cour était à Fontainebleau. Qu'elle ait été ou non la fille véritable de Marie-Thérèse et de Louis XIV ne sera probablement jamais éclairci.»[4]

Quelle que soit la vérité sur cette histoire plutôt choquante, je pense que la référence à une fille «noire» ne peut être une exagération due à des commérages malicieux. Pour l'aristocratie d'Europe en ces temps de prétentieuse élégance, tout ce qui n'avait pas une peau pâle ou rosée aurait été regardé avec dédain. Nous pouvons supposer qu'un enfant royal au teint olivâtre aurait été considéré avec une réelle horreur par la plupart de ceux qui appartenaient au milieu sophistiqué des Bourbons. C'est le roi, qui, en toute probabilité, aurait été le plus horrifié de tous, exigeant qu'un tel affront social soit retiré de sa vue ou de sa conscience. Cependant, la reine, que ses racines espagnoles avaient toujours rendue étrangère et provinciale aux yeux de la noblesse française, n'aurait pas partagé les mêmes préjugés. Il est probable que c'était aussi le cas des femmes choisies pour constituer la cour privée de la reine.

Bien que le nom donné à la fille du Roi Soleil soit «Agatha Beille» dans la Lecture (288-27), citée plus haut, une lecture plus ancienne[5] se réfère à «ce corps, Gracia (288)». Nous trouvons ce dernier nom confirmé dans une des lectures de vie d'Edgar Cayce concernant cette incarnation française, où l'entité (294), qui était l'enfant naturel de (288) et du Duc d'York, se fait dire qu'elle était «née de Gracia, la bien-aimée de la cour et du fils (sic) du monarque au pays de l'autre côté des eaux.»[6] On peut croire que la «cour» dont on parle ici était la cour privée de la reine, le cercle intime où Gracia était à l'aise et chérie.

On nous dit que cette entité, Gracia, «était belle de visage et jolie dans tout son maintien.»[7] Aucune autre description de son apparence n'est donnée, mais on peut supposer qu'elle avait les yeux foncés, la chevelure noire et le teint olivâtre caractéristiques des peuples méditerranéens. S'il en est ainsi, il est facile de voir pourquoi Jacques, qui ne partageait pas les préjugés étroits de la cour des Bourbons en ce domaine, avait pu être frappé par des charmes si naturels et innocents.

Quant aux deux noms donnés dans les lectures à l'entité (288) en tant que fille du Roi Soleil, il n'y a pas là matière à problème. Il semblerait qu'elle ait été baptisée «Gracia», à cause des connotations latines de ce nom, alors que «Agatha Beille» aurait été un nom emprunté plus tard pour camoufler son identité de fille du roi.

Entre-temps, dans la liste limitée des noms fournis par Saint-Simon, qui n'a identifié que quatre des cinq enfants nés de Louis XIV et de la reine après la naissance du dauphin en 1661, nous trouvons trois filles, identifiées comme Anne-Elizabeth (née en 1662), Marie-Anne (1664) et Marie-Thérèse (1667). Un garçon, Philippe, né en 1668, se trouve aussi sur la liste. Mais il n'y a pas de «Gracia» et certainement pas de «Agatha»! Cependant, nous pouvons nous faire aider dans notre recherche. La Lecture (288-5) devrait nous permettre d'établir où prend exactement place cette fille «manquante» de la liste des cinq enfants, car cette lecture fixe son âge à dix-sept ans lorsqu'elle rencontre le Duc d'York – rencontre dont nous sommes assurés qu'elle a eu lieu entre mars et août de 1679. Cela veut dire que Gracia (alias Agatha) était apparemment née à la fin de 1662 ou aux débuts de 1663. Cependant, 1663 est plus vraisemblable, en autant qu'elle est appelée «la deuxième fille du roi» – et Anne-Elizabeth, née quelque part en 1662, devait être la première, car le premier-né était le dauphin, né l'année précédente, en 1661. Mais cette «deuxième fille» était-elle la seule enfant, après le Dauphin, à échapper à la main meurtrière des médecins de la cour? Apparemment pas. Car, selon la Lecture (288-5) une amie de l'entité (288) dans sa vie présente avait été «celle-là qui lui était proche dans le foyer et une sœur à l'époque». Il semblerait donc qu'au moins une autre fille ait survécu, ne serait-ce que pour quelques années.

À ce moment-ci, nous devons regarder de près les dates fournies.

Ces filles mortes durant les premières années du mariage du Roi Soleil avec Marie-Thérèse avaient une bien meilleure chance de survie que celles nées après que la liaison du roi avec Louise de La Vallière soit devenue «officielle» suite au décès de la mère du roi, la reine Anne, en 1666. La reine mère avait toujours été proche de Marie-Thérèse, prenant souvent son parti dans les disputes qu'elle avait avec son fils. Ainsi, si Louis avait eu dans la tête un plan pour disposer des héritiers au teint olivâtre de Marie-Thérèse, un tel plan eut probablement été fortement entravé par Anne qui donnait son appui compatissant à sa pauvre brue malheureuse et défendait en même temps ce que lui dictait son instinct. Car peu importe comment il s'imposait à d'autres, le Roi Soleil avait toujours un respect immodéré pour les désirs de sa mère. Ce fait pourrait être responsable de ce que les deux premières filles aient été envoyées au couvent plutôt que laissées à la merci des médecins de la cour. La troisième fille, Marie-Anne, née en 1664, a pu également survivre, mais les lectures ne font aucune allusion à une autre «sœur charnelle» qui eût été avec Agatha Beille pendant son enfance, au couvent ou à l'école monastique où elle fut élevée. Peut-être que, tout comme les deux derniers enfants de ce mariage malheureux, elle eut moins de chance? Il est douteux de toute façon que Louis XIV ait senti une forte affection paternelle pour les enfants légitimes qui vinrent après le premier-né, le Grand Dauphin. Son inconstance l'engageait déjà secrètement ailleurs avant que sa femme ne soit enceinte une seconde fois.

Nous arrivons maintenant à la conclusion de notre histoire. Elle concerne une relation entre mère et fils, tragiquement brève dans sa durée et cependant infinie dans sa tendresse et son amour. Sa signification est universelle.

Dans une lecture spéciale sur ses associations passées avec Edgar Cayce, l'entité (288) se fit dire qu'ils avaient eu «plusieurs expériences ensemble, et leur âme et esprit sont bien liés.»[8] Comme on l'a dit aux chapitres précédents, il fut noté qu'ils avaient été *un* au début, venant sur terre dans au moins deux projections androgynes; en Égypte, durant la période de Ra Ta, ils avaient été père et fille, et en Perse, compagnons pour la vie, tout comme probablement durant le cycle pythagoricien et peut-être dans d'autres cycles non représentés. Maintenant, en France, c'était une relation entre mère et fils:

> *Dans les cours encore (France), quand ils étaient mère et fils, les plus grandes portions du corps de beauté femelle devinrent le système de l'une et la vie de l'autre.* (288-6)

Était-il étonnant alors qu'Edgar Cayce, dans cette incarnation avortée et apparemment sans but où sa vie fut coupée court par l'ordre cruel du roi, soit considéré comme favorisé d'avoir connu l'expérience d'être «un enfant de l'amour»?

Il était descendu sur terre depuis les forces de Vénus:

> *Nous voyons que l'activité de la même entité (Edgar Cayce) dans l'expérience terrestre avant cela, durant un séjour français, suivit l'entrée dans Vénus.*
> *Comment était la vie là-bas? Comment était l'application? Un enfant de l'amour! Un enfant de l'amour – la plus prometteuse de toutes les expériences de quiconque entre dans une existence matérielle. Et pour certains sur terre, la plus honnie, la plus redoutée!* (5755-1)

Le garçon fut nommé Ralph Dahl (ou Dale, selon une épellation différente), probablement un faux-semblant cachant sa véritable identité de fils du Duc d'York et de petit-fils de Louis XIV. Son état illégitime et la loi française de la succession au trône par un mâle en ligne directe n'étaient que de simples limites légales que tout habile machiavéliste pouvait facilement outrepasser, de sorte que sa descendance royale en faisait une menace potentielle pour les trônes à la fois d'Angleterre et de France – un fait dont le Roi Soleil, qui avait plus d'une fois changé la loi à son propre avantage, aurait été vivement conscient. Pendant trois années heureuses mais agitées, la mère protégea son enfant et l'entoura de soins, mais à l'âge de vingt ans, elle entra dans un couvent – apparemment sous la même pression – et remit le soin et la garde de l'enfant à ceux qu'elle considérait comme ses amis les plus fidèles dans la maison du roi:

> *Avec le renvoi de la cour, la fille (288) devient alors une nonne dans un des couvents tout proches, et y entre à l'âge de vingt ans, ayant donné trois ans d'amour maternel au garçon, Dale. Dans cette rencontre nous voyons enfin une manifestation de beaucoup d'affection et les promesses de ceux de la maison royale. Nous voyons que le monarque avait cédé à beaucoup de méfiance en laissant libre cours*

à la vengeance sur la mère de la mère (288) de l'enfant (294). Ainsi, il (l'enfant) est laissé aux soins de ceux que ce corps (288) sentit comme les amis les plus proches dans la maison du roi, au moment où elle prend le voile. (288-5)

Mme (1523) et M. (4121) furent au moins deux de ceux auxquels l'enfant fut apparemment confié. La première, dans la lecture de vie touchant cette époque, apprit qu'elle avait été une maîtresse de Louis XIV – probablement Louise de La Vallière, selon divers indices, bien que ses origines soient apparues sous un autre nom – qui était entrée au couvent en 1674, après une rupture définitive avec le roi, ironiquement à cause de son infidélité. C'est dans ce même couvent, probablement – qu'elle rencontra la fille du Roi Soleil quand celle-ci entra comme novice. Mme (1523) commença alors à s'occuper de l'enfant, pour lequel elle avait une affection innée (toute naturelle, si l'on considère leurs liens dans les vies antérieures).[9] Quant à (4121), qui avait participé à l'expérience troyenne avec Cayce, il devait maintenant servir comme garde; il perdrait plus tard la vie en défendant le malheureux enfant.[10]

Ce n'est que deux ans plus tard, lorsqu'il eut cinq ans, que l'enfant rencontra la mort; il fut apparemment tué sur ordre du roi:

Durant le séjour ici (au couvent) nous voyons que bientôt après que ce corps (288) fut entré dans cette demeure, dont elle ne peut revenir avant trois ans, qu'avec le retour pour voir le rejeton (294), et en recevant la première nouvelle de sa mort, sans connaître la cause de celle-ci, avait la grande peur et l'incapacité pour quiconque de satisfaire ce désir du cœur et de la vie, ou de remplir le désir de celui-là qui est devenu pour ce corps Gracia (288) plus cher que la vie même. Ensuite nous voyons le corps céder graduellement aux défauts physiques et aller vers le repos final à l'âge de trente ans. (288-5)

À tout prendre, c'est une histoire aux dimensions tragiques à la fois pour la mère et l'enfant, mais particulièrement pénible pour la mère qui en eut le cœur brisé.

Voyons maintenant l'histoire du point de vue de l'enfant, telle qu'elle apparaît dans deux lectures de vie d'Edgar Cayce. Dans la première, (294-8), on nous dit qu'après avoir été séparé d'avec sa mère, l'enfant fut confié aux soins de certains membres de la garde royale et en particulier aux soins de cet assistant (4121) qui «perdit les éléments de vie» en défendant celui qu'il devait protéger. Cayce se fit dire que sa vie «était de courte durée» pendant cette expérience, mais que de ce séjour particulier, il avait acquis la forte conviction qu'il fallait s'attacher à la «défense de ces principes qui sont la droiture pour l'âme ou la force profonde de l'entité.» Le nom donné est Ralph Dahl. Dans la lecture suivante, (294-9), nous apprenons le «changement nécessaire dans les procédés de la cour» qui apparemment «empêcha que Jacques parvienne à reconnaître sa paternité terrestre par rapport à Dalh (Dale).» (Ainsi, semble-t-il, le Duc d'York n'était pas tout à fait dépourvu d'honneur, puisqu'il paraît avoir tenté de légitimer son fils né hors mariage.) Mais, à la fin, la lecture continue avec une imputation de meurtre sous l'ordre du roi Louis XIV, et ceci après une description déchirante de la séparation du garçon et sa mère:

> *Nous voyons que pour la vie vécue à cette cour, les premières années furent dans le cœur et l'affection de la mère, qui était belle de visage et aimante en tout. Les grandes épreuves arrivèrent à l'entité (parlant du point de vue terrestre) quand la séparation se fit entre mère et fils, quand il y eut le désir languissant aux jours où la jeune vie fut graduellement retirée à cause de la jalousie croissante de la cour.* Car le roi devint pleinement conscient de l'apparence du garçon, *et la possibilité qu'il devienne le monarque poussa les autres à trahir la mère, qui aimait si bien l'entité.* (294-9)

Dans cette dernière phrase, il semblerait que nous ayons un aperçu du motif caché du meurtre du garçon – et du meurtre probable, des années avant, de plusieurs des propres enfants du roi, comme le rapporte Mitford. Car il y avait quelque chose dans l'«apparence» du garçon qui a dû être initialement caché à l'attention du roi qui, vu «la possibilité qu'il devienne le monarque», força en quelque sorte quelqu'un proche de l'enfant – possiblement l'entité (1523)? – à divulguer le secret à des éléments jaloux de la cour, de sorte que le roi finit par l'apprendre.

Qu'aurait pu être ce secret? Il ne paraît pas trop présomptueux de notre part, vu les révélations rapportées plus haut, d'imaginer que le garçon était «d'apparence trop espagnole»! C'est-à-dire que, comme d'autres enfants du roi avant lui, il avait hérité de la peau olivâtre et d'autres traits méditerranéens, quasi mauresques, si offensants aux yeux du roi et, on peut le penser, pour l'ensemble de la cour des Bourbons. C'est pourquoi l'enfant devait mourir.

C'est une triste histoire!

Mais attendez, peut-être contient-elle une leçon importante, si nous l'analysons de près. C'est une histoire brossée à coups de pinceaux sombres et karmiques. Elle suggère que l'entité (294) pourrait s'être rencontrée elle-même durant cette rude expérience. D'après ce que nous avons déjà vu de ses vies antérieures, comment conclure autrement? Or, c'est un dicton établi des lectures, que *chaque* entité est toujours en train de se rencontrer à travers ses expériences terrestres.

Mis à part son assassinat, il y a un autre aspect plus subtil à considérer dans l'incarnation française de Cayce. Il renvoie à sa vie dans l'ancienne Égypte, où l'entité en tant que Ra Ta avait beaucoup fait pour la purification de la forme humaine initiale, éliminant ce qui restait de l'animal, qui ralentissait l'évolution et établissant certains standards de perfection pour la nouvelle race. Le prêtre lui-même, on s'en souviendra, incarnait cet exemple de «la première *vraie* race blanche dans l'expérience terrestre.»[11] Cependant, les lectures suggèrent que Ra, dans son zèle pour régénérer la forme humaine et augmenter le nombre de ceux qui acquéraient une pigmentation blanche semblable à la sienne, interprétait apparemment mal les lois de l'évolutions spirituelle:

> *Car le Prêtre ne s'était pas expliqué à lui-même comment ce qu'il entreprenait allait dans le sens de l'évolution spirituelle. Ainsi, à travers plusieurs individus, le Prêtre avait essayé de hâter le processus, ou d'affaiblir les buts de Dieu sur les individus.* (2390-7)

> *Car il y avait une tentative de soumettre la loi de l'évolution. Alors que ces activités apportaient en elles-mêmes des conditions qui amélioraient grandement les situations, elles laissaient le «je» mental appliquer la loi spirituelle pour atteindre des désirs matériels – sans que les concepts spirituels soient en accord.* (2823-3)

> *Car, peu nombreux étaient ceux qui avaient atteint cet état préparant à produire la blancheur de l'albâtre.* (2329-3)

Enfin, nous trouvons ces commentaires spécifiques tirés des lectures adressées à Cayce lui-même, et qui tombent à point:

> *Quant à la race, la couleur ou le sexe – cela dépend de l'expérience nécessaire pour l'accomplissement, pour la construction des buts pour lesquels chaque âme se manifeste dans l'expérience matérielle.* (294-189)

Et la même lecture ajoute: «Car s'il y a eu erreur dans cette phase, dans cette expression terrestre, l'erreur doit être affrontée. Car en effet... "ce que vous semez, vous le récolterez".»

Ne pourrait-on alors conclure, si nos spéculations sur le sujet ont pu être justes, que l'incarnation française de Cayce au milieu de forces génétiques troublantes, lui offrait une chance de vivre sur lui-même ce qu'il avait semé comme grand prêtre Ra? Le fait que sa pigmentation foncée fut apparemment «inacceptable» à celui qui régnait révèle, je pense, la nature karmique de son destin.

Mais comment cela explique-t-il sa séparation d'avec sa mère ou sa mort prématurée sous l'ordre du roi? Si nous revenons à ce même cycle égyptien, nous pouvons apercevoir l'œuvre de la roue karmique. Tout comme l'union illicite de Ra Ta avec Isris l'avait conduit à l'exil et à la séparation d'avec sa petite fille qui, laissée en otage aux mains du roi, mourut de chagrin, maintenant il était lui-même l'enfant abandonné, indésirable et destiné à une mort prématurée.

Oh! comme les trames karmiques que nous tissons sont complexes! Et ceux qui espèrent échapper à un seul détail de la loi vont vers une grande déception.

Simultanément, la loi de grâce nous est toujours accessible, nous dit-on. Sans doute était-ce cette loi en action qui amena l'âme sœur d'Edgar (288) à être sa mère sacrifiée durant cette incarnation. Comme son autre moi, elle choisit apparemment d'avance de remplir ce rôle, prenant sur elle-même un semblant de «flétrissure» charnelle qui serait plus tard transmis à son enfant naturel, Ralph Dahl. C'était un acte d'auto-sacrifice suprême de sa part, aussi bien qu'un acte de grand amour. Et de ce point de vue, il est certain que les deux entités ont progressé.

Il est clair alors que le fait d'être l'enfant d'un amour si désintéressé doit représenter «la plus prometteuse de toutes les expériences», indépendamment de sa brièveté, bien que pour certains, elle soit «la plus honnie, la plus crainte», nous dit-on. Et pourquoi? Probablement à cause de la responsabilité inhérente d'accomplir toute promesse incluse dans une occasion aussi unique — même celle de se rencontrer soi-même.

Pourtant, dans la privation de l'amour maternel et la perte de la vie si tôt au cours de l'incarnation, on peut sans doute comprendre plus naturellement le besoin ultérieur qu'a eu l'entité d'effacer le passé et de reprendre chair encore une fois sous les traits de l'hédoniste Bainbridge.

Hélas, pauvre Bainbridge! Il revint, cette seconde fois, tout comme lors de la première, sans vouloir faire don de lui-même, espérant ainsi combler ses désirs insatisfaits de vie et d'amour sans avoir à en payer le prix. Mais le prix qu'il lui fallut payer fut la perte de tout ce qui était cher à son âme.

Voilà la leçon qu'il lui fallait tirer de cette expérience.

15. Images de la guerre civile

«Ensuite je vins sur terre comme homme, encore en Amérique, à l'époque de la Guerre Civile.»[1]

Ainsi commence la dernière partie du long rêve allégorique qu'Edgar Cayce fit le 19 septembre 1933, où des incarnations actuelles étaient entrecoupées de représentations emblématiques sous forme de créatures. Après plusieurs retours en arrière trop rapides pour qu'on puisse s'y arrêter, il y avait eu le rappel brutal (par le truchement de son incarnation en Xénon) de l'horrible mort qu'Achille avait infligée à Hector et, ensuite, celle d'une vie à l'époque de Colomb, où apparemment, vivant parmi les Indiens Arawak, il habitait Hispaniola et les îles avoisinantes des Antilles (sujet traité dans l'un des chapitres précédents). Nous sommes maintenant, à la fin du rêve et il semble y avoir un rassemblement soudain de toutes les descriptions allégoriques sous forme de créatures – escargots, poissons, vaches, chats, chiens, moutons et les autres – qui suggère le vaste développement de caractère ou d'expression qu'une âme peut entreprendre à l'intérieur d'«une force ou une source, d'où toutes les formes manifestées peuvent prendre leur activité.» Dans divers cycles, il y a une association toujours croissante avec une grande diversité d'âmes, dont les pensées semblables à travers leurs expressions individuelles les conduisent alors à se chercher mutuellement de nouveau pour approfondir développement et compréhension. (Sous le symbolisme, il y avait un parallèle évident avec l'expérience réelle de celui qui rêvait, Edgar Cayce, puisque dans cette expérience, l'entité attirait une variété incroyable d'âmes sœurs auxquelles elle avait été précédemment associée physiquement, pour le meilleur ou pour le pire, à travers les âges.)

Voici alors, considérée sans référence à l'appareillage allégorique du symbolisme animalier (dont on a déjà donné une explication détaillée au chapitre 12 «Parmi les Arawaks»), la conclusion du rêve énigmatique d'Edgar Cayce. Ces lignes brèves nous fournissent tout ce qui est accessible touchant une apparente incarnation durant les jours sombres et sanglants de la Guerre entre les États (1861-1865):

> *Je savais qu'il y avait une guerre en cours entre le nord et le sud, et que j'étais à l'endroit, ou dans les environs de l'endroit où je suis né cette fois-ci. Je reconnus la demeure où j'étais né cette fois-ci et les changements – il y avait autrefois plus de bois... Je partis voir une des armées où plusieurs soldats étaient rassemblés, afin de trouver quelqu'un que j'avais autrefois connu avant dans les différentes manifestations... Je rencontrai certains de tous ceux-là... et je les reconnus comme des individus que je connais aujourd'hui. Ici je me réveillai.* (294-161)

Malgré la rareté des détails, une ou deux clés intéressantes nous sont données. Tout d'abord, le fait que l'entité reconnaît la demeure à Christian County, au Kentucky, en dehors de Hopkinsville, où il devait plus tard naître comme Edgar Cayce, suggère selon toute vraisemblance, qu'il était déjà alors un membre du clan des Cayce, si ce n'est de la même maisonnée. (Les familles Cayce à Christian County, au Kentucky, sont légion, nous a-t-on rapporté.) De plus, on a le sentiment, d'après le langage utilisé dans ce «rêve-expérience», que c'est ici un très jeune homme – peut-être encore un adolescent – qui est surexcité par un rassemblement de troupes tout proche et qui veut en savoir plus.

Ici, nous pouvons même tenter de deviner que c'était en 1862 et au mois d'octobre, parce que la seule rencontre majeure de la guerre sur le sol du Kentucky a eu lieu ce mois et cette année-là, lorsque le Général Bragg avec son armée des Confédérés du Tennessee engagea les armées de l'Union sous le Général Buell à Perryville dans un effort pour libérer le Kentucky de l'Union. Il gagna une victoire tactique en ce lieu central du Kentucky, mais se retira ensuite. (Alors que le Kentucky était connu comme un état esclavagiste, il avait soigneusement pesé les choix possibles et pris le parti de l'Union.)

Qu'arriva-t-il au jeune homme? Décida-t-il de se joindre à la mêlée et perdit-il ainsi sa vie? De toute façon, comme il devait renaître sous les traits d'Edgar Cayce en 1877, il avait dû quitter le plan terrestre aux alentours de 1862.

Quel qu'ait été son destin, nous lui disons gentiment adieu. Mourir jeune c'est toujours triste – d'un point de vue mortel.

En écrivant ceci, nous n'avons aucune archive au sujet des hommes de la famille de Cayce qui ont perdu la vie pendant la Guerre de Sécession. Si l'on tient compte de l'âge, il aurait pu y avoir un des oncles de Cayce.

Dans une digression intéressante, toutefois, nous voyons que l'entité (2390), née en Géorgie le 24 août 1910, avait été une sœur aînée d'Edgar, nommée Leila et décédée quelque sept mois avant la naissance de Cayce. Dans une de ses lectures de vie, on affirmait que «le départ d'ici et l'entrée de l'entité dans le présent recouvraient un cycle terrestre, selon ceux dont on parle dans les Saintes Écritures. L'entité partit le 24 août 1876. Elle rentra le 24 août 1910. Donc, un cycle.»[2]

Même si l'incarnation terrestre de Leila Cayce avait été suggérée par «l'espoir et le désir plus grands de la mère», selon sa lecture, cependant «l'activité de la part du parent terrestre, le père, amena la déception» qui conduisit à la décision de l'entité «de *ne pas vivre*.»

Le Kentucky est encore célèbre, tout comme alors, pour son «herbe bleue», ses chevaux et son «bourbon». Une consommation excessive de ce dernier était semble-t-il le délit commis par le père, ce qui poussa (2390) à une sortie prématurée de la chair cette fois-là. Toutefois elle fut forcée de rencontrer une situation semblable lors de sa venue suivante – peut-être eut-elle alors mieux fait de tenir bon!

Nous croyons, cependant, que ce n'était pas un excès de «bourbon» qui causa la mort prématurée de (294) dans cette incarnation au Kentucky. Mon propre aïeul, Lazarus Powell, gouverneur et plus tard sénateur du Kentucky à cette époque, reprocha un jour à ses concitoyens leur manque d'efforts en agriculture en ces termes: «Il y a trop de maïs dans les colonels, et pas assez de grains dans le maïs!»*

* Jeu de mots intraduisible signifiant qu'il avait trop de maïs (sous forme de bourbon) dans les colonels et pas assez de grains dans les épis de maïs. En américain, colonels (colonels) et kernels (grains) se prononcent sensiblement pareil. (N.D.T.)

16. Le prochain retour d'Edgar Cayce

Mon rendez-vous prêt, c'est assuré
Le Seigneur y sera et attendra mon arrivée...

— Walt Whitman

L'Année de Notre Seigneur 1998, si les lectures d'Edgar Cayce sont fiables en ce domaine, sera hautement significative.

Tout d'abord, on nous dit que ce sera l'année de l'événement religieux longuement attendu de sa Seconde Venue, «l'entrée du Messie dans cette période – 1998.»[1] (De ce point de vue, le rôle d'Edgar Cayce au vingtième siècle fut déjà décrit comme celui d'un avant-coureur,[2] ou de quelqu'un qui aidait à préparer le chemin. Les lectures indiquaient qu'un autre allait le suivre à mesure que s'approcherait l'événement et «son nom sera Jean» – Jean Peniel. Une réincarnation de Jean le Bien-aimé, il viendra, non en avant-coureur, rôle dévolu à Edgar Cayce, mais comme messager[3]' proclamant l'arrivée imminente du Messie.) Quant à la nature de cette arrivée, une des lectures déclare: «Il viendra dans la chair, sur terre, pour appeler les Siens nommément.»[4] Cependant, ce sera apparemment dans un corps ressuscité, libre de la mort, de la naissance et des autres limites mortelles habituelles: «Car Il viendra comme vous L'avez vu partir, celui qui était crucifié sur la croix, qui apparut à Philippe, qui apparut à Jean.»[5]

La nature et le but mystiques de la Deuxième Venue sont traités de façon plus précise dans l'extrait suivant, où Cayce confirme la prophétie biblique d'un millenium de paix sous la conduite spirituelle du Christ:

> *Il ne tardera pas, car ayant vaincu Il apparaîtra comme le Seigneur et Maître. Non comme quelqu'un de né, mais comme quelqu'un qui revient vers les Siens, car Il marchera et parlera avec les hommes de chaque climat, et ceux qui sont fidèles et justes dans leur jugement seront emportés avec Lui pour régner et juger pendant des milliers d'années!*
> (364-7)

Mais si 1998 doit être l'année du retour du Messie, les lectures de Cayce indiquent que ce sera aussi un temps de grand conflit et de désordre, marqué simultanément par la purification et la régénération de l'humanité ainsi que par le déchaînement d'une série de bouleversements et de catastrophes terrestres. Ce concours d'événements, disent les lectures, est une conséquence naturelle de l'influence de la fin de l'Ère des Poissons sur le commencement de l'Ère du Verseau, «que nous commencerons à comprendre pleinement en 1998.»[6]

La trompette de la phophétie va sans doute sonner de nouveau pendant que les enfants de l'hommes terrassés par la peur assisteront au commencement du millenium, qu'ils soient prêts ou non pour sa venue. Il marquera la naissance de l'implantation d'un Nouvel Ordre de lumière et l'arrivée d'une nouvelle race. Quelques-uns, cependant, ne s'éveilleront pas encore complètement. Ils seront parmi les oppressés de longue date, les opprimés de la planète ou parmi ceux qui sont encore pris dans le filet de leurs propres iniquités. Si Cayce disait juste, pour les éveiller au pouvoir libérateur de l'activité christique, qui est une force universelle enfouie comme une semence dans le cœur de chacun d'entre nous, il leur faudra un «libérateur» capable de desceller leur vision obstruée. Un tel rôle, disent les lectures, sera rempli par une âme que nous connaissons aujourd'hui comme Edgar Cayce, à nouveau sur terre, en cette année d'événements graves, 1998, apparemment accompagnée de certains aides qui l'avaient servie initialement durant le cycle égyptien, où ils reçurent «le sceau»:

> *Ne convient-il pas alors que ceux-ci reviennent (une référence au prêtre d'autrefois, Ra, et à sa suite, exilés durant le cycle égyptien)? Car ce prêtre peut se développer en étant dans cette position, en étant dans cette capacité de libérateur du monde dans ses relations avec les individus dans ces périodes à venir. Car il doit entrer encore à cette période, en 1998.* (294-151)

Cette lecture psychique, dans laquelle Edgar Cayce prophétisa son propre retour en 1998 en «libérateur», fut suivie quelque cinq ans plus tard par un rêve incroyable. Dans son rêve il se «voyait» de retour à Virginia Beach dans ce qui était apparemment un prolongement «nouvel âge» de son rôle psychique actuel, entouré par certains de ceux qui avaient été avec lui dans la poursuite de son œuvre à une époque précédente. On peut aisément conclure qu'une mission archéologique commanditée par l'Association pour la Recherche et l'Éclaircissement, dirigée par M. (378) et deux compagnons initiés, comme nous l'avons raconté dans un chapitre précédent, aura réussi à atteindre la Pyramide secrète des Archives, ramenant avec eux certains artefacts précieux — en particulier un sarcophage scellé contenant les restes momifiés de l'un de ceux qui avaient été enterrés là sous la direction de Ra et d'Hermès, 12 000 ans plus tôt, ainsi qu'un monceau de tablettes d'argile contenant des hiéroglyphes indéchiffrables.

Le rêve, quoiqu'assez long, mérite d'être présenté ici dans son intégrité:

> (Toile de fond: un rêve narré par Edgar Cayce se réveillant après une nuit passée dans la demeure de

David et Lucille Kahn, à New York, tôt dans la matinée du 2 décembre 1937.)

J'étais chez moi à Virginia Beach, mais une chambre forte avait été bâtie vers le côté et à l'arrière de la maison. Dans cette chambre, il y avait des monceaux de tablettes d'argile, écrites en hiéroglyphes qui mesuraient onze pouces de large par quatorze de haut et avaient environ un pouce d'épaisseur. Je notai surtout qu'elles étaient numérotées de un à trois dans ce qui semblait être des caractères romains, alors que le reste était différent. Il y avait aussi une momie. Tous ces (artefacts) avaient pu être ramenés ici grâce à une expédition envoyée par notre Association. Je restai avec ces découvertes et je pouvais difficilement me persuader de les quitter même pour manger ou faire autre chose que les étudier.

Les membres du Conseil de l'Association arrivaient à Virginia Beach. Je vis M. Harrison avec plusieurs hommes, pour la plupart des savants ou des archéologues. M. Parker avec plusieurs autres. M. Johnston n'était qu'avec deux personnes, mais elles avaient la peau très foncée et semblaient habillées à l'orientale. Lucille et Dave vinrent avec les autres. Lucille avait deux Antillais avec elle. L'un avait un visage très doux, plutôt charnu, très souriant et très plaisant, il portait un turban blanc et doré; l'autre était un vieillard très mince, un peu courbé et plutôt grand avec une longue barbe blanche — son turban était noir et or, avec des espèces d'étoiles lunaires, ou des étoiles et des croissants, en tout cas, son turban était très plat. M. Goetz avait beaucoup de personnes avec lui mais toutes semblaient être des directeurs de quelque grand groupe. Miss Wynne était très occupée avec des gens nombreux et les gardait loin de moi. Alf Butler semblait agir comme garde, tout comme M. Poole. Florence et Edith Edmonds étaient habillées de très vieux costumes, elles étaient assises dans la chambre où j'étais et semblaient être très tranquilles — elles méditaient simplement. Les personnes qui étaient venues pour essayer de faire des interprétations ne pouvaient entrer qu'une par une et demeurer cinq jours — avec une personne. De nombreuses maisons furent bâties sur tout le terrain alentour, de petits locaux habitables — et les gens venaient par milliers. Alors M. et Mme Zentgraf et Margaret et Lilliane sont venus. Apparemment c'était M. Zentgraf qui avait dirigé l'expédition à la recherche de ces tablettes. C'est grâce à M. Harrison, à M. Goetz et à leurs associés qu'il lui fut permis de les ramener dans ce pays. Il fut décidé qu'ils permettraient à M. Zentgraf de faire des conférences ou de raconter comment les tablettes et le corps (momie) furent trouvés. Alors un très gros bâtiment fut érigé, semblable à celui de M. Whitehead à la plage, mais pas beaucoup plus grand — sur le promontoire juste audessus de notre maison. Dave Kahn et Edgar Evans étaient chargés de laisser entrer les gens, ils décidèrent qu'ils leur demanderaient de payer quelque chose pour la conférence. Je semblais reconnaître les choses autour de moi mais je demeurai encore avec les tablettes et la momie. Du côté est, il y avait une table sur laquelle s'empilaient les tablettes. C'était une pile d'au moins cinq pieds de haut. La momie, dans un très beau cercueil ou sarcophage, était du côté ouest mais face à la porte; elle était placée sur une estrade, comme un cercueil. M. Zentgraf commença et les foules arrivaient pour la conférence. C'est là que je me réveillai.

Ensuite je recommençai (à rêver). Il semble qu'il y avait eu une conférence pour interpréter la première tablette, qui paraissait être la clé que personne n'avait été capable de déchiffrer. Et il y avait de telles foules qu'on insista pour que Hugh Lynn leur racon-

te ce qui avait été dit. J'étais seul à cet endroit avec les tablettes et le corps, quand je réalisai que la momie commençait à revivre. La figure avait été foncée et apparemment repeinte. Cette peinture commença à s'enlever comme une écaille, et je vis craquer tout d'abord le haut à la gauche du visage ainsi que l'œil, et c'était parfaitement blanc – avec des cheveux très foncés et des yeux très bleus. Je commençai alors à voir graduellement – à mesure que j'enlevai le dessus – que la peinture se mettait à s'écailler partout. Je me demandai comment la momie pouvait revivre, pensant en moi-même que tous les organes avaient été extraits lors de l'embaumement. Mais il semblait bien qu'ils n'eussent pas été extraits. Elle bougeait et s'agitait de plus en plus, jusqu'à ce qu'il y eut une espèce de convulsion. Alors, la momie s'assit. Elle parla mais je ne comprenais pas son langage. Alors qu'elle sortait de la boîte, je vis qu'elle était apparemment enveloppée de lin très fin, de dessous les bras jusqu'aux genoux – et je compris d'après ses gestes qu'elle voulait de l'eau. Je lui donnai une gorgée d'eau. Je tirai un seau d'eau et le vidai sur tout le corps, et il devint clair, propre – et elle fit des gestes et des signes à mon adresse jusqu'à ce que je comprenne ce qu'elle disait, ou que j'interprète le langage, ou (qu'elle puisse) parler dans une langue que je pouvais comprendre. Elle me demanda de la nourriture et me dit: «J'ai besoin d'avoir des figues écrasées, des dattes, avec de la farine cuite dans du lait», je les lui préparai et lui donnai – un peu à la fois. Je savais que Hugh Lynn parlait dans le grand bâtiment, et je dis à cette personne (je ne savais si elle était mâle ou femelle) qu'elle devait rester là tandis que j'irais chercher quelqu'un. Je sortis et fermai la porte, je marchai vers le bâtiment – qui n'était pas très loin. Il semblait y avoir au moins douze ou quatorze cents personnes dans la salle et Hugh Lynn parlait. Tout le monde sembla étonné quand j'entrai, et Hugh Lynn parlait de ce qu'il y avait dans la lecture – qui disait que l'interprétation ne nous viendrait que par la momie reprenant vie, ce que tout le monde savait être impossible puisqu'elle était morte depuis au moins quatorze (sic) *mille ans. Et je levai la main* gauche, *je n'approchai pas trop près de l'estrade, demandai à Hugh Lynn de venir aussitôt et lui dis que la momie était en vie. Des* centaines *de personnes dans la salle perdirent connaissance, d'autres tombèrent en arrière loin de moi tandis que Hugh Lynn descendait et venait me retrouver; nous marchions vers l'endroit. C'est là que je me réveillai.*

(12/2/37 – Durant la matinée. Lecture (1434-2), une lecture de vie, suite du rêve.)

Il semble que je sois demeuré des jours et des jours dans la chambre forte, seul avec cette personne dont je savais maintenant qu'elle était une femme. Il y eut des cris et des demandes, et ceux de l'extérieur étaient apparemment incapables de retenir les foules – il y avait littéralement des milliers *de personnes, des gens de la presse, des photographes, des gens de partout dans le monde qui étaient venus pour avoir, ne serait-ce qu'un aperçu, de la personne revenue à la vie après avoir été morte si longtemps. Enfin, Gertrude vint à la porte et insista pour me parler, disant qu'il était hors de question que je reste dans une chambre seul avec une femme – ou quelqu'un dont elle ne savait s'il était homme ou femme, et que ce n'était pas bien. Et quand je lui dis que c'était une femme, elle était encore plus déterminée à ne pas me laisser seul – car j'avais été là pendant des semaines. Je ne sortais même pas pour manger ou autre chose, je ne mangeais que ces figues écrasées, ces dattes écrasées et cette farine de blé cuite dans du lait*

*– qui était, semble-t-il, autre chose que du lait de vache. Je ne savais pas non plus d'où venait l'approvisionnement. Lorsque je dis à Gertrude qu'elle (la personne) était en train de traduire les tablettes et que j'écrivais cela à la machine à écrire, elle insista pour que je laisse Miss Gladys venir pour faire la frappe, mais je dis qu'elle ne pouvait interpréter les tablettes s'il y avait là quelqu'un d'autre que moi, qu'elle m'avait assuré qu'elle était la fille chérie de Ra Ta (2329?) et que j'*étais *Ra Ta. Nous avions traduit cinq des tablettes qui nous donnaient un historique de l'époque et elle insista pour voir tout d'abord chaque personne qui avait été dans la période égyptienne décrite par la lecture de vie – et ensuite nous parlerions aux gens du cinéma et de la presse.*

(12/5/37, après-midi – Durant la lecture de contrôle physique (275-44), Edgar Cayce reçut la suite du rêve.)

J'étais avec cette dame «ressuscitée» enfin, celle qui était revenue à la vie, dans cette chambre forte, lisant les tablettes. Et nous arrivions là où elle avait dit, «Je veux tous ceux qui sentent qu'ils ont été en Égypte, d'après ce que vous avez donné, et nous verrons à quel point le véritable dossier s'accorde avec leur interprétation d'après ce que vous avez donné.» À l'extérieur il y avait de plus en plus de monde et comme ils insistaient pour entrer, Hugh Lynn, Miss Gladys, Gertrude, M. Poule et Alf avaient encore plus de peine à retenir la foule et pourtant il y avait même des policiers. Et comme elle vit les policiers passer, elle demanda si certains d'entre eux n'étaient pas des Égyptiens d'antan. Dave et Edgar Evans faisaient des arrangements avec des reporters et des gens de la presse pour des interviews et des contrats à signer avec les gens du cinéma, des personnages très importants qui insistaient fortement – auprès de tous ceux qui montaient la garde pour ainsi dire devant la porte – pour que nous commencions à donner des interviews et qu'ils puissent prendre des photos. Cette fille ou ce personnage ne pouvait comprendre pourquoi elle était hors de l'ordinaire. Ils commencèrent à clamer de l'extérieur qu'ils n'avaient même pas examiné le cercueil ou le sarcophage, et questionnaient surtout Hugh Lynn, Edith et Florence.

C'est là que je me réveillai. (294-189)

Avant d'examiner certains aspects de ce rêve étrange et prophétique, voici un extrait fascinant de la Lecture (2329-3), datée du premier mai 1941 – quelque trois ans et demi plus tard – qui était une lecture de «contrôle» sur l'incarnation égyptienne de (2329) en tant qu'Aris-Hobeth, la fille favorite de Ra Ta.

C'était cette entité, ce corps, qui fut aperçue dans cette expérience présenté par cette entité qui était le Prêtre, comme étant le canal par lequel une bonne partie des principes de cette période en particulier pourraient se faire connaître du peuple dans le présent (c'est-à-dire à l'époque envisagée dans le rêve de Cayce). (294-189)

En présentant une interprétation assez littérale du rêve très inhabituel de M. Cayce, il nous faut faire certaines suppositions logiques.

La scène se déroule à Virginia Beach, et plusieurs références – surtout celles qui renvoient à la structure sociale de l'époque, telles que la présence de policiers, les cameramen, les reporters de la presse et les représentants du cinéma – évoquent clairement une période assez proche de la nôtre. En fait nous pourrions raisonnablement penser que la scène se passe dans la première partie du siècle prochain, à l'intérieur du cycle du retour d'Edgar Cayce en 1998, à la fin de notre siècle.

Nous voyons dans ce rêve que l'association fondée par Edgar en 1931 est encore vivace. De plus, des personnages de la distribution originelle semblent s'être réincarnés dans les rôles principaux qu'ils occupaient précédemment. Mais alors qu'il est assez concevable qu'Edgar Cayce se soit réincarné avec le même nom de famille et ait encore été le chef de l'organisation qu'il avait fondée, donnant même des lectures psychiques comme lorsqu'il était Edgar Cayce, les noms et les relations particulières des divers «membres de la distribution» auraient considérablement changé. On ne pourrait pas dire néanmoins que «Miss Gladys» ne serait pas revenue, quoique sous une autre identité, pour être à nouveau la secrétaire d'Edgar, ou que Gertrude (avec un autre nom) n'aurait pas été sa femme. En fait, l'identification onirique de ces différentes personnes leur donnait leurs noms actuels, et non pas ceux qu'ils porteraient dans la période future couverte par le rêve – une époque située dans la première moitié du vingt-et-unième siècle, bien après la première percée de l'Âge du Verseau qui approche.

La référence onirique à la figure momifée, morte depuis «au moins quatorze mille ans» est, nous pouvons logiquement le présumer, une autre de ces curieuses et fréquentes erreurs psychiques touchant les dates anciennes (bien qu'ici il s'agisse d'un rêve et non d'une lecture, bien entendu). À l'époque de 2130 ap. J.-C. environ, la figure momifiée d'Aris-Hobeth était dans la tombe depuis douze mille cinq cents ans.

L'aspect le plus «suspect» du rêve est probablement, du point de vue strictement scientifique, le retour à la vie d'un corps enterré avec un mode particulier de préservation il y a à peu près 12 500 ans, au temps de Ra et d'Hermès. Mais si nous nous souvenons qu'Hermès était une incarnation du Maître – ce même Grand Initié qui reparut comme Jésus, et appela Lazare hors du tombeau – cela apaise en grande partie notre scepticisme naturel. Nous ne connaîtrons jamais, bien sûr, par quelle alchimie spirituelle le Maître des maîtres, officiant sans doute avec Ra aux funérailles d'Aris-Hobeth, fut capable de préserver la forme physique de la décédée de sorte qu'elle puisse vivre dans un âge très éloigné coïncidant avec Sa Seconde Venue comme Christ ressuscité. Mais pouvons-nous dire que ce semblant de miracle est «impossible»?

Ce qui est peut-être le plus intrigant, c'est que l'âme connue à la fois comme Aris-Hobeth et Mme (2329) ait été capable de poursuivre son évolution à travers les siècles, se réincarnant encore et encore et ne reprenant son identité antérieure d'Aris-Hobeth gisant en état comateux prolongé qu'au moment de son rôle au vingt-et-unième siècle.

Un rêve remarquable. Certains de ceux qui sont sur terre aujourd'hui, et qui font partie de la jeune génération, pourraient être encore là dans un demi-siècle ou à peu près, pour voir si oui ou non ce rêve prophétisait vraiment l'avenir. D'autres parmi nous, si le destin le permet, pourrons se réincarner à temps pour être les témoins du Nouvel Âge et soit constater l'absence des événements prévus, soit assister à l'un des chapitres les plus spectaculaires de l'histoire humaine.

17. Réapparition en 2100

Ce chapitre qui conclut notre histoire sur les vies d'Edgar Cayce est singulièrement bref. Il rappelle un rêve qu'il fit le 3 mars 1936.

J'étais né de nouveau: en l'an 2100 au Nebraska. La mer recouvrait apparemment la partie ouest du pays, puisque la ville où je vivais était sur le littoral. Le nom de famille était étrange. En bas âge, je déclarai que j'étais Edgar Cayce qui avait vécu 200 ans auparavant.

Des scientifiques, à longue barbe, avec peu de cheveux et des verres épais, m'appelèrent pour m'observer. Ils décidèrent de visiter les endroits où je disais que j'étais né, où j'avais vécu et travaillé, au Kentucky, en Alabama, à New York, au Michigan, en Virginie. Me prenant avec eux, le groupe de savants visita ces lieux dans un vaisseau de métal long, en forme de cigare, qui se déplaçait à grande vitesse. L'eau recouvrait une partie de l'Alabama. Norfolk, en Virginie était devenu un immense port de mer. New York avait été détruit soit par la guerre soit par un séisme et on la rebâtissait. Les industries étaient éparpillées à travers le pays. La plupart des maisons étaient en verre.

Plusieurs registres de mon travail comme Edgar Cayce furent découverts et recueillis. Le groupe

> *retourna au Nebraska, emportant les dossiers pour pouvoir les étudier.*

Dans une interprétation du rêve, Cayce se fit dire en partie:

> *Que le fait que les périodes du point de vue matériel telles que perçues doivent se réaliser, cela ne touche pas l'âme, mais fais ton devoir* aujourd'hui! Demain *prendra soin de lui-même.*
>
> *Ces changements sur la terre se produiront, car le temps et les temps et les demi-temps sont à leur fin, et alors commenceront ces périodes de réajustements. Car comment a-t-Il donné?: «Les gens droits hériteront de la terre.»* (294-185)

Au moment de mettre fin à ce journal inachevé du voyage d'une âme, nous ne pouvons que nous émerveiller des possibilités que réserve l'avenir. Mais dans nos esprits, il ne peut y avoir de doute, l'âme retrouvera le chemin de son Créateur. Nous pouvons être sûrs que, déjà, le cap du retour est fixé et qu'elle sera fidèle au rendez-vous.

NOTES

CHAPITRE 2

1. Page 299, *The Secret Life of Plants* par Peter Tompkins et Christopher Bird (Harper & Row: New York, 1973).

2. Ibid.

3. Page 9, *Cayce, Karma and Reincarnation*, par I.C. Sharma (Harper & Row: New York, 1975).

4.*Supplément*, Lecture d'Edgar Cayce 507-1.

5. Ibid.

6. Pages 21-22, *What I Believe*, par Edgar Cayce (A.R.E. Press, Virginia Beach, Va., 1946).

7. Lecture 254-2, Q. et R.-1.

8. Lecture 254-67, Q. et R.-4.

9. Lecture 254-67.

10. Référence à l'article, «The Life Readings: A Look At Some Puzzling Cases», par Hugh Lynn Cayce en collaboration

avec W.H. Church, *The A.R.E. Journal*, vol. XIV, no. 3 (mai 1974).

11. Page 69, *Twelve World Teachers: A summary of Their Lives and Teachings*, par Manly Palmer Hall (Philosophical Research Society: Los Angeles, 1947).

12. Supplément, Lecture 507-1.

13. Référence à l'article, «The Case of the Wrong Richelieu», par W.H.Church, *The A.R.E. Journal*, vol.XVI, no 5 (sept. 1981).

CHAPITRE 3

1. La lecture 5748-2 fit apparemment une erreur de dix millions et demi d'années sur la date d'un ancien conclave, mais l'erreur a été radicalement corrigée dans une lecture ultérieure (262-39). (Voir chapitre 4 pour les détails.)

CHAPITRE 4

1. *Dictionary of All Scriptures and Myths*, par G.A. Gaskell (The Julian Press: New York, 1969).

2. *The Witness of the Stars*, par E.W. Bullinger (Kregel Publications: Grand Rapids, Mich., 1981, repro. de l'édition de 1893).

3. *The Forgotten Books of Eden*, chap. 67, «The Secrets of Enoch» (Alpha House: New York, 1927).

CHAPITRE 5

1. La lecture 294-151 renvoie à «la venue de Ra Ta depuis les dieux dans les montagnes caspiennes et caucasiennes», et 294-147 dit qu'il était «le fils de la fille de Zu qui *ne* fut pas engendré par l'homme.»

2. Référence à 294-147.

3. Une date approximative, en l'absence d'une date précise pour la naissance de Ra Ta. Elle coïncide cependant avec d'autres dates et faits présentés par les lectures couvrant l'époque de Ra Ta, comme par exemple l'information selon laquelle le prêtre avait plus de cent ans quand commença son rajeunissement, approximativement une décade avant le début de la construction de la Grande Pyramide en 10 490 av. J.-C.

4. Lecture 3976-26.

5. Lecture 900-277.

6. Lectures 281-43, 281-44.

7. Lecture 900-277.

8. Lecture 136-1.

9. Lecture 1734-3.

10. Voir note GDT (Gladis Davis Turner), Lecture 900-6, suggérant une corrélation possible avec Uranus.

11. Lecture 900-275.

12. La lecture 900-275 donne une date confuse pour la bataille de l'invasion – «dix mille et cinquante-six ans avant le Prince de Paix» – que GDT interprète comme signifiant peut-

être 10 506 av. J.-C., sachant que cela devait être une date plus ancienne que 10 056, ce qui aurait reculé la construction de la Grande Pyramide (10 490 – 10 390 av. J.-C.) plusieurs années après l'invasion. Cependant, mon interprétation de la phrase plutôt confuse de Cayce, est qu'il a pu vouloir dire 10 560 av. J.-C., ce qui coïnciderait avec d'autres aspects chronologiques de l'époque.

13. Parmi les douze conseillers, sept se sont réincarnés au vingtième siècle, ayant été intuitivement dirigés vers Edgar Cayce pour des lectures de vie. (Voir 294-153 supplément, l'histoire de la période de Ra Ta par Millicent Horton, p.6.)

14. Lecture 5750-1.

15. Lecture 294-148.

16. Genèse 5:24, (version King James).

17. Voir l'article, «As Above, So Below», par W.H.Church, *The A.R.E. Journal*, vol. IX, nos 3 et 4 (mai et juillet 1974).

18. Lecture 311-2.

19. Référence à la note en bas de page, Lecture 538-59.

20. Vol.I, p.407, *The Gods of the Egyptians*. par E.A.Wallis Budge (Dover: New York, 1969).

21. Lecture 294-151. (Note: 167 âmes revinrent de Nubie avec Ra Ta. Ce nombre a pu correspondre «aux fidèles» qui reçurent la marque.)

22. Lecture 991-1 (cf. 294-151).

23. Lecture 294-141.

24. Lecture 294-151.

25. Lecture 1472-10.

26. Lecture 900-275.

27. Lecture 866-1.

28. Lecture 440-5.

29. Lecture 5749-2.

30. Lecture 378-14.

31. Lecture 341-9.

32. Lecture 5748-5.

33. Lecture 3976-15.

34. Lecture 274-151.

35. Lecture 378-16. (voir également Q. et R.-5, Lecture 3976-15.)

36. Page 87, *Earth Changes Update*, par Hugh Lynn Cayce (A.R.E. Press: Virginia Beach, Virginie, 1980.)

37. Lecture 275-33.

CHAPITRE 6

1. Genèse 18:22 (version King James).

2. Hébreux 7:3 (version King James).

3. Lecture 5749-14.

4. Lecture 5023-2.

5. Lecture 262-119.

6. Genèse 12:7 (version King James).

7. Page 17, *An Introduction to the Cabala*, par Z'en ben Shimon Halevi (Samuel Weiser: New York, 1972).

8. Référence à l'article, «Sea Shell Evidence of an Old Flood», *San Francisco Chronicle*, 22 sept. 1975. Voir aussi le rapport de Cesare Emiliani, prof. de géologie marine dans *Science*, 22 Sept. 1975.

9. Lecture 5755-1.

10. Lecture 827-1.

11. Lecture 5749-14.

12. Lecture 900-10.

13. Lecture 1152-11.

14. Genèse 19:27, 28 (version King James).

15. Lecture 294-136.

16. Lecture 1616-1.

17. Lecture 1859-1.

18. Ezéchiel 1:4, 5, 18 et 19 (version King James).

CHAPITRE 7

1. Lecture 3976-15. (Voir GDT note en bas de page, Lecture 870-1. Pour expliquer davantage la date de 8058 av. J.-C., la lecture elle-même enregistre la date de 858 av. J.-C. pour la période d'Uhjltd, mais Gladis Davis Turner (GDT) a plus tard conclu que M. Cayce avait dit «quatre-vingt cinquante-huit», plutôt que «huit cinquante-huit», qu'elle transcrivit par erreur au moment de la lecture. En ce qui concerne l'antiquité attribuée à Is-Shlan-doen, il est à noter que l'Institut Oriental de l'université de Chicago rapporta en juin 1985, la découverte, dans ce qui est maintenant la Turquie du Sud, d'une ville de 10 000 ans remplie d'innovations architecturales sophistiquées rappelant la période gréco-romaine, beaucoup plus tardive. Appelée Cayonu aujourd'hui, cette découverte archéologique est contemporaine de la «ville des collines et des plaines» d'Uhjltd et précède la civilisation sumérienne – qu'on croyait autrefois être la plus vieille de la terre – de quelque 5 000 ans.)

2. Lecture 288-48.

3. Lecture 507-1, supplément.

4. Lecture 5001-1.

5. Lecture 1265-1.

6. Lecture 993-1.

7. Lecture 294-174.

8. Lecture 2091-2.

9. Lecture 2072-8.

10. Lecture 538-32.

11. Lecture 333-2.

12. Lecture 288-1.

13. Lecture 2709-1.

14. Lecture 294-138.

15. Lecture 294-142.

16. Ibid.

CHAPITRE 8

1. Lecture 262-9.

2. Lecture 2886-1.

3. Lecture 900-63.

4. Lecture 900-38.

5. Lecture 692-1.

6. Lecture 470-2.

7. Lecture 5717-5.

8. Lecture 281-8.

9. Lecture 262-24.

10. Lecture 294-8.

11. Lecture 900-63.

CHAPITRE 9

1. Page 70, *Twelve World Teachers: A Summary of Their Lives and Teachings*, par Manly Palmer Hall (Philosophical Research Society: Los Angeles, 1947).

2. Référence au chap.2, 9e partie, «Pythagoras», in *The History of Philosophy*, par Thomas Stanley (fac-simile de l'édition de 1687 reproduite par la Philosophical Research Society: Los Angeles, 1970). Ci-après appelé Stanley.

3. Page 159, *City of Revelation*, par John Mitchell (David McKay: New York, 1972).

4. Page 329, *Age of Fable* par Bullfinch (édition de la New American Library: New York, 1962).

5. Référence à «Pythagoras and Pythagoreanism», *Encyclopaedia Britannica*.

6. Page 674, Vol.18, *The Symbolic Life*, The Collected Works, Bollingen Series XX (Princeton University Press: Princeton, N.J., 1976).

7. Page vii, «Introductory Essay», Stanley.

8. «The Edgar Cayce Readings», Library Series, vol. 4 et 5, *Dreams and Dreaming* (Association for Research and Enlightenment: Virginia Beach, Virginie, 1976).

9. Page 98, *The Phoenix*, par Manly P. Hall (Philosophical Research Society: Los Angeles, 1971).

10. Lecture 275-43.

11. Pages 565-66, Stanley.

12. Lecture 699-1.

13. Page 114, *Astrology*, par Louis MacNeice (Doubleday: New York 1964).

14. Page 184, édition de Frank Gaynor (Citadel Press: Secaucus, N.J., 1973).

15. Lecture 1472-12 (voir aussi 1472-13).

CHAPITRE 10

1. Lecture 6717-5.

2. Lecture 2903-1.

3. Lecture 538-59.

4. Lecture 760-4.

5. Lecture 5249-1.

6. Lecture 1208-1.

7. Lecture 3657-1.

8. Lecture 2698-1.

CHAPITRE 11

1. Lecture 294-192.

2. Luc 10:1 (version King James).

3. Lecture 254-83.

4. Apocalypse 3:15,16 (version King James).

5. Lecture 1598-2.

6. Lecture 816-4.

7. Lecture 294-192.

8. Lecture 2310-2.

9. Lecture 866-l.

10. Lecture 294-192.

11. Lecture 538-59.

12. Lecture 2390-1.

13. Lecture 2390-3.

14. voir Lectures 2390-3 et 1523-16.

15. Lecture 2390-1.

16. Ibid.

17. Lecture 1523-16.

18. Lecture 1990-3.

19. Lecture 3685-1.

20. Lecture 2574-1.

21. Lecture 1468-1.

22. Lecture 5755-1.

CHAPITRE 12

1. Lecture 294-161.

2. Lecture 2464-2.

3. Ibid.

4. Lecture 294-161.

5. Lecture 5717-5.

CHAPITRE 13

1. Lecture 3660-1.

2. Lecture 294-19.

3. Lecture 2753-2.

4. Lecture 3416-1.

5. Lectures 3027-2 et 1771-2.

6. Lecture 2072-1.

7. Lecture 1097-2.

8. Lecture 866-1.

9. Lecture 5281-1.

10. Lecture 69-1.

11. Lecture 415-1.

12. Lecture 543-11.

13. Lecture 415-1.

14. Lecture 543-11.

15. Lecture 500-1.

16. Lecture 289-9.

17. Lecture 405-1.

18. Lecture 264-31.

19. Lecture 294-8.

20. Lecture 2390-1.

21. Lecture 900-25.

22. Lecture 5755-1.

23. Lecture 294-8.

24. Ibid.

25. Ibid.

26. Lecture 294-19.

27. Lecture 294-8.

28. Lecture 427-3.

29. Lecture 1541-11.

30. Lecture 1523-11.

31. Lecture 2778-2.

32. Lecture 369-3.

33. Lecture 243-10.

34. Lecture 3635-1.

CHAPITRE 14

1. Lecture 1001-7.

2. Lecture 2508-1.

3. Page 47, *The Sun King*, par Nancy Mitford (Harper & Row: New York 1966).

4. Ibid., p. 54.

5. Lecture 288-5.

6. Lecture 294-9.

7. Ibid.

8. Lecture 288-6.

9. Lecture 1523-13.

10. Lecture 4121-2.

11. Lecture 294-147.

CHAPITRE 15

1. Lecture 294-161.

2. Lecture 2390-2.

CHAPITRE 16

1. Lecture 5748-5.

2. Lecture 5749-5.

3. Lecture 3976-15.

4. Lecture 5749-5.

5. Lecture 5749-4 (Pour un rapport détaillé sur la Seconde Venue, telle qu'elle est présentée par les lectures d'Edgar Cayce, voir *Gods in the Making*, par W.H. Church (A.R.E. Press: Virginia Beach, Virginie, 1983).

6. Lecture 1602-3.

imprimerie gagné ltée

IMPRIMÉ AU CANADA